Baden-Württemberg
60 AUSFLÜGE IN DIE GESCHICHTE

Ute und Peter Freier

Baden-Württemberg
60 AUSFLÜGE IN DIE GESCHICHTE

Bildnachweis:
Die Fotos in diesem Band stammen von Ute und Peter Freier, Neuffen, außer S. 34 unten: Otto Brasch, Landshut / Regierungspräsidium Stuttgart – Landesamt für Denkmalpflege, Esslingen; S. 11, 12, 13, 39, 53, 71, 76, 88, 96, 120, 128, 145: Joachim Feist, Pliezhausen; S. 20: Museumsverein der Gemeinde Riesbürg; S. 111: Stadtarchiv Korntal-Münchingen; S. 112: Gemeindeverwaltung Wilhelmsdorf.

Bibliografische Information der Deutschen Nationalbibliothek
Die Deutsche Nationalbibliothek verzeichnet diese Publikation in der Deutschen Nationalbibliografie; detaillierte bibliografische Daten sind im Internet über http://dnb.d-nb.de abrufbar.

Das Werk ist in allen seinen Teilen urheberrechtlich geschützt. Jede Verwertung ist ohne Zustimmung des Verlages unzulässig. Das gilt insbesondere für Vervielfältigungen, Übersetzungen, Mikroverfilmungen und die Einspeicherung in und Verarbeitung durch elektronische Systeme.

© 2007 Konrad Theiss Verlag GmbH, Stuttgart
2., neu gestaltete und komplett überarbeitete Auflage 2013
Alle Rechte vorbehalten
Lektorat: Thomas Theise, Regensburg
Kartografie: Peter Palm, Berlin
Satz und Gestaltung: DOPPELPUNKT, Stuttgart
Druck und Bindung: Grafisches Centrum Cuno, Calbe
ISBN 978-3-8062-2788-8

Besuchen Sie uns im Internet: www.theiss.de

Inhaltsverzeichnis

VORWORT 9

KREATIVE STEPPENBEWOHNER 10
Jäger der Eiszeit
Tour 1   Die Höhlen im Lonetal 14
Tour 2   Der „Mammutweg" bei Blaubeuren 15
Tour 3   Der Eiszeitpark im Brudertal 15

ERSTE HAUSBESITZER 17
Die Bauern der Jungsteinzeit
Tour 4   Archäologischer Weg zum Goldberg 22
Tour 5   Archäologischer Moorlehrpfad bei Bad Buchau 22
Tour 6   Pfahlbaumuseum Unteruhldingen und Archäologisches Landesmuseum Konstanz 23

GENIALE METALLARBEITER 24
Die Kelten
Tour 7   Auf dem Keltenweg nach Hochdorf 28
Tour 8   Archäologischer Wanderweg zur Heuneburg 29
Tour 9   Lehrpfad zum Oppidum Burgstall bei Finsterlohr 30
Tour 10 Wanderung am Heidengraben 31

BESATZUNGSTRUPPEN AUS DEM SÜDEN 33
Die Römer
Tour 11 Das römische Rottweil 37
Tour 12 Eine Villa Urbana und Thermen in Badenweiler 38
Tour 13 Der Limes bei Rainau-Buch 39
Tour 14 Der Limes-Radweg von Öhringen nach Lorch 40

KRIEGER, SIEDLER, ERSTE CHRISTEN 41
Alamannen und Franken
Tour 15 Archäologischer Rundweg zum Runden Berg 46
Tour 16 Rundweg auf dem Heiligenberg 47
Tour 17 Die romanischen Kirchen auf der Reichenau 48

WEHRHAFTE WOHNSITZE DES ADELS 49
Die Burgen
Tour 18 Drei Burgruinen im Tal der Großen Lauter 54
Tour 19 Der 4-Burgen-Weg im Schwarzwald 55
Tour 20 Der Burgenweg im Hegau 56

BURGENBAUER UND STÄDTEGRÜNDER 57
Zähringer, Staufer, Welfen

Tour 21 Der Zähringer Weg bei Freiburg — 61
Tour 22 Auf den Spuren der Staufer — 62
Tour 23 Von Bad Wimpfen zur Burg Guttenberg — 63

SICHERHEIT UND WOHLSTAND 64
Die Stadt im Mittelalter

Tour 24 Brücken und Burg – Esslingen am Neckar — 69
Tour 25 Tore und Türme – Ravensburg — 70
Tour 26 Bächle und Brunnen – Freiburg — 71

KEIMZELLEN DER ZIVILISATION 73
Die Klöster

Tour 27 Das Kloster Bebenhausen — 79
Tour 28 Im Salzachtal zum Kloster Maulbronn — 80
Tour 29 Kulturhistorischer Wanderweg in Creglingen-Frauental — 81

VOM MARKGRAFEN ZUM GROSSHERZOG 83
Das Haus Baden

Tour 30 Neues Schloss und Burgruine Hohenbaden — 88
Tour 31 Barockresidenz Rastatt und Lustschloss Favorite — 89
Tour 32 Durch das historische Zentrum von Karlsruhe — 90

VOM GRAF ZUM KÖNIG 91
Das Haus Württemberg

Tour 33 Aufstieg zum Rotenberg — 96
Tour 34 Residenzweg Bad Urach — 97
Tour 35 Im fürstlichen Jagdgebiet: Schloss Solitude
         und Bärenschlössle — 94

DIE ZERSPLITTERUNG SCHWABENS 99
Der Adel

Tour 36 Schlösser im Taubertal — 104
Tour 37 Zur Burg Hohenzollern — 105
Tour 38 Die Waldstädte am Hochrhein — 106

ANBRUCH EINER NEUEN ZEIT 109
Die Reformation

Tour 39 Johannes Brenz in Schwäbisch Hall — 114
Tour 40 Die evangelische Brüdergemeinde Korntal — 115
Tour 41 Die pietistische Gemeinde Wilhelmsdorf — 116

MISSSTÄNDE UND UNRUHEN — 117
Der Bauernkrieg

Tour 42 Weinsberg und Burgruine Weibertreu	120
Tour 43 Von Weingarten zur Waldburg	121
Tour 44 Von Baltringen zum Kloster Heggbach	122

ELEGANZ UND ELEND — 123
Renaissance und Dreißigjähriger Krieg

Tour 45 Auf dem Neckartal-Radweg zum Wasserschloss Glatt	128
Tour 46 Rundgang durch Freudenstadt und im Christophstal	129
Tour 47 Auf dem Waldenserweg nach Schönenberg	130

PRACHT UND PRUNK — 131
Barocke Kirchen, Klöster und Schlösser

Tour 48 Von Bad Schussenried zur Dorfkirche Steinhausen	135
Tour 49 Auf dem Prälatenweg von Birnau zum Schloss Salem	136
Tour 50 Zum Residenzstädtchen Bartenstein	137
Tour 51 Residenz-, Jagd- und Seeschloss in Ludwigsburg	138

EINE WIRTSCHAFTLICHE REVOLUTION — 140
Die Industrialisierung

Tour 52 „Im Tal der Hämmer" bei Baiersbronn	145
Tour 53 Fabrikantenvilla und Werksiedlung in Schramberg	146
Tour 54 Arbeitersiedlung in Geislingen-Kuchen	147

MASCHINEN MACHEN MOBIL — 148
Die Eisenbahn

Tour 55 An der Geislinger Steige	153
Tour 56 An der Schwarzwaldbahn nach Hornberg	155
Tour 57 Eisenbahn-Lehrpfad an der Sauschwänzlebahn	155

NACH DEM ZWEITEN WELTKRIEG — 156
Der Neubeginn

Tour 58 Der Birkenkopf in Stuttgart	161
Tour 59 Der Wallberg in Pforzheim	162
Tour 60 Stadtrundgang in Ulm	162

WEITERE EMPFEHLUNGEN FÜR TOUREN UND AUSFLÜGE	164
ORTSREGISTER	168

VORWORT

Jungsteinzeitliche Scheibenräder im Federsee-Museum, die Stele eines keltischen Kriegers bei Hirschlanden und die mittelalterliche Klosteranlage Maulbronn, das prächtige Barockschloss Rastatt und die Arbeitersiedlung Kuchen aus dem 19. Jahrhundert – die Reihe historisch interessanter Ziele ließe sich beliebig fortsetzen, denn in Baden-Württemberg ist eine kaum überschaubare Fülle an geschichtlichen Monumenten aus allen Epochen erhalten. Diese enorme Vielfalt wurzelt in der kleinteiligen Topographie des Landes und der einstigen Vielzahl an kleinen und kleinsten Herrschaften.

Die hügeligen Regionen Kraichgau und Odenwald, Hohenlohe und Schwäbisch-Fränkischer Wald, die karge Hochfläche der Schwäbischen Alb, die mittlerweile weitgehend trocken gelegten Moore Oberschwabens, der einst schwer zugängliche Schwarzwald und die fruchtbare Oberrheinebene – diese vielen verschiedenen Landschaften boten den Menschen sehr unterschiedliche Lebensgrundlagen und hatten Einfluss auf die politischen und kulturellen Entwicklungen in den einzelnen Landschaften des Südwestens.

Einige regionale Besonderheiten erweitern das Spektrum an Zeugnissen der Geschichte: Die Karsthöhlen der Schwäbischen Alb waren hervorragende Konservierungsräume für die ältesten Kunstwerke der Menschheit, Südwestdeutschland war Jahrhunderte lang Teil des Römischen Reichs, und im Mittelalter zersplitterte das Herzogtum Schwaben in zahlreiche Herrschaften mit der entsprechenden Anzahl von Burgen, Schlössern und Residenzstädten. Diese Zersplitterung wiederum führte in der napoleonischen Zeit Anfang des 19. Jahrhunderts zu einer politischen Neuordnung, die in Südwestdeutschland nur zwei Hohenzollern-Fürstentümer, das Großherzogtum Baden und das Königreich Württemberg übrig ließ, aus denen im Jahr 1952 ein neuer Südweststaat gebildet wurde, das Bundesland Baden-Württemberg.

Mit diesem Buch wollen wir zu den wichtigsten und besonders interessanten Stationen der Landesgeschichte führen, wobei die Auswahl an Themen und an Touren zu historisch bedeutenden Ausflugszielen zwangsläufig begrenzt und subjektiv ist. Nach dem Motto „Man sieht nur, was man weiß" stellen wir knapp und vereinfacht die geschichtlichen Hintergründe der ausgewählten Spaziergänge, Wanderungen und Radtouren dar, so dass historische Zeugnisse in ihrem jeweiligen Zusammenhang verständlich werden. Manch Überraschendes erwartet Sie – vielleicht sogar nicht weit von Ihrer Haustür! Unsere Texte und Bilder sind eine Einladung, das Land und seine Geschichte zu entdecken.

Ute und Peter Freier   Sommer 2007

Für diese Neuauflage im Jahr 2013 wurden einige Wander- bzw. Radtouren ergänzt und einige wenige Passagen der Texte verändert, sofern neue wissenschaftliche Erkenntnisse, die in den vergangenen Jahren seit der Erstpublikation gewonnen werden konnten, dies erforderten.

Ute und Peter Freier   2013

KREATIVE STEPPENBEWOHNER

Jäger der Eiszeit

Auf dem Talrand stand im Westen riesig und rotglutend der Sonnenball. Sein letztes Rot glitt langsam über den nur noch leise zuckenden Rüssel des Mammuts. „Mammut tot!" schrieen die Jäger. Die Mutigsten wagten sich zuerst heran und stießen mit den Speeren nach dem unbeweglichen Kopf. Gefällt war der Riese unter den Tieren.
(Gustav Riek, Die Mammutjäger vom Lonetal, Ulm 2000, Neuausgabe)

So etwa darf man sich eine Szene vorstellen, wie sie sich während der letzten Eiszeit abgespielt haben könnte, als neben dem Fellnashorn und dem Riesenhirsch vor allem kleinere Herdentiere wie das Wildpferd und Rentier lebten, die von Panther, Hyäne und Löwe gejagt wurden. Diese Eiszeit war die letzte von etwa 100 000 Jahre andauernden Kaltzeiten, die sich im zwei Millionen Jahre andauernden Eiszeitalter mit Warmzeiten abwechselten. Aus Skandinavien schob sich wiederholt eine riesige Eiskappe nach Süden, aus den Alpen rückten die Gletscher bis zur Schwäbischen Alb vor, und zwischen den Eisschilden breitete sich eine baumlose Steppe aus.

In das letzte Drittel des Eiszeitalters fällt die als Altsteinzeit (Paläolithikum) bezeichnete Epoche, deren Ende auf etwa 10 000 v. Chr. angesetzt wird. Die wenigen damals lebenden Urmenschen stellten Werkzeuge und Waffen her aus Holz, Knochenmaterial und Feuer- oder Hornstein – daher die Bezeichnung „Steinzeit". Die ältesten Funde in Baden-Württemberg sind der südöstlich von Heidelberg bei Mauer entdeckte, 500 000 Jahre alte Unterkiefer des „Homo heidelbergensis" und der etwa 250 000 Jahre jüngere Schädel des „Homo steinheimensis" von Steinheim an der Murr. Nicht mehr in die Eiszeit fällt die bis etwa 6000 v. Chr. reichende Mittelsteinzeit (Mesolithikum), an die sich die Jungsteinzeit (Neolithikum) anschließt, die in Mitteleuropa um 1800 v. Chr. in die Bronzezeit übergeht.

Der Neandertaler

Nach dem ersten Fundort im Neandertal bei Düsseldorf benannt ist der „Homo sapiens neanderthalensis", der seit etwa 200 000 v. Chr. in Gruppen von zwanzig bis dreißig Personen – mehrere Kleinfamilien einer Sippe – in Vorderasien und Europa lebte. Etwa 1,60 bis 1,65 Meter groß war dieses muskulöse Kraftpaket, dessen Gesicht von starken Überaugenwülsten geprägt war. Trotz des robusten Körperbaus war der Neandertaler keineswegs ein grobschlächtiger Tölpel. Er stellte Schmuckperlen, ausgezeichnete Werkzeuge und Waffen her, und er bestattete seine Toten, wie einige Einzelfunde zeigen. Auf seinen ganzjährigen Sammel- und Jagd-Rundwanderungen innerhalb eines bestimmten Territoriums lebte er in einfachen Hütten, während im Gebirge bevorzugt Felsüberhänge und Höhlen als Lagerplätze dienten. Um 23 000 v. Chr. starb der Neandertaler aus noch unbekannten Gründen aus. Gentechnische Untersuchungen zeigen, dass er in geringem Maß zu den Vorfahren des heutigen Menschen zählt.

Bad Cannstatt und Heilbronn-Böckingen im Neckartal, Kleinheppach im Remstal und einige Höhlen auf der Schwäbischen Alb sind die bekanntesten der zahlreichen Neandertaler-Fundstätten in Baden-Württemberg.

Der „moderne" Mensch

Seit 45 000 v. Chr. wanderten aus Vorderasien kleine Gruppen einer grazileren, etwa 1,70 Meter großen Menschenart ein, des „Homo sapiens sapiens", des „wissenden, weisen" Menschen. Diese nach einem Fundort in Frankreich als Cro-Magnon-Menschen bezeichneten „modernen" Menschen erreichten um 40 000 v. Chr. Südwestdeutschland. Fortan lebten in Europa mehr als 10 000 Jahre lang beide Menschenarten, Neandertaler und Cro-Magnon. Zu Gesicht bekamen sie sich allerdings nur selten, denn Schätzungen zur Bevölkerungsdichte liegen zwischen 0,01 bis 0,05 Personen pro Quadratkilometer, das heißt, im heutigen Baden-Württemberg lebten gleichzeitig zwischen 350 und höchstens 1700 Menschen. Heute sind es knapp elf Millionen Menschen, also rund 270 Personen pro Quadratkilometer.

Die Funde von Skelettresten zahlreicher Säugetierarten und von Steinwerkzeugen am Bockstein (Lonetal) deuten darauf hin, dass die Grotten und Felsüberhänge über Hunderttausende von Jahren vor allem Tieren als Unterschlupf dienten, immer wieder aber auch von Neandertalern und Cro-Magnon-Menschen als Jagdlager benutzt wurden.

Kennzeichnend für die ersten Kunstwerke des Menschen ist die Herausarbeitung eines typischen Merkmals wie des kräftigen, geschwungenen Halses des Wildpferds aus der Vogelherdhöhle (Lonetal).

Das Aussterben des Neandertalers beweist eine anfänglich wohl nur geringfügige Überlegenheit des Cro-Magnon-Menschen. Während der Neandertaler auf einer nahezu unveränderten Kulturstufe verblieb, erlebte der Cro-Magnon eine über Tausende von Jahren sich erstreckende „kreative Revolution", die auf handwerklich-technischer, künstlerisch-musischer und magisch-religiöser Ebene völlig Neues hervorbrachte: die Harpune und die Speerschleuder zur Verdoppelung der Wurfstrecke eines Speers, winzige Elfenbeinschnitzereien und Musikinstrumente, Höhlenmalereien und rituelle Beisetzungen der Toten.

Die wichtigsten Fundorte in Baden-Württemberg sind Höhlen auf der Schwäbischen Alb – im Lonetal (Tour 1) und bei Blaubeuren (Tour 2), bei Schelklingen (Hohler Fels) und auf dem Rosenstein bei Heubach – sowie der Petersfels bei Engen im Hegau (Tour 3).

Speisekammer Natur – abwechslungsreiche Ernährung in der späten Eiszeit

Rentierfleisch mit Preisel- oder Heidelbeeren, Schlegel vom Schneehasen, garniert mit Knospen der Sumpfdotterblume, halbes Schneehühnchen an Gemüse aus wilder Möhre, dazu ein Tee von Blättern der Rauschbeere – muss man sich so ungefähr ein eiszeitliches Mahl vorstellen? Eines jedenfalls ist sicher: Hauptnahrungsmittel waren das Fleisch, die Innereien und das Knochenmark von Beutetieren. Das Fleisch wurde gebraten oder gekocht in einer mit Fell ausgelegten Mulde, in der das Wasser mittels im Feuer erhitzter Kieselsteine zum Sieden gebracht wurde. Als wichtigster Wintervorrat diente in Streifen geschnittenes und über Wacholderholz geräuchertes Fleisch. Ebenso bedeutsam war pflanzliche Nahrung. Frauen und Kinder vor allem sammelten die im Moor wachsenden Beeren sowie die des Sanddorns. Sie pflückten Löwenzahn und Sauerampfer, gruben Wurzeln aus, beispielsweise wilde Möhren, und würzten ihre Speisen mit Thymian, Majoran und Wacholderbeeren. Wasser wurde mit Blättern der Silberwurz, von Preisel- und Rauschbeere zu Tee veredelt und vermutlich mit Bienenhonig gesüßt.

Der „Sieg" des Cro-Magnon-Menschen

Neandertaler und Cro-Magnon-Mensch konkurrierten um Nahrung und somit um Territorien. Vermutlich führten das leistungsfähigere Gehirn, Vorteile in der Sprechfertigkeit und vielleicht auch ein ausgeprägteres Sozialgefüge des Cro-Magnon zu ausgefeilteren Überlebensstrategien und damit zu einer höheren Lebenserwartung, so dass die Cro-Magnon-Population stetig leicht anstieg und den Neandertaler allmählich verdrängte. Es könnte aber auch ganz anders gewesen sein, wie einige Forscher meinen. Zeitweise zumindest könnte der Neandertaler gezwungen gewesen sein, vor dem gezielten „Vernichtungskrieg" des Homo sapiens sapiens zu fliehen. Hierauf deutet ein Fund bei Moskau: Neben Amuletten und Waffen lag bei einem um 27 000 v. Chr. bestatteten Cro Magnon-Häuptling ein mit dem Farbstoff Ocker gefüllter Neandertaler-Oberschenkelknochen, der als Kriegstrophäe angesehen wird.

Der „Löwenmensch" vom Hohlenstein (Lonetal) könnte einen mit einem Löwenkopf maskierten Schamenen darstellen.

TOUR 1 WANDERUNG
Die Höhlen im Lonetal

Im Lonetal liegen mehrere Eiszeitmenschen-Fundstellen. In den kleinen Bockstein-Höhlen wurden Werkzeuge des Neandertalers und des Cro-Magnon-Menschen sowie Überreste zahlreicher Tierarten ausgegraben. Im Felsklotz des Hohlensteins öffnen sich die Bärenhöhle, in der 1861 die erste wissenschaftliche Höhlengrabung auf der Schwäbischen Alb stattfand, und der Stadel. Die Bärenhöhle war ein Bärenschlupf, wie Reste von Hunderten Höhlenbären beweisen, der Stadel diente als Wohnhöhle. Neben einem auf 100 000 Jahre datierten Neandertaler-Oberschenkelknochen, dem ältesten Neandertaler-Fund in Baden-Württemberg, kamen etwa 25 000 Jahre alte Elfenbein-Bruchstücke zutage, die sich zu einer Löwen-Mensch-Figur – ein Löwenkopf auf menschlichem Körper – zusammensetzen ließen; das Original ist im Ulmer Museum ausgestellt. Sensationell waren 1931 Gustav Rieks Funde in der Vogelherdhöhle: kleine, über 30 000 Jahre alte Elfenbein-Plastiken von Tieren. Sie sind im Institut für Ur- und Frühgeschichte der Universität im Schloss Tübingen ausgestellt, ein Löwenkopf befindet sich im Landesmuseum in Stuttgart.

Praktische Informationen Tour 1
Länge: 10 km **Gehzeit:** 3 Std.
Tourcharakter: Leichte Talwanderung, autofrei; roter Balken als Wegmarkierung.
Anfahrt: A 7 Kreuz Ulm/Elchingen–Würzburg, Ausfahrt 118 (Niederstotzingen); Wanderparkplatz im Lonetal an der Straße Bissingen ob Lontal – Öllingen/Langenau.

In der mit Taschenlampe leicht begehbaren Vogelherdhöhle grub Gustav Riek 1931 mehrere Elfenbein-Plastiken aus, die zu den weltweit ältesten Kunstwerken des Menschen zählen. Nachgrabungen im Jahr 2007 erbrachten u. a. ein knapp vier Zentimeter großes Mammut.

Wegverlauf: Vom Parkplatz entlang der Straße in Richtung Öllingen, nach 400 Metern abbiegen und kurz ansteigen zum Bockstein. Auf gleichem Weg zurück, talabwärts und nach 1,5 km das Tal queren zum Hohlenstein. Weiter talabwärts zur Straße Bissingen ob Lontal – Niederstotzingen und nach rechts zur Vogelherdhöhle. Auf gleichem Weg zurück zum Ausgangspunkt.

Karte/Information: Freizeitkarte des Landesvermessungsamts Baden-Württemberg, Blatt 525 (Ulm), 1:50 000; www.lonetal.net

TOUR 2 WANDERUNG
Der „Mammutweg" bei Blaubeuren

Wanderziele sind drei Höhlen an den steilen Hängen des Ur-Donautals, in dem heute die beiden Flüsschen Blau und Ach fließen. Unterhalb der Burgruine Hohengerhausen (auch: Rusenschloss) öffnet sich die Große Grotte, ein Lagerplatz des Neandertalers. Außergewöhnlich sind die Reste eines Steinriegels, der vermutlich als Windschutz diente und das weltweit älteste von Menschen errichtete Stein-Bauwerk darstellen dürfte. Die Höhle Geißenklösterle, in einem Felsen-Halbrund gelegen, barg kleine, aus Elfenbein geschnitzte Tierplastiken aus der Zeit um 36 000 v. Chr. Sie sind die ältesten Kunstwerke der Menschheit, und das Relief eines Menschen mit erhobenen Armen in Anbetungshaltung gilt als früheste Darstellung eines Menschen. Weitere Funde sind Knochen- und Elfenbeinflöten sowie ein kleines Saiteninstrument, ein so genannter Mundbogen. Uneinig sind sich die Forscher über die Funde in der Brillenhöhle: Deuten Schnittspuren an Cro-Magnon-Skelettresten auf ein magischreligiöses Ritual hin, und bildeten Mauerreste einst einen Wohnraum mit Feuerstelle und angrenzendem Vorratsraum?

Praktische Informationen Tour 2
Länge: 13 km **Gehzeit:** 4 Std.
Tourcharakter: Rundwanderung mit zwei steilen Anstiegen; „blaues Mammut" als Markierung.
Anfahrt: Von Ulm auf der B 28 nach Blaubeuren; ausgeschilderte Parkplätze am Rand der Altstadt.
Wegverlauf: In Blaubeuren vom Blautopf ansteigen zur Talkante; Abstieg zur Burgruine Rusenschlosss und zur Großen Grotte. Auf der anderen Seite des Blautals zum Geißenklösterle, über die Ortschaft Weiler zur Brillenhöhle und über die Albhochfläche zurück nach Blaubeuren.
Karte/Information: Freizeitkarte des Landesvermessungsamts Baden-Württemberg, Blatt 525 (Ulm), 1:50000; eine kostenlose Broschüre des Urgeschichtlichen Museums Blaubeuren enthält eine Kartenskizze

TOUR 3 SPAZIERGANG
Der Eiszeitpark im Brudertal

Gegen Ende der letzten Eiszeit schmolzen die aus den Alpen vorgerückten Gletscher. Im Brudertal, einem Schmelzwasser-Abfluss, schlugen am Petersfels, einer Engstelle des Tals, zwischen 16 000 und 13 500 v. Chr. Familienverbände ihre Lager auf, um Rentiere zu jagen, die zu den Winterweiden auf der Schwäbischen Alb zogen. Mit Wurfspeeren und Stoßlanzen wurden die Tiere erlegt, das Fleisch wurde luftgetrocknet oder geräuchert, die Sehnen wurden zu Nähfäden verarbeitet. Hier entstanden auch Werkzeuge, Waffen und winzige Schmuckanhänger aus Knochen, Stein und Gagat – schwarzes, fossiles Holz –, zumeist in Form der üppigen „Venus vom Petersfels".

An diesem einstigen Jagdlager wurde der „Eiszeitpark" angelegt, eine Rekonstruktion der damaligen Vegetation: Moor auf dem Talgrund, Magerrasen an den Hängen, Pionierpflanzen im Geröll der Gletschermoräne. Informationstafeln erläutern das Leben im Jagslager.

Als Ergänzung lohnt, auch für Kinder, ein Besuch des Städtischen Museums in der Altstadt von Engen: Zu sehen sind Steinwerkzeuge, Venusstatuetten, Jagddioramen und eine mit lebensgroßen Puppen nachgestellte Ausgrabungsszene sowie ein Film über Rentierjäger.

Praktische Informationen Tour 3
Länge: 3 km **Gehzeit:** knapp 1 Std.
Tourcharakter: Spaziergang im Brudertal.
Anfahrt: A 81 Singen–Stuttgart, Ausfahrt 39 (Engen); von der B 31 in Richtung Engen nach 500 m rechts abbiegen, an P+M-Parkplatz vorbei zum Parkplatz „Eiszeitpark".
Wegverlauf: Anhand der Ausschilderung entlang der Autobahn-Brückenpfeiler das Brudertal queren, talaufwärts zum Eiszeitpark; bequem zurück zum Parkplatz.
Karte/Information: Freizeitkarte des Landesvermessungsamts Baden-Württemberg, Blatt 510 (Singen), 1:50 000; Informationen und grobe Wegskizze unter www.engen.de/museum htm; Infoblatt und Faltplan im Städtischen Museum Engen.

Alle zwei Jahre – jeweils in den auf eine gerade Zahl endenden Jahren – finden am Petersfels bei Engen im Hegau die Petersfelstage statt mit Vorführungen zur Herstellung von Feuersteinklingen und Wurfspeeren.

ERSTE HAUSBESITZER

Die Bauern der Jungsteinzeit

Und zu Adam sprach er: Dieweil du hast gehorcht der Stimme deines Weibes und gegessen von dem Baum, von dem zu essen ich dir verboten hatte: So ist verflucht der Ackerboden deinetwegen. Unter Mühsal wirst du von ihm essen alle Tage deines Lebens. Dornen und Disteln lässt er dir wachsen, und die Pflanzen des Feldes musst du essen. Im Schweiße deines Angesichts sollst du dein Brot essen.
(1. Mose 3,17–19)

Sehr knapp und in dürren Worten beschreibt das Alte Testament die Vertreibung Adams und Evas aus dem Paradies. Fortan ernähren sich die beiden vom Ackerbau, und schon in der nächsten biblischen Generation tritt der Viehzüchter auf: Abel opfert Gott die besten Tiere seiner Schafherde. Wissenschaftler bezeichnen diese „Vertreibung aus dem Paradies" nüchtern als „neolithische Revolution", die sich über mehrere tausend Jahre hinzog.

Der Ackerbau und die später folgende Tierhaltung lösten das Wildbeutertum ab – von der Jagd und dem Sammeln essbarer Pflanzen ging der Mensch allmählich zur Herstellung seiner Nahrung über. Im 9. Jahrtausend v. Chr. begann diese Entwicklung im „fruchtbaren Halbmond", dem Ursprungsgebiet der Bauernkultur von Palästina und Jordanien über Syrien, die Osttürkei und den Irak in den Iran, während in Mitteleuropa dieser Vorgang erst in der Jungsteinzeit (Neolithikum, 6000–2000 v. Chr.) einsetzte.

Importierte Techniken

In Mitteleuropa war die „neolithische Revolution" nicht hausgemacht. Einwanderer aus dem Vorderen Orient drangen seit 5500 v. Chr. sowohl vom Balkan entlang der Donau als auch vom Mittelmeer entlang der Rhône nach Mitteleuropa vor und verteilten sich entlang der Flüsse. In deren Nähe entstanden die ersten Rodungsinseln auf fruchtbaren Lössböden, beispielsweise im Main-Tauber-Gebiet, in der Oberrheinebene am Tuniberg und im Kaiserstuhl, im Bereich des Neckars auf den Fildern und in den Gäuregionen. Außer dem Ackerbau, der Tierhaltung und dem Hausbau führten die Kolonisten auch technische Neuerungen ein: Den Steinbohrer, die Steinsäge – zu sehen im Museum in Goldburghausen, östlich von Aalen (Tour 4) – und das für akkurate Holzbearbeitung unabdingbare Steinschleifen, denn erst geschliffene Steinbeile ermöglichten den Bau stabil verzapfter Häuser. Weitere Mitbringsel waren das Spinnen und Weben von Flachs zur Textilherstellung und das Töpfern von Keramik, nach deren eingeritzten Linien die Einwanderer als Bandkeramiker bezeichnet werden. Die rasche Verbreitung der Bauernkultur zeigt, dass die Ankömmlinge als Lehrmeister akzeptiert wurden und sich, wie Erbgut-Untersuchungen beweisen, mit den „Alteingesessenen" vermischten. Nun entstand eine Mischwirtschaft, in der Ackerbau und Tierhaltung zwar überwogen, in der aber das Wildbeutertum überlebenswichtig blieb.

Im Federseeried wurden bislang achtzehn Dörfer aus der Jungsteinzeit und der frühen Metallzeit entdeckt. Die Archäologen stießen auf insgesamt 180 Häuser, auf Einbäume, Scheibenräder, Bohlenwege und Fischfangplätze. Zwölf Häuser wurden im Freilichtbereich des Federseemuseums rekonstruiert, ebenso ein Einbaum, in dem Fahrten möglich sind.

Die ersten Haustiere

Ausgangs der letzten Eiszeit um 12 000 v. Chr. war der Hund europaweit verbreitet. Für Genetiker jedoch steht fest, dass schon vor 130 000 Jahren die ersten Hunde um die Lagerfeuer strichen. Vielerorts, so die Ansicht mancher Forscher, drängte sich der Wolf, Urahn aller Hunderassen, selbst in die Rolle des treuen Weggefährten. Vielleicht schnappten sich Wölfe des Öfteren die Reste einer Mahlzeit, hielten sich bei Jagdlagern auf und gewöhnten sich schließlich an den Menschen. Nutzvieh dagegen stammt, wie molekularbiologische Forschungen ergaben, aus dem Vorderen Orient, wo der Mensch sein Jagdwild domestizierte. Aufgrund der Erderwärmung am Ende der Eiszeit zogen sich die an eiszeitliche Verhältnisse angepassten Tiere in die kühleren Bergregionen des Taurus im Norden zurück, während die riesigen Gazellenherden, die bevorzugte Jagdbeute, so stark dezimiert wurden, dass eine Versorgungskrise zu einer Notlösung zwang. Anstatt mit schwindendem Erfolg dem Wild nachzujagen, holte der Mensch das Wild zu sich her und bestritt mit dem lebenden Fleischvorrat seine Existenz. Es war wohl kein Zufall, dass im 8. Jahrtausend zunächst kleine, leicht zu bändigende Tiere – Ziege, Schaf und Schwein – gehalten wurden. Erst ein Jahrtausend später ist das aus dem Auerochsen hervorgegangene Rind nachgewiesen, und nach weiteren 3000 Jahren erschien in Zentralasien und in der Ukraine das Pferd als Haustier. Domestizierte Gänse, Enten und Hühner standen seit dem Ende der Jungsteinzeit auf dem Speiseplan, und im 2. Jahrtausend v. Chr. schließlich erfolgte im Pharaonenreich am Nil die Zähmung der Wildkatze zum sanft schnurrenden Haustiger.

Langhaus, Moordorf und Pfahlbauten

Die Ausgrabungen der ältesten bäuerlichen Siedlungen, beispielsweise am Tuniberg oder in Blaustein-Ehrenstein bei Ulm, erbrachten stattliche Langhäuser von bis zu dreißig Metern Länge. Im Fundmaterial befanden sich u. a. Kulturpflanzen wie Erbsen, Linsen, Flachs und Mohn, aber auch Körner von Emmer, Einkorn und Gerste, den ältesten Getreidesorten, die es als Wildpflanzen in Mitteleuropa nicht gab. Dorfbefestigungen und die Funde zertrümmerter Schädel beweisen, dass die erste Bauernkultur keine friedliche Kultur war – fremdes Eigentum verlockte zu mörderischen Raubzügen.

Seit 4200 v. Chr. siedelten Bauern auch im moor- und seenreichen Voralpenraum von der Schweiz bis zum Balkan auf schwankendem Torfboden. Ausgrabungen in Oberschwaben, beispielsweise in Reute südlich von Bad Waldsee, vor allem aber im Federseemoor bei Bad Buchau (Tour 5) brachten Moordörfer zutage mit unsinkbar leicht gebauten Holzhäusern, deren mit Holz ausgelegte Vorplätze sich zu einer Dorfstraße verbanden. Aus Sicherheitsgründen führte oftmals kein Knüppelweg zum Ufer, so dass die Menschen im Einbaum zu ihren Feldern am Ufer paddelten.

Pfahlbauten wie die zwei rekonstruierten Siedlungen in Unteruhldingen am Bodensee (Tour 6) standen in den Flachwasserzonen von Seen. Die Häuser und Verbindungswege ruhten auf Pfählen, die in den Seegrund gerammt worden waren, einige Meter über die Wasseroberfläche hinausragten und somit vor Hochwasser schützten. Unter den vielen am Bodensee entdeckten Pfahlbaudörfern nimmt eine Siedlung bei Hornstaad auf der Höri

Der markante Goldberg erhebt sich 60 Meter über die flache Umgebung und fällt nach drei Seiten steil ab. Auf der 250 mal 150 Meter großen Hochfläche stießen Archäologen auf fünf Siedlungen, darunter drei aus der Jungsteinzeit. Fundstücke sowie Hausmodelle sind im Goldberg-Museum ausgestellt.

(südöstlich von Radolfzell) eine Sonderstellung ein als bescheidenes „Pompeji am Bodensee". Im Brandschutt einer Großsiedlung mit etwa fünfzig fluchtartig verlassenen Häusern fand sich sämtlicher Besitz der Bewohner: von Lebensmitteln aller Art über Werkzeuge, landwirtschaftliche Geräte, Fischernetze und Keramik bis hin zu Schmuckperlen.

Astronomie in der Steinzeit

Runde oder ovale, von Palisaden und Gräben eingefasste Erdwerke mit oftmals mehr als hundert Metern Durchmesser dienten seit 4800 v. Chr. als Kultzentren. Die Ausrichtung der Tore auf die Winter- oder Sommersonn-

Rad und Wagen

Für den Transport schwerer Gegenstände dienten ursprünglich als Rollen benutzte Baumstämme, bis das Rad die Entwicklung des Wagens ermöglichte. Zunächst handelte es sich bei Rädern um dicke Baumscheiben, die zu massiven Scheibenrädern – zu sehen im Federseemuseum in Bad Buchau – „verfeinert" wurden. Die mit einer Achse verbundenen Scheibenräder und ein Tragegestell für eine Ladefläche ergaben einen einachsigen Karren, „des Pfahlbauers Nachtigall". Die Bezeichnung erfolgte in Anlehnung an die „anatolische Nachtigall", einen laut quietschenden Karren, der im Mittelmeerraum noch heute gelegentlich anzutreffen ist. Das Quietschen wird von der starr mit den Rädern verbundenen Achse verursacht, die sich mit großem Reibungswiderstand im Wagengestell dreht.

Vermutlich gleichzeitig mit dem Karren wurde ein Zuggeschirr entwickelt, mit dem Rinder als Zugtiere einzusetzen waren: das Joch. Mit diesem auf der Stirn des Rinds befestigten Querholz begann der Siegeszug des Karrens und des vierrädrigen Wagens.

Seit dem 3. Jahrtausend v. Chr. setzte der Mensch auch Pferde als Zugtiere ein. Allerdings waren sie nur für den Transport leichter Lasten geeignet, denn der um den Pferdehals geschlungene Riemen, der das Joch im Nacken festhielt, schnürte dem Tier die Halsadern ab. Erst Jahrtausende später ermöglichte das gepolsterte Kummet den effektiven Einsatz des Pferdes als Zugtier.

Wohl unausweichlich war zu Beginn des 2. Jahrtausends die Nutzung von Pferd und Wagen als Kriegswaffe. Die Verbände einachsiger, mit leichten Speichenrädern versehener sowie mit einem Zügelhalter und einem Speerwerfer oder Bogenschützen besetzter Streitwagen überrollten als „Panzerwaffe der Frühzeit" gegnerische Fußtruppen. Da Streitwagen aber auf ebenes, offenes Gelände beschränkt waren, spielten sie im waldreichen Mitteleuropa nur eine untergeordnete Rolle.

Bedeutsam als Hinweis auf die mittlerweile ausgeprägte Differenzierung der Gesellschaft waren seit 1000 v. Chr. mit Bronzebeschlägen verzierte Wagen, wobei allerdings die zierlichen Speichenräder einen alltäglichen Gebrauch nicht zuließen. Diese Wagen waren kostbare Prestigeobjekte einer sozialen Elite und dienten vermutlich bei religiösen Ritualen als Zeremonialwagen. Solche Wagen fanden sich als Grabbeigaben in keltischen Hügelgräbern wie im „Fürstengrab von Hochdorf" (westlich von Ludwigsburg). Zu sehen ist ein solcher Wagen im Museum in Hochdorf.

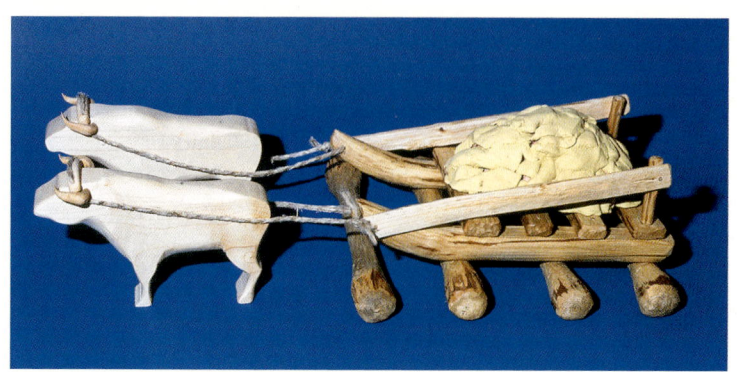

Der Vorläufer des Wagens mit Rädern war vermutlich der Baumschlitten – hier ein Modell im Museum Goldburghausen –, der über Baumstämme gezogen wurde.

20 DIE BAUERN DER JUNGSTEINZEIT

Im Federseemoor ermöglicht eine Beobachtungsplattform (rechts im Bild), eine Dorfbefestigung – Palisade und stabile Holzbohlen-„Mauer" mit Wehrgang – zu studieren.

wende bzw. auf den Frühlings- oder Herbstanfang macht deutlich, dass es sich um astronomische Beobachtungsstätten handelte und Schamanen oder Priester in die Lage versetzten, den für Bauern so wichtigen Zeitpunkt der Aussaat zu bestimmen. In ganz Europa spürte die Luftbildarchäologie solche Observatorien auf, bis heute knapp fünfzig allein in der Bundesrepublik; in Baden-Württemberg jedoch wurde bislang keines entdeckt.

Bergwerke und Fernhandel

Da Feuerstein, das überlebenswichtige Rohmaterial für Werkzeuge, nicht überall vorkam, entwickelte sich zwangsläufig ein Feuersteinhandel. So wurden die im bislang ältesten bekannten Bergwerk Baden-Württembergs bei Kleinkems (nordwestlich von Weil am Rhein) geförderten Jaspisknollen im gesamten Oberrheingebiet vertrieben. Der in der Umgebung des Goldbergs bei Bopfingen (Nordostalb) benutzte Feuerstein stammt aus dem Nürnberger Raum, und in Oberschwaben gefundene Werkzeuge wurden aus dem Feuerstein der 250 Kilometer entfernten Gruben östlich des Gardasees gefertigt. Vereinzelt tauchten auch schon die ersten aus Südosteuropa importierten Kupfergegenstände auf, und spätestens seit dem 4. Jahrtausend, als auch in Mitteleuropa zunehmend Kupfer abgebaut und verarbeitet wurde, gab es einen europaweiten Fernhandel. Einen Beweis dafür stellt u. a. eine am Bodensee entdeckte Kupferscheibe aus der Slowakei dar. Einige Forscher meinen gar, dass sich die aus Süd- und Westeuropa stammenden Glockenbecherleute – die Bezeichnung beruht auf ihrer glockenförmigen Keramik – auf den Kupferhandel spezialisierten und Mitte des 3. Jahrtausends auf den Weg nach Mitteleuropa machten, um mit Kupfer hausieren zu gehen. Eine Bestätigung für die

Alltäglichkeit des Fernhandels lieferte schließlich die Erkenntnis, dass sogar verderbliche Luxusgüter weiträumig gehandelt wurden: Am Bodensee entdeckte man Kerne der in den Südalpen wachsenden Kornelkirsche, die unsere Urahnen wohl zu Marmelade verkocht hatten.

TOUR 4   KURZWANDERUNG
Archäologischer Weg zum Goldberg

Auf der Hochfläche des Goldbergs entstanden in der Jungsteinzeit in Abständen von mehreren hundert Jahren drei Siedlungen. In der ersten Bauphase um 4200 v. Chr. entstanden etwa acht Meter lange Firstdachhäuser, in deren oberer Etage Keramiktöpfe mit Vorräten aufgehängt wurden. Die erste Siedlung mit rund zwanzig Häusern wurde ebenso wie die zweite Siedlung von ca. 3500 v. Chr., die mit einer Palisade befestigt war, durch Feuer zerstört. Um 2500 v. Chr. lebten die Bewohner der dritten Siedlung in etwa fünfzig recht einfachen Zelthüttenbauten.

Praktische Informationen Tour 4
Länge: 4 bzw. 2 km   **Gehzeit:** 1 Std. 15 bzw. 45 Min.
Tourcharakter: Leichte Teilstrecke des markierten Archäologischen Weges; ab Goldburghausen auf Sträßchen oder erst ab Parkplatz an der Straße Goldburghausen-Pflaumloch auf Wanderpfad; Anstieg ca. 60 m.
Anfahrt: In Bopfingen von der B 29 abbiegen und über Kirchheim nach Goldburghausen; Parkmöglichkeit in der Hauptstraße beim Museum.
Wegverlauf: Vom Museum in Goldburghausen (Infotafel) auf Hauptstraße in Richtung Benzenzimmern, rechts ab auf Sträßchen zu Parkplatz mit Infotafel an der Straße Goldburghausen – Pflaumloch und auf das Plateau des Goldbergs; Rückweg identisch.
Karte/Information: Faltblatt „Vom Ipf zum Goldberg" mit Wegskizze bei der Stadtverwaltung in Bopfingen, www.bopfingen.de

TOUR 5   WANDERUNG ODER RADTOUR
Archäologischer Moorlehrpfad bei Bad Buchau

Um 4500 v. Chr. ließen sich am Ufer des damals erheblich größeren Federsees Menschen nieder, die sich sowohl vom Fischfang als auch von der Landwirtschaft ernährten. So wie der See verlandete, folgten die Siedler dem Wasserrand. In den Dörfern standen die Häuser dicht gedrängt an einfachen Wegen. Erst die in der Frühbronzezeit errichtete Siedlung Forschner (ca. 1770–1480 v. Chr.) sowie die sogenannte Wasserburg Buchau aus der Spätbronzezeit (ca. 1100–800 v. Chr.) waren durch Palisaden geschützt.

Praktische Informationen Tour 5
Länge: 9,5 km   **Gehzeit:** 3 Std.   **Fahrzeit:** 45–60 Min.
Tourcharakter: Markierte Rundwanderung oder Radtour in ebenem, weitgehend schattenlosem Gelände auf geschotterten und asphaltierten Wegen.
Anfahrt: Von Riedlingen (Donau) in südöstlicher Richtung nach Bad Buchau; Federseemuseum und Parkplätze sind ausgeschildert.
Wegverlauf: Vom Federseemuseum am Ortsrand entlang und in das südliche Federseeried; der Weg führt zwischen feuchten Wiesen an den Federsee und zurück zum Museum.

Karte/Information: Führer „Urgeschichte erleben" zu Museum und Lehrpfad im Federseemuseum; e-mail: info@federseemuseum.de

TOUR 6 RADTOUR
Pfahlbaumuseum Unteruhldingen und Archäologisches Landesmuseum Konstanz

Am Bodensee wurden bis heute etwa 100 Pfahlbau-Siedlungen mit durchschnittlich zwanzig Häusern entdeckt. Die baumfreien Flächen am Ufer sowie die guten Bedingungen für Fischfang, Transport, Handel und Abfallentsorgung scheinen so vorteilhaft gewesen zu sein, dass eine ständig feuchte Umgebung in Kauf genommen wurde. Wegen des wechselnden Wasserstandes, der je nach Jahreszeit um bis zu drei Meter variierte, wurden die Häuser auf Pfähle gestellt. Ackerflächen und Viehweiden lagen oftmals kilometerweit entfernt im Hinterland.

Wie die Menschen am Wasser lebten, wird im Pfahlbaumuseum Unteruhldingen durch Nachbildungen steinzeitlicher Holzhäuser vermittelt. Das Archäologische Museum in Konstanz informiert über die Ausgrabungen von Pfahlbauten und zeigt Grabungsfunde.

Wegen der Öffnungszeiten der Museen und der Fahrzeiten der Schiffe empfiehlt es sich, morgens mit dem Besuch des Pfahlbaumuseums zu beginnen (geöffnet ab 8 Uhr).

Praktische Informationen Tour 6
Länge: 17 km   **Fahrzeit:** gut 1 Std.
Tourcharakter: Leichte Radtour ohne Anstiege auf dem markierten Bodensee-Radweg, zwei Schiffsüberfahrten.
Anfahrt: B 31 nach Unteruhldingen; Parkplatz Pfahlbaumuseum am Ortsbeginn.
Wegverlauf: Vom Parkplatz zum Pfahlbaumuseum am Ufer – Bodensee-Radweg nach Meersburg – Schiff nach Konstanz; Besuch des Archäologischen Landesmuseums – Radweg nach Dingelsdorf – Schiff nach Unteruhldingen. Info Schiffslinien: www.bsb-online.com
Karte/Information: Radwanderkarte des Landesvermessungsamts Baden-Württemberg, Blatt 52 (Bodensee), 1:100 000

Im Pfahlbaumuseum Unteruhldingen wurden vier jungsteinzeitliche Häuser sowie ein Dorf mit Rundpalisade rekonstruiert. Die Gebäude standen auf Holzpfählen, die etwa zehn bis fünfzehn Jahre lang den Belastungen durch Eisgang und Hochwasser Standhielten, ehe sie ersetzt werden mussten.

GENIALE METALLARBEITER

Die Kelten

Der Istros kommt aus dem Land der Kelten, von der Stadt Pyrene her und fließt mitten durch Europa.
(Herodot von Halikarnassos, um 450 v. Chr.)

Mitte des 5. vorchristlichen Jahrhunderts beschrieb der Grieche Herodot das Quellgebiet des Istros, der Donau, als keltischen Siedlungsraum – Pyrene entspricht vermutlich der Heuneburg an der Donau (südlich von Riedlingen). Falls Herodot die Donau nicht mit einem anderen Fluss verwechselte, ist dies die früheste Erwähnung Südwestdeutschlands in der Geschichtsschreibung.

Die erstmalige Bezeichnung „Kelten" für die Völker im heutigen Frankreich findet sich in einer griechischen Schrift des 6. Jahrhunderts v. Chr. Für die Römer handelte es sich um „Galli", die durch die Comic-Helden Asterix und Obelix populär gewordenen Gallier, während die Kelten in Südosteuropa „Galater" hießen, an die noch im ersten nachchristlichen Jahrhundert der Apostel Paulus einige Briefe richtete. Zuletzt übertrugen am Rhein siedelnde Germanen auf alle Kelten den Stammesnamen der benachbarten Volcae, woraus sich im deutschen Sprachraum „Welsche" als Sammelbegriff für die Bewohner romanisierter Länder entwickelte.

Wohlstand durch Eisen – die Hallstattzeit

Mit der Eisenzeit im 8. Jahrhundert bildete sich im Raum Südwestdeutschland-Schweiz-Ostfrankreich die nach einem Gräberfeld im Salzkammergut benannte Hallstattkultur (800–450 v. Chr.) heraus. Diese schriftlose Kultur mit gemeinsamer Sprache und Religion, gleichartigen Bestattungsriten und künstlerischen Ausdrucksformen umfasste schließlich im 6. Jahrhundert zahlreiche Volksstämme in ganz Frankreich, Spanien, auf den britischen Inseln und dem nördlichen Balkan.

Bei den Kelten in den Alpen und im Voralpenland gewannen vor allem der Bergbau und die Eisenverarbeitung höchste Bedeutung. Vermutlich führte die Monopolisierung des Metallhandels zum Aufstieg einiger Familien zu „Fürstendynastien", die einen ganzen Stamm beherrschten, der sich aus einer privilegierten Kriegerelite, freien und abhängigen Bauern sowie Handwerkern wie Waffen- oder Kunstschmieden zusammensetzte; Kriegsgefangene dienten als rechtlose Arbeitssklaven.

Zeichen der Macht – Fürstensitze und Grabhügel

An Knotenpunkten von Handelswegen entstanden Fürstensitze als Machtzentren wie der Münsterberg in Breisach am Oberrhein, der Hohenasperg westlich von Ludwigsburg (Tour 7) oder der Ipf bei Bopfingen (Nordostalb). Eine Sonderstellung nimmt die Heuneburg ein (Tour 8), denn zeitweise bestand die Befestigung aus einer für Mitteleuropa einzigartigen, heute teilweise rekonstruierten Lehmziegelmauer.

In monumentalen Grabhügeln wie dem Kleinaspergle südlich des Hohenaspergs, dem Magdalenenberg südlich von Villingen oder dem Hohmichele westlich der Heuneburg, wobei die beiden letzteren zu den größten keltischen Grabhügeln Europas zählen, wurden hochrangige Kelten beigesetzt. Zu den kostbaren Grabbeigaben gehören kunstvoll gearbeitete Gegenstände aus Bronze und Gold, Zeremonialwagen und aus Griechenland, Etrurien (Toskana und Umbrien) und der Provence (Südfrankreich) importierte Luxusartikel.

Die Zahl kleinerer Grabhügel für Angehörige der breiten Bevölkerung wird allein in Baden-Württemberg auf über 10000 geschätzt. Deutlich erkennbar sind die Grabhügel in Wäldern, während sie im offenen Gelände durch Jahrhunderte lange Pflugarbeit eingeebnet worden sind.

Umbruch und Auszug – die La-Tène-Zeit

Nach dem Fundort La Tène am Neuenburger See (Schweiz) ist die zweite Epoche keltischer Kultur (450–50 v. Chr.) benannt, die mit dem abrupten Ende alter Traditionen und ebenso plötzlich einsetzenden Neuerungen begann: Die Fürstensitze wurden verlassen, Prunkbestattungen in Großgrabhügeln fanden nicht mehr statt, die Kunsthandwerker ersetzten geometrische Muster wie Kreise und Rauten durch

Auf dem Gipfelplateau des kegelförmigen Ipf (bei Bopfingen, Nordostalb) befindet sich die einst stark befestigte Anlage eines keltischen „Fürsten"; der Zugang am sanfter geneigten Osthang war mit zusätzlichen Mauern und Gräben geschützt. Mittlerweile sind die Mauern zu Wällen erodiert, die Gräben teilweise verfüllt.

Das Pferd als Zug- und Reittier

Um 3500 v. Chr. tauchten in Innerasien die ersten domestizierten, etwa ponygroßen Pferde auf. Seit im 3. Jahrtausend ein Zuggeschirr – das Joch und die Zügel, die an der Trense, einer Querstange im Maul des Tieres, befestigt waren – zur Verfügung stand, dienten Pferde in geringem Maß als Zugtiere leichter Lasten. Erst mit der Erfindung des Streitwagens zu Beginn des 2. Jahrtausends erfuhren Pferde eine höhere Wertschätzung und wurden in größerer Zahl gezüchtet, denn die geringe Körpergröße und Kraft der Pferde erforderten Gespanne von mehreren Tieren.

Um 1000 v. Chr. wurde das Pferd nach der Erfindung des Sattels in den Gebieten nördlich des Kaspischen und des Schwarzen Meers zum Reittier. Fortan bestimmten berittene Krieger den Verlauf der Geschichte, denn sie bewältigten nahezu jedes Terrain und erleichterten Eroberungskriege. Noch allerdings waren die Pferde den Wildformen wie dem aus der Mongolei stammenden Przewalski-Pferd oder dem Europäischen Wildpferd (Tarpan) mit Stockmaßen von 1,20 bis höchstens 1,40 Meter – das Stockmaß ist der Abstand zwischen Huf und Schulter – sehr ähnlich. So betrug das Stockmaß der von keltischen Kriegern und römischer Kavallerie gerittenen Pferde 1,20–1,30 Meter. Im frühen Mittelalter (5.–10. Jahrhundert n. Chr.) erreichten die Tiere schon 1,40 Meter, wie die Untersuchung von Pferdegräbern in Ammerbuch-Entringen bei Tübingen oder in Leinfelden-Echterdingen bei Stuttgart ergab, wo neben einem ranghohen Alamannen zwei seiner Pferde begraben wurden; ein Pferdegrab ist im Alamannenmuseum Ellwangen zu sehen.

Seit dem 8. Jahrhundert, nach Erfindung der Steigbügel – sie garantieren sicheren Halt im Sattel –, stellten europäische Herrscher auf Reiterheere um. Da die Pferdehaltung weitläufige Koppeln und Wiesen für das Futter erforderte, erhielten Reiterkrieger Land zugeteilt und wurden Großgrundbesitzer, die sich als „Ritter" von der einfachen Bevölkerung abgrenzten und im Hoch- und Spätmittelalter (12.–15. Jahrhundert) in den Adelsstand aufstiegen. Durch die Züchtung des „Prestigeobjekts Kampfpferd" zu größerer Gestalt, zu mehr Kraft und Ausdauer verfügten Ritter über massige Schlachtrösser, die unter der drei bis vier Zentner schweren Last des gepanzerten Reiters nicht zusammenbrachen.

Mit der Erfindung des Schießpulvers im 14. Jahrhundert und der Entwicklung weit tragender Feuerwaffen im 15. Jahrhundert verschwanden die Panzerreiter. Die für den Nahkampf nur leicht bewaffnete Kavallerie aber blieb bis zum Ersten Weltkrieg wesentlicher Bestandteil einer jeden Armee, und selbst noch im Zweiten Weltkrieg wurden Pferde als Zugtiere für leichte Geschütze und Gulaschkanonen eingesetzt.

Blatt- und Rankenornamente, Dämonenfratzen und Fabelwesen. Keltische Schmiede stellten „Wunderwaffen" her – Schwerter, Dolche und Helme –, die aus einem ungewöhnlich harten, aber elastischen Stahl bestanden, üblichem Eisen weit überlegen waren und von römischen Händlern massenweise nach Italien vermittelt wurden. Zur gleichen Zeit verließen keltische Stämme ihre Siedlungsräume und drangen in einer etwa 150 Jahre andauernden „Völkerwanderungszeit" zum Schwarzen Meer vor, zogen plündernd durch Italien, suchten Griechenland heim und siedelten sich in Kleinasien (Türkei) an.

Kometeneinschlag – Ursache für Veränderungen?

„Im Himmel wurde ein feuriger Körper von weit ausgedehnter Größe gesehen, eine flammende Wolke, die nicht an einem Ort ruhte, sondern mit verwickelten Bewegungen dahin zog, so dass feurige Teile in alle Richtungen getragen wurden und feurig flammten, wie schießende Sterne es tun". So beschrieb der Grieche Plutarch (um 100 n. Chr.) anhand älterer Überlieferungen eine Himmelserscheinung, die er auf die Zeit um 465 v. Chr. datierte. Besteht ein Zusammenhang zwischen der Himmelserscheinung und dem Beginn der La-Tène-Kultur um 450 v. Chr.?

Im Jahr 2000 nahm eine Gruppe von Hobby-Archäologen und Naturwissenschaftlern ihre Arbeit im Chiemgau (Bayern) auf und stellte fest: Plutarch beschrieb höchstwahrscheinlich einen Kometeneinschlag. In siebzig Kilometern Höhe zerbarst ein Komet in zahllose Bruchstücke, die im Chiemgau einschlugen und eine Energie von etwa 6000 Hiroshima-Atombomben frei setzten. Die Einschläge, die eine ungeheure Druckwelle auslösten, eine Hitze von über 2000 Grad Celsius und einen Flächenbrand erzeugten mit einer Staub- und Rußwolke, die wohl wochenlang für Dämmerung sorgte, verwandelten ein riesiges Gebiet nördlich der Alpen in eine Mondlandschaft. Ganze Stämme wurden ausgelöscht, und überlebende Stämme am Rand des Katastrophengebiets suchten neue Siedlungsräume. Vermutlich erschütterte diese „Strafe des Himmels" die religiösen Vorstellungen und verursachte soziale Unruhen, in denen möglicherweise die Fürsten hinweggefegt wurden.

Weitere Hinweise auf die Wahrscheinlichkeit eines Kometeneinschlags lieferten Chemiker und Archäologen. Die Analyse der neuen „Wunderwaffen" zeigte, dass der Stahl aus erheblich kohlenstoffreicherem Erz besteht als Waffen, die im übrigen Europa hergestellt wurden. Dieser hohe Kohlenstoffgehalt chemischer Verbindungen tritt nur im Katastrophengebiet auf. Zudem fehlt im Chiemgau für die zweite Hälfte des fünften Jahrhunderts jeglicher Bodenfund – etwa fünfzig Jahre lang war der Chiemgau nicht besiedelt.

Viereckschanzen – Bauernhöfe oder Tempel?

Allein in Baden-Württemberg sind über einhundert „Viereckschanzen" bekannt, die an niederen Wällen als Rechtecke mit Seitenlängen von neunzig bis hundert Metern auszumachen sind. Diese Anlagen galten immer als Tempelbezirke, jedoch handelt es sich jüngeren Forschungen zufolge auch um befestigte Bauernhöfe, vermutlich Herrenhöfe einer bäuerlichen Oberschicht. Unklar aber bleibt der Bedeutungsunterschied zwischen den Tempeln und sonstigen Opferplätzen wie Höhlen und Wäldern, Quellen und Mooren, wo Druiden – Seher, Priester und Richter in einer Person – religiöse Rituale leiteten.

Oppida – Fliehburgen und Marktorte

Im 2. Jahrhundert v. Chr. entstanden zahlreiche Höhensiedlungen, die von den Römern als Oppida (Singular: Oppidum, städtische Siedlung) bezeichnet wurden: Ausgedehnte, durch mächtige Mauern geschützte Bezirke, in die sich die in der Umgebung lebende Bevölkerung bei Gefahr zurückzog. Im Alltag wichtiger jedoch war die Bauern- und Handwerker-

Beim „Krieger von Hirschlanden" aus dem 6. Jahrhundert v. Chr. handelt es sich um die erste Vollplastik nördlich der Alpen: ein nackter Krieger mit Hut, Halsring und Dolch.

siedlung innerhalb der Mauern als Marktflecken für den Austausch vor allem heimischer Erzeugnisse.

Bemerkenswerte Oppida sind u. a. der Heiligenberg bei Heidelberg und das Oppidum „Burgstall" von Finsterlohr (südöstlich von Creglingen in Hohenlohe, Tour 9), der auf einer Berghalbinsel angelegte „Heidengraben" bei Grabenstetten/Erkenbrechtsweiler (Schwäbische Alb, südlich von Kirchheim unter Teck), das mit 1660 Hektar Fläche größte Oppidum in Baden-Württemberg, und das weitgehend eingeebnete „Tarodunum" bei Kirchzarten (östlich von Freiburg), das ausnahmsweise nicht auf einer Anhöhe liegt.

Die Kelten verschwinden

Mitte des 1. Jahrhunderts v. Chr. verloren innerhalb eines Jahrzehnts die Kelten im linksrheinischen Mitteleuropa ihre Selbständigkeit, als der römische Feldherr und Politiker Julius Caesar Gallien (heutiges Frankreich und Belgien) in zahlreichen Schlachten eroberte und in das römische Reich eingliederte. Mit den erbeuteten Tempelschätzen stieg Caesar zu einem der reichsten Männer des Römischen Reichs auf. Gleichzeitig bedrängten aus Nordosten vorstoßende Germanen die rechtsrheinischen Kelten, die in der Folgezeit mit den Germanen verschmolzen und unauffällig aus der Geschichte verschwanden. Nur in der Bretagne und in Wales, in Schottland und vor allem im äußersten Westen Irlands überlebten einige keltische Traditionen und Sprachen bis heute.

TOUR 7 RADTOUR
Auf dem Keltenweg nach Hochdorf

Der markante Hohenasperg war Siedlungsmittelpunkt und vermutlich im 6. und 5. Jahrhundert v. Chr. Sitz eines keltischen Fürsten. Auf dem Hohenasperg sind durch den Bau einer Festung im 16. Jahrhundert fast alle Spuren verschwunden, doch in der Umgebung wurden Angehörige dieser Oberschicht in Großgrabhügeln mit kostbaren Grabbeigaben bestattet, u. a. im Kleinaspergle am Fuß des Aspergs und im Grabhügel von Hochdorf, der nach Ausgrabungen wieder in Originalgröße aufgeschüttet wurde: Höhe sechs Meter, Durchmesser sechzig Meter. Bewohner der Siedlungen im Umfeld des Aspergs wurden in kleineren Grabhügeln bestattet, etwa im Grabhügelfeld Pfaffenwälde. Der Keltenweg führt an mehreren Grabhügeln vorbei, u. a. an dem des „Kriegers von Hirschlanden" und des „Keltenfürsten von Hochdorf". Im Keltenmuseum am Ortsrand von Hochdorf sind die rekonstruierte Grabkammer des Fürsten mitsamt den kostbaren Grabbeigaben zu sehen.

Praktische Informationen Tour 7
Länge: 33 km   **Fahrzeit:** 3 Std.
Anfahrt: A 81 Stuttgart–Heilbronn, Ausfahrt 16 (Ludwigsburg-Süd); durch Möglingen nach Asperg; Parken in einer der Seitenstraßen an Station der S-Bahn.
Tourcharakter: Markierte Strecke in sanft gewellter Landschaft; vorwiegend Asphaltwege. Rückfahrt per S-Bahn (Asperg liegt an der S-Bahn-Linie 5, Ditzingen an der Linie 6) oder per Rad ab Ditzingen auf dem Glems-Mühlen-Weg bis Schwieberdingen, von dort auf dem Keltenweg nach Asperg (ca. 17 km zusätzlich).
Wegverlauf: Vom Parkplatz in Asperg zum Grabhügel Kleinaspergle und über Möglingen, Schwieberdingen und den Hardt- und Schönbühlhof zum Fürstengrabhügel in Hochdorf; kurzer Abstecher zum sehenswerten Keltenmuseum und zum Grabhügelfeld Pfaffenwälde; vorbei am einstigen Großgrabhügel Birkle nach Schöckingen (Infotafel zu einem Frauengrab) und zum Grabhügel (Plastik eines Kriegers) bei Hirschlanden; weiter nach Ditzingen mit Stadtmuseum.
Karte/Information: Faltblatt „Keltenweg" mit Kartenskizze und Wegbeschreibung bei der Stadtverwaltung Asperg; www.asperg.de

TOUR 8 WANDERUNG
Archäologischer Wanderweg zur Heuneburg

Oberhalb des Donautals entstand um 600 v. Chr. eine Siedlung mit mehreren Tausend Einwohnern und eine Burgsiedlung, in der die Gebäude planmäßig angeordnet und von einer in Mitteleuropa einzigartigen Mauer aus

Die an der Talkante der Donau stehende Heuneburg wurde durch eine drei Meter breite Mauer aus Lehmziegeln geschützt. Ein Teil der Mauer mit einem Tor und das Haus eines Schmieds mit Werkstatt und Speicher wurden am originalen Standort rekonstruiert.

Lehmziegeln geschützt waren. Die Bewohner verarbeiteten Bohnerz zu Eisen, gossen Bronze und stellten Schmuckstücke und Textilien her, die sie eintauschten gegen Güter aus dem Mittelmeerraum wie Wein und Öl. Vermutlich war die Heuneburg Sitz einer Fürstendynastie, deren Angehörige in Sichtweite, auch im Donautal, in monumentalen Grabhügeln mit kostbaren Beigaben bestattet wurden, u. a. im Grabhügel Hohmichele, mit fünfzehn Metern Höhe einer der größten in Mitteleuropa.

Eine rekonstruierte Grabkammer und Fundstücke sind im Heuneburgmuseum in Hundersingen ausgestellt.

Praktische Informationen Tour 8
Länge: 8 km   **Gehzeit:** 2 Std. 30
Anfahrt: Von Sigmaringen/Mengen (Donau) auf der B 311 in Richtung Bad Saulgau; 5 km hinter Mengen links abbiegen nach Hundersingen; kleiner Parkplatz am Heuneburgmuseum in der Hauptstraße.
Tourcharakter: Leichte, bequeme Rundwanderung auf Wald- und Wirtschaftswegen.

Wegverlauf: Vom Heuneburgmuseum in Hundersingen zum Grabhügel Hohmichele und zu den Fürstengrabhügeln im Gießhübel/Talhau am Waldrand und links der Straße im Wald; weiter zum Freilichtmuseum Heuneburg und, vorbei an den Großgrabhügeln Baumburg und Lehenbühl, zurück zum Heuneburgmuseum.
Karte/Information: Kurzführer „Heuneburg" mit Kartenskizze im Museum erhältlich; Karte auch unter www.heuneburg.de

TOUR 9   SPAZIERGANG
Lehrpfad zum Oppidum Burgstall bei Finsterlohr

Ein heute noch bis zu vier Meter hoher Erdwall und ein teilweise noch immer deutlich sichtbarer Graben umgaben das Oppidum Burgstall, das auf einer Berghalbinsel zwischen dem Taubertal und zwei Seitentälern liegt. Gegen das Hinterland war das Oppidum durch einen noch deutlich erkennbaren Doppelwall geschützt. Die Bedeutung der einhun-

Im Oppidum Burgstall bei Finsterlohr wurde ein Teilstück einer vermutlich etwa fünf Meter hohen Pfostenschlitzmauer freigelegt und rekonstruiert. In Abständen von zwei Metern wurden Eichenpfosten in den Boden gerammt, die Zwischenräume mit aufgeschichteten Bruchsteinen gefüllt.

dert Hektar großen Anlage ist noch ungeklärt. Vermutlich diente sie in Krisenzeiten als Fluchtburg; denkbar ist ein Zusammenhang mit den Wanderungen germanischer Stämme in der Zeit um 100 v. Chr. Infotafeln am Lehrpfad geben Auskunft über die Kelten und ihre Handelsbeziehungen.

Praktische Informationen Tour 9
Länge: 2,5 km **Gehzeit:** 45 Min.
Anfahrt: A 7, Autobahnkreuz Ulm/Elchingen–Würzburg, Ausfahrt 107 (Bad Windsheim); hinunter ins Taubertal und in Tauberscheckenbach nahe der Kirche links abbiegen, auf schmaler Straße nach Burgstall. Am Ortsende rechts abbiegen zur ausgeschilderten Flachsbrechhütte.
Tourcharakter: Leichter Spaziergang auf Wald- und Wiesenwegen; markiert.
Wegverlauf: Vom Info-Zentrum Keltenwall am Museum Flachsbrechhütte entlang des Walls.
Karte/Information: Infoblatt bei der Touristinformation Creglingen und unter www.kelten-creglingen-finsterlohr.de

TOUR 10 WANDERUNG
Wanderung am Heidengraben

Am Nordrand der Schwäbischen Alb nutzten im 2. Jahrhundert v. Chr. die Kelten eine Berghalbinsel, die südlich von Grabenstetten über eine nur 200 m breite „Landbrücke" mit der Albhochfläche verbunden ist, um ein Oppidum anzulegen. Mit 16,6 Quadratkilometern Fläche ist das Oppidum Heidengraben die größte derartige Anlage in Südwestdeutschland. Vermutlich diente das stark befestigte Oppidum, in der sich eine dauerhaft bewohnte und zusätzlich befestigte Siedlung befand, die so genannte Elsachstadt, als Fliehburg. Bei Gefahr fanden hier die in der Umgebung lebenden Kelten mitsamt ihrem Vieh Schutz.

Etwa 5 m hohe Pfostenschlitzmauern – zwischen in den Boden gerammten Pfosten wurden Steine aufgeschichtet, dahinter Erde angehäuft, so dass ein Wehrgang entstand – mussten nur dort errichtet werden, wo die zumeist sehr steilen Hänge der Berghalbinsel eine geringere Neigung aufwiesen und von Angreifern bewältigt werden konnten. Die Gesamtlänge der einzelnen Mauerabschnitte beträgt etwa 5 km. Mehrere so genannte Zangentore befanden sich dort, wo Zugangswege aus den Tälern einen Mauerdurchlass erforderten; ein teilweise rekonstruiertes Tor befindet sich in der Nähe des Tour-Ausgangspunkts.

Praktische Informationen Tour 10
Länge: 18 km **Gehzeit:** 5,5 Std.
Anfahrt: Von Kirchheim/Teck auf B 465 nach Owen, im Ort rechts ab; nach 3 km am Freilichtmuseum Beuren links ab nach Erkenbrechtsweiler; auf der Albhochfläche nach 200 m links ein Wanderparkplatz.
Tourcharakter: Einfache Rundwanderung; kurze, leichte Anstiege; großteils markiert.
Wegverlauf: Am Parkplatz die Straße kreuzen (rotes Dreieck bis kurz vor Burrenhof) – Wohnstraßen in Erkenbrechtsweiler – entlang Talkante – Parkplatz Hohenneuffen – geradeaus an Hangkante – vorbei an baumbestandenem Abschnitt des Heidengrabens – nach links Straße kreuzen; rechter Hand große Brillenskulptur – entlang des hier 1 m hohen Heidengrabens – Asphaltweg nach links – noch vor Gaststätte Burrenhof rechts ab – Asphaltweg berührt die Straße – an einem bis zur Straße heranreichenden kleinen Waldstück vorbei – sofort rechts ab auf Trittspur und entlang

Waldrand – Pfad auf bzw. neben dem Wall des Heidengrabens (Infotafeln) – nach 1,3 km auf Sträßchen nach links – entlang Durchgangsstraße / Ortsdurchfahrt zur Ortsmitte Grabenstetten – an Kreuzung bei der Kirche links ab (rote Gabel bis rekonstruiertem Zangentor) – über freies Gelände, dann an Hangkante – Ortsrand von Hochwang – entlang Hangkante – vorbei an Erkenbrechtsweiler – links ab (rotes Dreieck), 50 m zu teilrekonstruiertem Zangentor und weiter auf Wiesenweg entlang stark eingeebnetem Wall (keine Markierung – Parkplatz).

Karte / Information: Freizeitkarte des LVA Baden-Württemberg, Blatt 524, 1:50 000; Führer zu archäologischen Denkmälern in Baden-Württemberg: Der Heidengraben – ein keltisches Oppidum auf der Schwäbischen Alb, 2012 (Theiss Verlag); www.wikipedia.org/heidengraben

Vom Oppidium Heidengraben sind mehrere 3 – 4 m hohe Abschnitte der zu Wällen erodierten Wehrmauern sowie des mittlerweile weitgehend verfüllten Grabens deutlich zu erkennen, ebenso die wenigen, einst als Zangentore erbauten Zugänge des Oppidiums. Bei der Gaststätte Burrenhof – ein Burren ist ein Hügel – wurden einige der zahlreichen, durch Pflugarbeit längst eingeebneten Hügelgräber nach den Ausgrabungen wieder zu niederen Hügeln aufgeschüttet.

BESATZUNGSTRUPPEN AUS DEM SÜDEN

Die Römer

Eines Tages bat der Teufel den lieben Gott um Land, da doch zur Herrschaft über so viele böse Menschen auch Land gehöre. Der liebe Gott war großzügig und versprach ihm all das Land, das er in einer Nacht mit einem Graben oder einer Mauer umschließen könne. Spätabends verwandelte sich der Teufel in einen wilden Eber und hob mit seinen Hauern wie besessen einen Graben aus, während seine Diener anderswo eine Steinmauer errichteten. Bis zum Tagesanbruch aber war der Teufel nicht fertig geworden. Voller Zorn zerstörte er unter Blitz und Donner den Wall und die Mauer, so dass heute vom Schweinsgraben und der Teufelsmauer nur noch Spuren zu sehen sind.
(Sage vom Schweinsgraben und der Teufelsmauer)

Der Obergermanisch-rätische Limes

Was die Sage zu erklären versuchte, sind die Überreste des 548 Kilometer langen „Obergermanisch-rätischen Limes", der seit der Zeit um 150 n.Chr. die Grenze des Römischen Reichs gegen Germanien bildete.

Der „obergermanische" Grenzabschnitt mit Wall, Palisade und Graben, worauf noch Orts- und Flurnamen wie Pfahlbronn, Grab und Saugraben hinweisen, war die etwa in Nord-Süd-Richtung verlaufende Ostgrenze der römischen Provinz Obergermanien vom Main nach Lorch (bei Schwäbisch Gmünd). Hier knickte der Limes nach Osten ab und begrenzte als drei Meter hohe „rätische Mauer", die zum Altmühltal und zur Donau führte, die Provinz Rätien.

Heute ist der Limes streckenweise noch als niederer Wall zu erkennen, an dem Wachttürme rekonstruiert wurden wie in Öhringen und bei Lorch, während Palisaden bei Grab (nördlich von Murrhardt, Schwäbisch-Fränkischer Wald) und bei Walldürn zu sehen sind. Bei Rainau-Buch (südlich von Ellwangen, Tour 13) wurde neben einem Wachtturm und einer Palisade auch ein Mauerabschnitt wiederhergestellt, ähnlich den Mauern bei Kleindeinbach (westlich von Schwäbisch Gmünd) und in Hüttlingen (nördlich von Aalen).

Das Unternehmen „Germanien"

Der römische Kaiser Augustus (27 v.Chr.–14 n.Chr.) plante, die Grenze des Römischen Reichs von den Alpen und vom Rhein zur Nordsee und Elbe vorzuschieben. Römische Truppen rückten durch Oberschwaben zur Donau vor, legten Straßen an und sicherten den

DIE RÖMER 33

Die in Aussichtslage an einem Südhang stehende Villa Rustica bei Hechingen-Stein wurde nach der Ausgrabung teilweise rekonstruiert und eingerichtet.

Donau-Limes mit Kastellen, u. a. bei Mengen-Ennetach. Vom Niederrhein stießen Truppen zur Elbe vor, aber nachdem im Jahr 9 n. Chr. ein Heer von 20 000 Soldaten unter dem Kommando des Varus von Germanen aufgerieben worden war, zogen sich die Römer auf die alte Rhein-Donau-Grenze zurück. Erst zwei Generationen später begannen römische Truppen erneut, die Grenze zu verschieben. Das heutige südliche Baden-Württemberg wurde römisch und erlebte einen enormen Zivilisationsschub. Als aber die germanischen Alamannen (auch: Sueben) immer häufiger und in immer größeren Gruppen in das römisch besetzte Germanien einbrachen und um das Jahr 260 n. Chr. den Limes endgültig überrannten, zogen sich die römischen Truppen zurück, so dass Südwestdeutschland in den vorzivilisatorischen Zustand zurückfiel.

Die Grenze zu Germanien

Ein römischer Limes ist eine Schneise, ein Weg durch unwegsames Gelände, und so waren die drei Limites, die dem Obergermanisch-rätischen Limes vorausgingen, keine exakt festgelegten Grenzlinien, sondern mit Kastellen gesicherte Straßen in Grenzzonen.

Um die Donau-Iller-Bodensee-Hochrhein-Grenze und die Verbindung zwischen Augsburg, dem Verwaltungssitz der Provinz Raetien, und dem Legionslager Straßburg zu verkürzen, wurde 73/74 n. Chr. die Grenzzone nach Norden verlagert. Die neue Straße verlief von Offenburg im Kinzigtal durch den Schwarzwald nach Rottweil und als Alb-Limes über die Schwäbische Alb zur Donau.

Zwanzig Jahre später erfolgte die Besetzung der „Agri Decumates" (Dekumatland; die

Bedeutung des Namens ist unklar) zwischen Rhein und Neckar mit der Einrichtung des Neckar-Limes, der vom Main über den Odenwald, entlang des Neckars bis Köngen und südlich von Kirchheim unter Teck auf die Schwäbische Alb führte. Von der Burg Teck aus ist der Limes noch erkennbar als „Sibyllenspur", auf der sich im Frühjahr der Bewuchs von der Umgebung abhebt; der Sage nach fuhr hier die weise Sibylle aus Gram über ihre missratenen Söhne in einem von großen Katzen gezogenen Wagen davon.

Als im 2. Jahrhundert größere Germanenscharen auftauchten und die Sorge um die Ordnung im römischen Germanien wuchs, wurde der Neckar-Limes ersetzt durch den nochmals vorgeschobenen, nun befestigten Obergermanisch-rätischen Limes.

Kastelle

Da das Militär (lat. miles, der Soldat) an jedem Limes Kastelle (lat. castellum, kleines Lager) als Stützpunkte errichtete, ist deren Zahl bei mehreren Limites in Baden-Württemberg recht groß. Frei gelegte Kastelle befinden sich u. a. in Köngen und Bad Wimpfen, insbesondere aber am Obergermanisch-rätischen Limes wie in Osterburken und Welzheim (Schwäbisch-Fränkischer Wald), wo ein Lagertor rekonstruiert wurde, bei Böbingen (östlich von Schwäbisch Gmünd) und bei Rainau-Buch (Tour 13).

Kastelle waren rechtwinklig angelegt: Mauer und Gräben als Befestigung, zwei sich kreuzende Lagerstraßen und vier Tore, ein Amts- und Kultgebäude, Mannschaftsunterkünfte und Werkstätten. Während Legionen mit 5000–6000 Mann links des Rheins in großen Lagern wie Straßburg oder Mainz stationiert waren, lebten die etwa 40 000 nach Südwestdeutschland abkommandierten Soldaten in kleinen Kastellen. Je nach Aufgabenbereich bestand die Infanterie- oder Kavalleriebesatzung aus zwei- bis dreihundert Soldaten, aus einer Kohorte von fünf- bis sechshundert Mann oder auch aus zwei Kohorten wie in Aalen, dem größten Kavallerie-Kastell im heutigen Baden-Württemberg.

Zu den Aufgaben der Soldaten zählten neben der Instandhaltung der Ausrüstung in Werkstätten auch der Unterhalt der Kastelle und der Bau von Straßen samt Brücken: „Bausoldaten" brachen Steinquader und stellten Schotter her, brannten in Ziegeleien Keramik – „Terra Sigillata", verziertes Geschirr aus rotem Ton – und Ziegel; Waldarbeiterkolonnen sorgten für Bau- und Brennholz; „Agrarsol-

Alljährlich findet im ehemaligen Kastell von Aalen, dem größten Reiterkastell nördlich der Alpen, eine Großveranstaltung statt mit Reiterkämpfen und handwerklichen Vorführungen.

Vor der Kirche St. Pelagius in Rottweil steht der Pelagiusbrunnen, dessen Schale einst als „Labrum" (Kaltwasserbecken in einem Bad) diente.

daten" erzeugten die Verpflegung, indem sie Land urbar machten und bewirtschafteten. Mit all diesen Arbeitsbereichen stellten Kastelle nahezu autarke Mischbetriebe aus Garnison und Wirtschaftsunternehmen dar. Erst nachdem römische Siedlungen entstanden waren, übernahmen Zivilisten die Versorgung der Kastelle.

Straßen

Aus strategischen und finanziellen Gründen verliefen Straßen schnurgerade, sofern das Gelände es zuließ. Einige bilden noch heute die Trassen moderner Straßen wie beispielsweise der B 3 im Rheintal oder des neun Kilometer langen Sträßchens zwischen Frickingen und Dehlingen (östlich von Neresheim, Ostalb).

Eine Straße bestand aus mehreren Lagen Schotter und Kies, war zwölf bis fünfzehn Meter breit und leicht gewölbt, damit Wasser abfließen konnte. Die eigentliche Fahrbahn war ein fünf bis sechs Meter breiter Streifen, während die Randstreifen Fußgängern und langsamen Gespannen als Ausweichspuren dienten; in Benningen am Neckar (bei Ludwigsburg) ist ein kurzer Straßenabschnitt bei der S-Bahnstation zu sehen.

Welche Bedeutung der Mobilität im Römischen Reich zugemessen wurde, zeigen die kostspieligen staatlichen Maßnahmen zur Erleichterung des Reisens. Zahllose Meilensteine – eine Meile sind 1478 Meter –, die gegen Ende des zweiten Jahrhunderts in Gallien und Germanien durch Leugensteine ersetzt wurden – eine keltische Leuge sind 2220 Meter –, gaben die Entfernung zur nächsten Siedlung an, Rasthäuser in Abständen von Tagesreisen (ca. 35 Kilometer) nahmen Gäste auf, und für kaiserliche Kuriere standen zusätzliche Pferdewechselstationen zur Verfügung.

Siedlungen und Gutshöfe

Mitte des 1. Jahrhunderts entwickelten sich bei den Kastellen die ersten Dörfer von Zuwanderern aus anderen Provinzen: Handwerker, Kaufleute – in Walheim (bei Besigheim) konnte ein Warenhaus frei gelegt werden –, Militärveteranen, Staatsbeamte und die Familien der im Dienst stehenden Soldaten.

In Orten städtischen Charakters entstanden öffentliche Gebäude: Eine Basilika als Versammlungsraum und eine Therme wie in Badenweiler (Tour 12) oder Baden-Baden, Tempel wie beispielsweise ein Mithraeum – Kultraum für den persischen Sonnengott Mithras – in Riegel am Kaiserstuhl oder eine öffentliche, mehrsitzige Latrine wie in Rottenburg am Neckar. Herausgehoben aus den zahlreichen Siedlungen war Rottweil (Municipium Arae Flaviae, Stadt der Flavier-Altäre) als Verwaltungszentrum für ganz Südwestdeutschland (Tour 11).

Außer Siedlungen entstanden 50 bis 150 Hektar große Gutshöfe (lat. villae rusticae, Landgüter; Singular: villa rustica), die aus einem repräsentativen Wohngebäude, Unterkünften für die Arbeitssklaven, Wirtschaftsgebäuden und Werkstätten bestanden. Bevorzugte Lagen waren leicht geneigte Südhänge, an denen je nach Bodenqualität und lokalem Klima Getreide, Gemüse, Obst und Wein erzeugt oder Viehzucht betrieben wurde.

Nur wenige der mehr als 2000 in Baden-Württemberg bekannten Gutshöfe wurden ausgegraben, so u. a. bei Utzmemmingen (westlicher Rand des Ries), in Nürtingen-Oberensingen (südöstlich von Stuttgart) und in Oberriexingen (Enztal, westlich von Bietigheim), wo ein Keller erhalten blieb; bei Hechingen-Stein (südöstlich von Tübingen) steht ein teilweise rekonstruiertes Wohngebäude, und in Heitersheim (südwestlich von Freiburg i. Br.) wurde ein luxuriös ausgestattetes Atriumhaus mit einem Wasserbecken frei gelegt (Tour 12).

TOUR 11 SPAZIERGANG
Das römische Rottweil

Rottweil war im rechtsrheinischen Germanien die einzige Stadt mit vollem Stadtrecht (lat. municipium) und zentraler Verwaltungsort. Nacheinander entstanden oberhalb des Neckartals mehrere Kastelle und eine ausgedehnte städtische Siedlung. Die bedeutendsten Überreste sind ein Kastellbad, die Stützpfeiler einer Fußbodenheizung unter und eine römische Brunnenschale vor der Pelagiuskirche (im Neckartal); ein großflächiges Orpheus-Mosaik und ein Sol-Mosaik befinden sich im Dominikanermuseum.

Praktische Informationen Tour 11
Länge: ca. 5 km   **Gehzeit:** 1,5 Std.
Tourcharakter: Spaziergang aus dem mittelalterlichen Stadtkern zu einem Kastellbad und zur Pelagiuskirche; Besuch zweier Museen mit Grabungsfunden.
Anfahrt: Am Nordrand der Rottweiler Altstadt an der Straße Kriegsdamm ein Parkplatz und Parkhaus.

In der Nähe von Rainau-Buch stehen bei den originalen Mauerresten des rätischen Limes ein rekonstruierter Abschnitt der Mauer, ein hölzerner Limes-Wachtturm und eine Palisade des obergermanischen Limes.

Der in Heitersheim ausgegrabene und teilweise rekonstruierte römische Gutshof wird auf Grund seiner großzügigen Ausgestaltung mit Mosaiken und einem Wasserbecken als Villa Urbana bezeichnet und gehörte einem reichen Römer, der vermutlich mehrere Gutshöfe besaß.

Wegverlauf: Am Parkhaus die Straße Kriegsdamm überqueren zum Dominikanermuseum; in das Stadtzentrum und Abstecher nach rechts in die Hauptstraße (Fußgängerzone) zum Stadtmuseum; über den Stadtgraben und links in die Bahnhofstraße; gleich wieder rechts abbiegen und in der Ruhe-Christi-Straße zum Kastellbad am Friedhof. Entlang der Tuttlinger Straße bergab und über einen Neckarsteg zur Pelagiuskirche; auf gleichem Weg zurück.

Karte/Information: Kleiner Stadtführer und Stadtplan Rottweil in der Tourist-Information; www.rottweil.de

TOUR 12 RADTOUR
Eine Villa Urbana und Thermen in Badenweiler

Die Villa Urbana (lat. urbanus, städtisch) bei Heitersheim war trotz der Bezeichnung kein Stadthaus, sondern der Gutshof (villa rustica) eines reichen Eigentümers. Entsprechend luxuriös ausgestattet war das Atriumhaus im mediterranen Stil: Mosaike, Glasfenster, Fußbodenheizung und ein von einem Säulengang eingefasstes Wasserbecken.

Die Thermen in Badenweiler gehören zu den umfangreichsten Anlagen, die in Baden-Württemberg frei gelegt wurden. In getrennten Frauen- und Männerbereichen erholten sich die Gäste in Kalt-, Lau- und Warmwasserbecken, in Schwitz- und Ruheräumen; ergänzt wurde das Angebot durch die Dienste von Barbieren und Frisören, Masseuren und „Fitness-Trainern".

Praktische Informationen Tour 12
Länge: 32 km **Fahrzeit:** 2,5–3 Std.
Tourcharakter: Rundtour auf Rad- bzw. Wirtschaftswegen und teilweise schmalen Straßen; bis Badenweiler mehrere Anstiege, anschließend mühelos.
Anfahrt: A 5 Freiburg–Basel, Ausfahrt 64 b (Heitersheim); durch Heitersheim in Richtung Sulzburg; Parken am Ortsende Heitersheim gegenüber der Villa Urbana.
Wegverlauf: Die Markierung „Markgräfler Radwanderweg" führt über Betberg und Buggingen auf einen Hügelrücken bei Dattingen. Auf der Scheitelhöhe links abbiegen – nicht mehr dem „Markgräfler Radwanderweg" folgen! –, kurzzeitig auf Landstraße in Richtung Müllheim, nach links und über Nieder- und Oberweiler nach Badenweiler. Durch den Ort in

Puls statt Pizza, Pasta und Polenta – Was die Römer aßen

Pizza, Pasta und Polenta – sah so der Speiseplan einer römischen Familie aus in der Zeit, als sich die Römer nördlich der Alpen aufhielten? Weit gefehlt, denn diese Speisen, die heute als typisch italienisch gelten, gab es damals noch nicht. Nudeln kamen erst im 13. Jahrhundert durch Marco Polo nach Europa und Mais für Polenta erst nach der Entdeckung Amerikas. Anders verhält es sich mit Pizza. Um 200 v. Chr. beschrieb der römische Senator Cato eine flache Teigrundung mit Olivenöl, Gewürzen und Honig, gebacken auf Stein. Von Tomaten jedoch, die heute unabdingbar als Belag für die Pizza erscheinen, war keine Rede, denn diese stammen aus dem damals noch unbekannten Südamerika. Was also aßen die Römer?

Nationalspeise war ein aus Dinkel und Wasser gekochter Brei, der *puls* genannt wurde. Gegessen wurde er mit Gemüse, Früchten und Gewürzen. Rund fünfzig Gewürze sollten einer Hausfrau zur Verfügung stehen, so der Ratschlag eines antiken Kochbuchs. An stark gewürztes Essen gewöhnt, wollten die römischen Soldaten auch in der Ferne auf Gewürze nicht verzichten und nahmen sie in den Norden mit: Petersilie und Dill, Knoblauch und Kümmel, Sellerie und Fenchel, um nur einige zu nennen. Keine große Rolle spielte Salz, denn gewürzt wurde mit *liquamen,* einer salzigen Sauce aus vergorenem Fisch. Süßes Obst hingegen verschmähten sie nicht, und die Auswahl war groß: Äpfel, Birnen, Kirschen, Pflaumen, Pfirsich, Walnüsse und Edelkastanien – allein im Kastell Grinario (Köngen) wurden die Überreste vierzehn verschiedener Früchte gefunden. Gepresst wurden anscheinend nur Trauben, denn Wein, mit Wasser verdünnt, war Alltagsgetränk und wurde auch als *mulsum,* gewürzt mit Honig, Zimt und Pfeffer, zum Aperitif gereicht.

Richtung Sehringen/Kandern, rechts abbiegen nach Lipburg, über Niederweiler nach Müllheim und entlang der B 3 nach Heitersheim.
Karte/Information: Freizeitkarte des Landesvermessungsamts Baden-Württemberg, Blatt 502 (Lörrach), 1:50000; www.heitersheim.de

TOUR 13 WANDERUNG
Der Limes bei Rainau-Buch

Als „Freilichtmuseum Rainau-Buch" sind mehrere Ausgrabungsstätten am rätischen Limes zusammengefasst: Ein Kastell samt Kastellbad, der deutlich erkennbare Limes-Erdwall, ein rekonstruierter Wachtturm mit einer Palisade, das Fundament eines Wachtturms an den Überresten der rätischen Mauer wie auch ein rekonstruierter Mauerabschnitt. Bei Dalkingen stehen die umfangreichen Mauerreste eines mächtigen Limes-Prunktors, das um 130–135 n. Chr. anlässlich eines Besuchs des Kaisers Caracalla errichtet wurde.

Praktische Informationen Tour 13
Länge: 12 km **Gehzeit:** 3,5 Std.
Tourcharakter: Markierter Rundweg (Täfelchen mit grünem Limestor) in sanft gewellter Landschaft; auf Wirtschaftswegen und Sträßchen; Bademöglichkeit im Stausee.
Anfahrt: B 290 Ellwangen–Wasseralfingen, Ausfahrt Buch; nach 400 Metern ein Parkplatz am Stausee Rainau-Buch.
Wegverlauf: Am Stausee an Kiosk vorbei und über einen Steg zu einem Kastellbad. Zurück zum Ufer, unter B 290 hindurch und gleich

Am östlichen Stadtrand von Welzheim (nordwestlich von Schwäbisch Gmünd) wurde ein Limes-Kastell freigelegt, das so genannte Ostkastell. Eines der bei römischen Militäranlagen üblichen vier Tore wurde rekonstruiert.

wieder links zu einem Kastell; zurück zum Weg, in Buch die Ortsdurchfahrt kreuzen und auf einem Sträßchen einen Kilometer weit zum Waldrand; nach rechts am einstigen Limes entlang und durch das Jagsttal zu einem Limestor, durch Dalkingen und zurück zum Stausee.
Karte/Information: Freizeitkarte des Landesvermessungsamts Baden-Württemberg, Blatt 522 (Aalen), 1:50 000; www.rainau.de

TOUR 14 2-TÄGIGE RADTOUR
Der Limes-Radweg von Öhringen nach Lorch

Nahezu schnurgerade verläuft in Nord-Süd-Richtung der obergermanische Abschnitt des im zweiten Jahrhundert n. Chr. angelegten obergermanisch-raetischen Limes. Die Grenzbefestigung zwischen Miltenberg (Main) und Lorch (Remstal) trennte die römische Provinz Obergermanien vom „Barbarenland", während der bei Lorch nach Osten abknickende, als raetsche Mauer zur Donau führende Limes die Nordgrenze der Provinz Raetien bildete. Im dritten Jahrhundert n. Chr. gaben die Römer den Limes auf und zogen sich an den Rhein zurück.

Heute sind vom Limes noch ein bis zu einem Meter hoher Wall und Wachturm-Fundamente erhalten. Der Wall ist erodiert, der Graben verfüllt, und das Holz der Palisaden sowie der Wachttürme ist längst verrottet.

Praktische Informationen Tour 14
Länge: 88 km   **Fahrzeit:** 2 Tage, je 5 – 6 Std.
Tourcharakter: Recht anstrengend, da zahlreiche Anstiege; auf Wirtschaftswegen und Straßen; markiert (Deutscher Limes-Radweg); die Strecke verläuft nicht unmittelbar am Limes entlang, sondern in der nahen Umgebung.
Anfahrt: A 6 Kreuz Weinsberg – Kreuz Feuchtwangen, Ausfahrt 40 (Öhringen); nach Öhringen zu großem Parkplatz bei der Stadthalle am Rand der Altstadt.
Wegverlauf: Von Öhringen in südlicher Richtung in den Naturpark Schwäbisch-Fränkischer Wald und über Mainhardt in das Städtchen Murrhardt (Übernachtung). Am zweiten Tag über den Ebnisee und Welzheim (teilweise rekonstruiertes Kastell) nach Lorch. Per Bahn über Stuttgart und Heilbronn nach Öhringen.
Karte/Information: Fahrradkarte 3106 des Kompass Verlags, Schwäbisch-Fränkischer Wald / Kaiserberge, 1:70 000; www.limesstrasse.de; www.murrhardt.de

KRIEGER, SIEDLER, ERSTE CHRISTEN

Alamannen und Franken

Die Königin (Chrotechildis) aber ließ nicht ab, in Chlodwig zu dringen, dass er den wahren Gott erkenne und ablasse von den Götzen; aber auf keine Weise konnte er zum Glauben bekehrt werden, bis er endlich einst mit den Alamannen in einen Krieg geriet ... Als die beiden Heere zusammenstießen, kam es zu einem gewaltigen Blutbad, und Chlodwigs Heer war nahe daran, vernichtet zu werden. Als er das sah, erhob er seine Augen zum Himmel, sein Herz wurde gerührt; seine Augen füllten sich mit Tränen, und er sprach: Jesus Christus, Chrotechildis sagt, du seiest der Sohn des lebendigen Gottes, Hilfe sollst du den Bedrängten, Sieg denen geben, die auf dich hoffen – ich flehe dich demütig an um deinen mächtigen Beistand ... Und da er solches sprach, wandten die Alamannen sich und fingen an zu fliehen. Als sie aber ihren König getötet sahen, unterwarfen sie sich Chlodwig.

(Gregor von Tours, Gesta Francorum)

Im 6. Jahrhundert beschrieb Bischof Gregor von Tours den Sieg der germanischen Franken über die ebenfalls germanischen Alamannen im Jahr 496/97 und den Übertritt der Franken zum christlichen Glauben. Alamannien wurde Teil des fränkischen Reichs und später ein Stützpfeiler des Deutschen Reichs.

Germanische Stämme bedrängen die Römer

Die Urheimat der Germanen war wahrscheinlich das Gebiet zwischen Harz und Erzgebirge. Für diesen Raum ergab die Erforschung von Ortsnamen, den „Friedhöfen der Sprache", eine auffällige Häufung germanischer Ortsnamen, u. a. mit den typischen Endungen -ing und -ung. Von dort aus breiteten sich seit etwa 500 v. Chr. die Germanen im nördlichen Mitteleuropa aus. Nach Schätzungen lebten zur Zeitwende zwischen ein und drei Millionen Germanen in etwa vierzig Stämmen zwischen Rhein und Weichsel, zwischen Jütland und der Donau.

In den folgenden Jahrhunderten zogen Gruppen von Germanen und einzelne Stämme auf der Suche nach günstigeren Siedlungsgebieten durch Europa. Als gegen Ende des 4. Jahrhunderts n. Chr. die Hunnen Europa angriffen, gerieten alle Stämme in Bewegung. In dieser kriegerischen Zeit der „Völkerwanderung" (4.–6. Jahrhundert) brach unter den Invasionen germanischer Stämme der Westteil des Römischen Reichs zusammen. Als Folge entstanden in Italien, Frankreich, Spanien und im westlichen Nordafrika germanische Königreiche.

Die Alamannen besiedeln Südwestdeutschland

In diesen „bewegten Zeiten" bildete sich aus mehreren Volksgruppen, vor allem Sueben, ein neuer Stamm, der erstmals im 3. Jahrhundert mit Alamannen (auch: Alemannen; alle Männer, alle Leute) benannt wurde und jene Germanen bezeichnet, die unmittelbar jenseits des römischen Limes lebten. Die Alamannen ließen sich nach dem Rückzug der Römer in Südwestdeutschland nieder, vor allem in fruchtbaren Löss-Gebieten wie dem Neckarraum sowie dem Breisgau/Markgräflerland, und breiteten sich aus: nach Osten bis zum Lech, nach Süden bis zum St. Gotthard, nach Westen in das Elsass und nach Norden in das Rhein-Main-Gebiet.

In dem von ihnen besetzten Raum entstanden, mit Ausnahme des schwer zugänglichen Schwarzwalds, mit zunehmender Bevölkerungsdichte immer mehr Dörfer. Wann diese angelegt wurden, zeigen die Ortsnamen: Orte auf -ingen und -heim stammen aus dem 5. und 6. Jahrhundert, während -hofen und -hausen, -stetten und -weiler Dörfer des 7. und 8. Jahrhunderts kennzeichnen. Die Endung -heim tritt allerdings auch in fränkischen Ortsnamen und somit im nördlichen Baden-Württemberg recht häufig auf.

Die romanische Krypta mit der Christusscheibe im Münster von Konstanz stammt aus dem 10. Jahrhundert und gehört zu einem Nachfolgebau der ursprünglichen Bischofskirche des 8. Jahrhunderts. Das frühmittelalterliche Bistum Konstanz umfasste Alamannien und entsprach in seiner Ausdehnung ungefähr dem Herzogtum Schwaben.

Obwohl die Alamannen in ihrem Siedlungsgebiet römische Steinbauten vorfanden, verschmähten sie diese und blieben bei ihren aus Holz errichteten Gehöften und ihrer traditionellen Siedlungsweise in Dörfern: Um ein bis zu fünfzehn Meter langes Hallenhaus mit Wohn- und Stallbereich gruppierten sich Getreidespeicher, Ställe für Kleinvieh, ein „Schopf" (Schuppen) und eingetiefte Grubenhäuser für Webstühle oder für die Herstellung landwirtschaftlicher Geräte. Ausgrabungen zeigten, dass in manchen Dörfern neben gewöhnlichen Bauernhöfen ein größeres Gehöft stand, in dem vermutlich ein Adliger lebte. Die Herrschaftssitze des hohen Adels waren Höhenburgen wie auf dem Zähringer Burgberg nördlich von Freiburg (siehe Tour 21) oder auf dem Runden Berg bei Bad Urach am nördlichen Albrand (Tour 15).

Die Franken besiegen die Alamannen

Auch die Franken, die sich am Niederrhein niedergelassen hatten, breiteten sich aus, und zwar in Richtung Süden. Unter König Chlodwig (482–511) aus dem Geschlecht der Merowinger eroberten sie Nordgallien und besiegten die Alamannen, so dass deren nördliches Siedlungsgebiet mit dem heutigen Nord- und Ostwürttemberg bis zur Linie Rastatt–Baden-Baden–Ludwigsburg–Backnang–Dinkelsbühl an die Franken verloren ging.

Das restliche Alamannien blieb über 200 Jahre lang weitgehend selbständig. Es entstanden nur einzelne fränkische Siedlungen und Königshöfe als Verwaltungssitze, beispielsweise auf dem Heiligenberg bei Heidelberg (Tour 16), in Lauffen am Neckar oder im Kaiserstuhl auf dem Limberg bei Sasbach.

Die romanische Michaelskirche in Burgfelden (Schwäbische Alb) in der Nähe von Balingen wurde vermutlich von einem alamannischen Adligen erbaut, denn der Erzengel Michael und der Mönch Gallus waren die „Nationalhelden" der Alamannen.

Die fränkischen Könige waren als „Wanderkönige" ständig im Reich unterwegs. In so genannten Pfalzen (lat. palatium, Residenz, Palast und Pfalz) hielten sie Gerichtstage ab und empfingen die Treueide der Adligen. Solche Pfalzen befanden sich u. a. in Ulm, Meersburg und Bodman, nach dem der Bodensee seinen Namen erhielt.

Die Adligen, die für die Durchsetzung der königlichen Entscheidungen zuständig waren, versuchten, sich eigene Herrschaftsgebiete zu schaffen, und die Könige mussten sich deren Unterstützung „erkaufen", indem sie königliches Land oder königliche Rechte verliehen. Diese so genannten Lehen waren an eine Person auf Lebenszeit vergeben, doch häufig gingen sie nach dem Tod des Lehensmanns in den Besitz von dessen Familie über, so dass die Merowingerkönige im Lauf von 200 Jahren immer mehr Land verloren, allmählich verarmten und ihre Machtstellung einbüßten.

Der Frankenkönig wird Kaiser

Den Machtschwund der Merowingerkönige nutzten nicht nur die fränkischen, sondern auch die alamannischen Adligen, indem sie versuchten, unabhängige Herrschaftsbereiche aufzubauen. Bestrebungen, die im Jahr 746 abrupt endeten, als im so genannten „Blutbad von Cannstatt" fränkische Krieger die Teilnehmer einer Versammlung des alamannischen Adels erschlugen. Fortan war Alamannien fester Bestandteil des Frankenreichs.

Auch Pippin aus dem Geschlecht der Karolinger und mächtigster Adliger im Frankenreich sah seine Chance gekommen und setzte im Jahr 751 den Merowingerkönig ab. Durch den Adel ließ er sich zum König wählen und, um sich als Herrscher zu legitimieren, durch den Papst, das Oberhaupt der Kirche, auch salben. Pippins Sohn Karl der Große (768–814) vergrößerte das Frankenreich in zahlreichen Kriegszügen und ließ sich im Jahr 800 in Rom vom Papst zum Kaiser krönen.

Nach dieser Blütezeit zerbrach das Reich jedoch unter seinen Nachfolgern in ein west-

Mundarten in Baden-Württemberg

Genießt ein alemannisch sprechender Südbadener ein Glas Wein, so trinkt er „Wii", ein schwäbischer Sprecher dagegen sitzt beim „Woi" oder „Woa", während ein fränkischer Sprecher sich „Waa" oder „Wai" schmecken lässt.

Die sprachliche Aufspaltung Baden-Württembergs in drei Mundarten lässt sich auf wenige Vorgänge zurückführen. Nach der Niederlage der Alamannen um 500 wurde das nördliche Baden-Württemberg von Franken besiedelt. Noch heute spricht man nördlich der damaligen Grenzlinie Rastatt–Baden-Baden–Ludwigsburg–Backnang–Dinkelsbühl fränkisch, mit einem pfälzischen Einschlag im Raum Mannheim-Heidelberg.

Die Mundart südlich dieser Grenze wurde als schwäbisch bezeichnet, hatte doch im Mittelalter die Bezeichnung „Schwaben" das ältere „Alamannen" als Name für denselben Volksstamm verdrängt. Nachdem aber im Jahr 1803 Johann Peter Hebel das Werk „Alemannische Gedichte" veröffentlicht hatte, galten bei vielen Südbadenern all jene, die den in der Schweiz, am Bodensee, am Hoch- und Oberrhein, im Schwarzwald und im Elsass herrschenden Dialekt sprachen, als Alemannen.

So willkürlich hier „alemannisch" verwendet wurde, so begründet ist die Unterscheidung zwischen zwei Mundarten im südlichen Baden-Württemberg, denn Wortschatz und Aussprache gehen weit auseinander. Während das heutige „Alemannisch" eine recht geradlinige Weiterentwicklung der ursprünglichen Stammessprache ist, fand vor Jahrhunderten im württembergischen Raum eine Lautverschiebung statt, so dass sich die schwäbische Mundart vom einstigen Schwäbisch-Alemannischen immer weiter entfernte.

fränkisches und ostfränkisches Reich, die Vorläufer des heutigen Frankreichs und Deutschlands, und die Karolinger verschwanden Ende des 9. bzw. Anfang des 10. Jahrhunderts von der politischen Bühne.

Im 10. Jahrhundert, als das Deutsche Reich entstand, verschwand die Bezeichnung Alamannen zugunsten von Sueben/Suaben (Schwaben), und das einstige Alamannien wurde als Herzogtum Schwaben ein Eckpfeiler des neuen Reichs.

Franken und Alamannen werden Christen

Nach dem entscheidenden Sieg der Franken gegen die Alamannen um 500 traten Chlodwig und mit ihm die Franken zum Christentum über. Ein problemloser Vorgang, denn in den gallo-römischen Städten existierten seit spätrömischer Zeit christliche Gemeinden, die in den von Bischöfen geführten Bistümern wie Straßburg und Worms organisiert waren.

Obwohl die Franken gesiegt hatten, wurden die Alamannen nicht gewaltsam christianisiert. Vermutlich beschloss um 570 der alamannische Adel den Übertritt zum Christentum, denn die Einrichtung des alamannischen Bistums Konstanz um das Jahr 600 und das Erscheinen iro-schottischer Missionare unter der Führung des Mönchs Columban stießen auf nur geringen Widerstand.

Die irischen und schottischen Mönche, asketische Einsiedler, missionierten so erfolgreich, dass ihre in der Einöde gelegenen Bethäuser rasch zu Klöstern anwuchsen. So entwickelte sich aus der Zelle (lat. cella, Kammer, Tempel) des Mönchs Gallus das bedeutende Kloster St. Gallen, Offa gründete ein Kloster in Schuttern (südöstlich von Lahr) und Fridolin eines in Säckingen am Hochrhein. In Trudperts Missionsgebiet entstand das Kloster St. Trudpert (Münstertal, Südschwarzwald), und Pirmin begründete später neben den Klöstern Gengenbach bei Offenburg und Schwarzach (südwestlich von Baden-Baden) auch das Kloster Mittelzell auf der Insel Reichenau (Tour 17), das die Bodenseeregion zu einem kulturellen Zentrum machte.

Außer ihrer Bedeutung als religiöse und kulturelle Mittelpunkte gewannen die Klöster auch wirtschaftliche Bedeutung, denn sie waren die Ausgangspunkte für die Erschließung ganzer Landstriche. Da sich die Mönche selbst versorgten, mussten Wälder gerodet und das Land urbar gemacht werden. Ohne diese Pionierarbeit wäre beispielsweise der Schwarzwald nicht schon seit dem 9./10. Jahrhundert besiedelt worden.

Seit etwa 600 errichteten auch fränkische und alamannische Adlige erste Kirchen, so genannte „Eigenkirchen", bei denen die Gründer in kirchlichen Fragen wie der Einsetzung des Pfarrers das Sagen hatten. Archäologen konnten zahlreiche frühe Eigenkirchen nachweisen, kleine Holzgebäude ohne Turm, an deren Stelle Nachfolgekirchen entstanden wie die Pelagiuskirche in Rottweil oder die Glöcklehofkapelle St. Ulrich in Bad Krozingen, St. Veit in Ellwangen oder das Ritterstift St. Peter und Paul in Wimpfen im Tal. Häufig weisen die Namen früher Kirchen auf die Stammeszugehörigkeit der Gründer hin: Zumeist fränkischen Ursprungs sind die nach Dionysius, Hilarius, Remigius oder Kilian, dem „Franken-Apostel", vor allem aber die nach St. Martin, dem Schutzpatron der Franken, benannten Kirchen, während Galluskirchen und die nach dem Erzengel Michael benannten Kirchen zumeist von Alamannen gegründet wurden.

Das Gipfelplateau des Runden Bergs, der nur durch einen schmalen Sattel mit dem Albtrauf verbunden ist, diente zwischen dem 3. und 6. Jahrhundert alamannischen „Kleinkönigen" als Herrensitz.

TOUR 15 WANDERUNG
Archäologischer Rundweg zum Runden Berg

Als um die Mitte des 4. Jahrhunderts die Kämpfe zwischen Römern und Alamannen wieder aufflammten, umgaben die auf dem Runden Berg siedelnden Alamannen das Plateau mit einer Holz-Erde-Mauer. Innerhalb dieser Mauer lebten wohlhabende Krieger mit ihren Familien. Auch spezialisierte Handwerker wie Bein- und Gagatschnitzer – Gagat ist fossiles Holz – wohnten innerhalb der Befestigung, einfache Handwerker dagegen außerhalb. Zu Beginn des 5. Jahrhunderts entstand eine neue Siedlung, deren Oberhaupt vermutlich ein Kleinkönig war. Diese Siedlung, in der hoch spezialisierte Handwerker Gold- und Silberschmuck herstellten, wurde zu Beginn des 6. Jahrhunderts vermutlich durch die Franken zerstört. Mehr als 100 Jahre später erbaute sich ein fränkischer Adliger dort ein etwa zwanzig Meter langes repräsentatives Hallenhaus mit Nebengebäuden. Die Grundrisse der Holzbauten sind durch kurze Holzpfosten kenntlich gemacht; Infotafeln geben Auskunft über die Besiedlungsgeschichte.

Praktische Informationen Tour 15
Länge: 8,5 km **Gehzeit:** 2,5 Std.
Tourcharakter: Markierte Rundwanderung auf Waldwegen, Anstieg 260 Höhenmeter.
Anfahrt: A 8 Stuttgart–München, Ausfahrt 52 a (Stuttgart-Möhringen), B 27 und B 312 nach Metzingen, B 28 nach Bad Urach, am Ortsbeginn rechts ab zum Uracher Wasserfall; Parkplatz „Wasserfall" mit Infotafel zum Wegverlauf.
Wegverlauf: Vom Parkplatz talaufwärts zum Uracher Wasserfall und hinauf zum Rutschenfelsen; nach rechts entlang der Hangkante 500 m weit, nach rechts auf Forstweg absteigen und durch einen Sattel auf den Runden Berg; zurück in den Sattel, auf Forstweg nach rechts bergab und auf dem Talgrund zurück zum Parkplatz „Wasserfall".
Karte/Information: Freizeitkarte des LVA-Baden-Württemberg, Blatt 524 (Bad Urach), 1:50000.

TOUR 16 KURZWANDERUNG
Rundweg auf dem Heiligenberg

Das schmale Plateau des Heiligenbergs, der sich knapp 350 Meter über das Neckartal erhebt, war seiner geschützten Lage wegen seit Jahrtausenden besiedelt. Kelten legten eine durch einen doppelten Ringwall geschützte Höhensiedlung an, die bis ca. 280 v. Chr. von zentraler Bedeutung war. Römer errichteten einen Merkurtempel (1.–3. Jahrhundert), von dem die Außenmauern erhalten blieben. Dort bestatteten im 6. Jahrhundert Christen ihre Toten. Im 8. Jahrhundert wurde der einstige Merkurtempel zum Mittelpunkt eines fränkischen Königshofs, der so genannten Aberinsburg. Dieser Besitz ging um 870 an das Kloster Lorsch über, damals bedeutendstes Kloster des ostfränkischen Reichs und eng mit dem Königshaus verbunden. Eine erste Michaelskirche wurde erbaut und um 1025 ein Kloster gegründet, von dem eindrucksvolle Ruinen erhalten sind.

Als Ergänzung des Rundwegs empfiehlt sich ein Besuch des Kurpfälzischen Museums (Abteilung zum Heiligenberg) in Heidelberg.

Praktische Informationen Tour 16
Länge: 2,5 km **Gehzeit:** 45 Min.
Tourcharakter: Rundweg mit geringen Steigungen auf Waldwegen; Markierung: weiße Täfelchen mit blauem Doppelkreis.
Anfahrt: Von Heidelberg durch Neuenheim nach Handschuhsheim, in Ortsmitte der Ausschilderung folgen zu großem Wanderparkplatz Heiligenberg.
Wegverlauf: Vom Wanderparkplatz (Infotafel und Bronzerelief des Heiligenbergs) vorbei an der „Waldschenke", rechts vorbei an „Thingstätte" aus der NS-Zeit und zum Michaelskloster; dem Zaun bis zum Eingang folgen; entlang der Hangkante zur Südspitze des Plateaus mit Heidenloch, Aussichtsturm und Fundamenten des Stephansklosters; zurück zum Parkplatz.
Karte/Information: Broschüre „Heiligenberg St. Michael" in der „Waldschenke" erhältlich; Infoblatt unter www.schule-bw.de

Der römische Merkurtempel auf dem Heiligenberg bei Heidelberg wurde später als christliche Begräbnisstätte genutzt und mit einer Michaelskirche überbaut; die halbkreisförmige Grundmauer im Bild-Vordergrund war Teil des Merkurtempels. In der frühen Kirche war es durchaus üblich, Merkur durch den Erzengel Michael zu ersetzen, galten doch beide als Begleiter der Seelen ins Jenseits.

Während im Mittelalter die Mönche auf der Insel Reichenau vorwiegend Weinbau betrieben, pflanzen die Gärtner heute Gemüse und Salat wie bei St. Peter und Paul in Niederzell.

TOUR 17 RADTOUR
Die romanischen Kirchen auf der Reichenau

Auf der Bodensee-Insel Reichenau schlug im Jahr 724 der Wanderbischof Pirmin mit vierzig Mönchen sein Lager auf, um dort das erste Benediktinerkloster in Süddeutschland zu erbauen. Unterstützt wurde er in seinem Vorhaben von Karl Martell, dem Hausmeier der Franken, der Pirmin die Insel schenkte. In den nächsten Jahrhunderten entwickelte sich die Insel zu einem bedeutenden geistigen und künstlerischen Zentrum mit zahlreichen Kirchen. An romanischen Kirchen erhalten blieben die Klosterkirche St. Maria und Markus in Mittelzell, die über der im Jahr 724 von Pirmin gebauten Kirche steht, die Kirche St. Peter und Paul in Niederzell, die 799 geweiht und im 12. Jahrhundert vollständig neu erbaut wurde, und die Kirche St. Georg in Oberzell, die gegen Ende des 9. Jahrhunderts erbaut und mit eindrucksvollen Wandmalereien ausgestattet wurde. Info-Pavillons bei den Kirchen.

Praktische Informationen Tour 17
Länge: 10 km **Fahrzeit:** 1 Std.
Tourcharakter: Ausgeschilderte, leichte Insel-Rundtour ohne Steigungen auf befestigten Radwegen und Sträßchen.
Anfahrt: Von der B 33 zwischen Konstanz und Allensbach abbiegen auf den Damm zur Insel Reichenau. Parkplatz bei der Kirche St. Georg in Oberzell.
Wegverlauf: Vom Parkplatz in Oberzell zur Kirche St. Georg, auf Sträßchen nach Mittelzell mit Klosterkirche, Klostergarten und Schatzkammer; in Ufernähe nach Niederzell zur Kirche St. Peter und Paul; dem Westufer folgen zur Schiffslandestelle am Südufer und zurück nach Oberzell.
Karte/Information: Inselkarte mit eingezeichnetem Weg bei der Tourist-Information; www.reichenau.de

WEHRHAFTE WOHNSITZE DES ADELS

Die Burgen

Schloss Lichtenstein, welches nicht groß ist und auf einem Felsen liegt, so dass die untern Zimmer in den Felsen gehauen sind. Dieses Schloss ist von den andern Felsen abgesondert, auf welches eine lange Brücke geht, unter der ein sehr tiefer Graben ist und auf beiden Seiten sind Felsen … Lichtenstein hat auch einen tiefen Trog in den Felsen eingehauen, darein das Wasser von den Dächern geleitet wird. Außerhalb einen tiefen Brunnen bei der großen Scheuer, darin das Vieh ist und einen Weiher von dem Wasser, welches von den Dächern läuft.
(Schloss Lichtenstein bei Reutlingen, in: Martin Crusius, Annales Suevici, 1596)

Geschützte Lage, Graben mit Brücke, ein Wirtschaftshof zur Versorgung der Burgbewohner, räumliche Enge und Wasserprobleme – typische Merkmale einer Burg, die man einst als Schloss (mhd. sloz, schließen, verriegeln) bezeichnete.

Burgherren

Als Burgenbauer trat der Adel auf, der von den Königen mit Verwaltungsaufgaben betraut und zum Kriegsdienst verpflichtet war. Entzündeten sich Konflikte zwischen Adligen, so mussten sie sich in einer Fehde (mhd. vêde, Feindschaft) gewaltsam gegen wirkliches oder vermeintliches Unrecht wehren, denn zumeist war der König, der in seiner Funktion als Friedenstifter und Richter solche Privatkriege hätte verhindern können, weit weg. Immer wieder wurden Fehden angezettelt und als Vorwand genutzt, um Herrschaftsbereiche auszuweiten. Das daraus erwachsende Sicherheitsbedürfnis führte seit dem 11. Jahrhundert zum Bau von üblicherweise weiß verputzten Burgen, die im Kriegsfall auch wichtige Bereiche der Herrschaft wie Städte, Bergwerke oder Handelsstraßen und den Flussverkehr schützten.

Im 12. und 13. Jahrhundert entstanden zusätzlich zahlreiche kleine Ministerialenburgen. Ministerialen waren Dienstmannen des Adels, die bei der Umstellung des fränkischen Heeres von Fuß- auf Reitertruppen im 8. Jahrhundert als Reiterkrieger ausgewählt wurden und für die aufwendige Pferdehaltung große Landflächen als Lehen erhielten. Dadurch hoben sich die Ministerialen von der übrigen Bevölkerung ab, übernahmen die adlige Lebensweise und bildeten schließlich als „Ritter" den niederen Adel mit eigenen Burgen wie beispielsweise dem gut erhaltenen Hohenrechberg südlich von Schwäbisch Gmünd. So entstanden bis zum 13. Jahrhundert allein am Neckar zwischen Heilbronn und Heidelberg etwa dreißig und auf der Schwäbischen Alb, der burgenreichsten Region Baden-Württembergs, etwa 250 Burgen.

Turmburg und Steinhaus, Tiefen- und Höhenburg

Aus Holz wurden bereits seit dem 7./8. Jahrhundert befestigte Wohnsitze erbaut: mehrstöckige Turmburgen auf aufgeschütteten Erdhügeln (frz. „Motte"), umgeben von Graben und Palisaden. Mit der Zeit wurden die Holztürme durch Steintürme ersetzt (frz. Donjon), so genannte Steinhäuser, die beim späteren Ausbau zu größeren Burgen gelegentlich stehen blieben wie in Schloss Burleswagen bei Crailsheim, in Buchenbach bei Künzelsau oder in Altensteig bei Freudenstadt.

Lage und Aussehen einer Burg wurden von der Landschaft bestimmt. In Tallandschaften wie dem Kraichgau entstanden häufig Wasserburgen wie in Bad Rappenau, in Menzingen östlich von Bruchsal oder Angelbachtal-Eichtersheim westlich von Sinsheim.

Waren größere Höhlen verfügbar wie im Karstgebiet der Schwäbischen Alb, wurden diese zu Höhlenburgen befestigt; Beispiele im Donautal zwischen Fridingen und Gutenstein sind die Burgstallhöhle oder die Ziegelhöhlenburg. Im Bergland mit Bergspornen und Felsköpfen dominierten Höhenburgen wie das Schloss in Wertheim am Main, die vollständig

In Meersburg am Bodensee blieb eine ursprüngliche Turmburg erhalten, ein so genanntes Steinhaus, und bildet als Dagobertsturm, benannt nach einem fränkischen König des 7. Jahrhunderts, den Mittelpunkt der Meersburg (auch: Altes Schloss).

Die Bachritterburg bei Kanzach westlich des Federsees ist die Rekonstruktion einer durch einen Wassergraben und eine Palisade geschützten einfachen Turmburg mit einem Gehöft.

erhaltene Burg Stetten östlich von Künzelsau oder die Burg Lichtenberg östlich von Bietigheim. Ideale Standorte auf der Schwäbischen Alb waren steile Felsen an den Talkanten wie bei den Ruinen Helfenstein oberhalb von Geislingen a. d. Steige oder Reußenstein bei Weilheim an der Teck sowie bei Schloss Bronnen westlich von Beuron (Donautal).

Einzelne Erhebungen waren die begehrtesten Bauplätze. Solche Gipfelburgen sind u. a. die wegen ihres Bergfrieds als „Kompassnadel des Kraichgaus" bezeichnete Ruine Steinsberg südlich von Sinsheim oder Schloss Baldern nördlich von Bopfingen. Glich der Berg einem gestürzten Becher, einem „Stauf", gab er der Burg den Namen wie beim Staufen südlich von Freiburg und Hohenstaufen nordöstlich von Göppingen.

Die Burg als Wehrbau und Wirtschaftshof

Eine starke Mauer mit Wehrgang sicherte die Gebäude gegen den Beschuss mit Pfeilen und Armbrustbolzen; noch heute begehbare Mauern weisen u. a. die Burgruinen Geroldseck östlich von Lahr und Badin in Badenweiler auf. Stand eine Burg auf einem schmalen Bergsporn, so riegelten ein Halsgraben an einer Engstelle, die an einen Flaschenhals erinnert, und eine sehr hohe, wie ein Schild die Burg abschirmende Schildmauer den Zugang ab wie in Berneck bei Freudenstadt oder Amlishagen östlich von Langenburg (Hohenlohe).

War es Angreifern gelungen, trotz hochgeklappter Zugbrücke mittels eines Rammbocks gegen das Burgtor oder über Sturmleitern in die Burg einzudringen, retteten sich die Burgbewohner in den Bergfried (germanisch „bergan", schützen; „frithuz", Frieden), oft mehr als dreißig Meter hohe Türme wie in der Burg Katzenstein bei Neresheim. Bemerkenswert ist der fünfeckige, 27 m hohe Bergfried der Ruine Hohenbeilstein (südöstlich von Heilbronn), dessen Stärke stellenweise 5 m beträgt.

Die Burgbewohner erzeugten ihre Lebensmittel selbst auf einem zur Burg gehörenden Bauernhof, der bei größeren Burgen als Vorburg in die Befestigung einbezogen war. Gut zu sehen ist dies u. a. bei den Burgen Hornberg südlich von Mosbach und Staufeneck östlich von Göppingen. Problematisch konnte die Wasserversorgung werden. Fehlte ein Tiefenbrunnen, so waren die Burgbewohner während einer Belagerung auf das für die Tiere bestimmte, in einer Zisterne gesammelte Regenwasser angewiesen.

Die Burg als Wohnsitz

Das Hauptgebäude war der Palas (lat. palatium, Residenz), in dessen Erdgeschoss die Küche und zumeist auch die Dürnitz, der Aufenthalts- und Speiseraum des Gesindes und der Burgmannschaft, eingerichtet waren. Im ersten Stock befanden sich der „Rittersaal" als Versammlungsraum und gelegentlich eine Kapelle, während die Wohnräume im zweiten Stock in der Regel dem Burgherrn vorbehalten waren. Beheizbar waren zumeist nur die Dürnitz, der Saal und die Kemenate (lat. camera caminata, Raum mit Feuerstelle), das „Wohnzimmer" des Burgherrn.

Vor allem im Winter war eine Burg ein unangenehmer Aufenthaltsort, denn die Mauern der unbeheizten Räume waren kalt, wogegen

Essgewohnheiten und Tischsitten im Mittelalter

Gemüse-, Käse- und Biersuppe, Milch- und Getreidebrei – Suppe und Brei jeglicher Art sowie Eiergerichte waren die üblichen Speisen, genutzt aber wurde alles: Getreide, Hülsenfrüchte und Kohl, Obst und Beeren. Als Würzmittel dienten Kräuter, während teures Salz sparsam verwendet wurde. Nur die wenigen Wohlhabenden leisteten sich aus dem Orient eingeführten Pfeffer, Zimt, Safran, Nelken und Muskat. Auch Zucker war ein unerschwinglicher Luxus, weshalb man im einfachen Haushalt mit Honig und Früchten süßte. Anlässlich einer Hochzeit oder eines Leichenschmauses wanderte ein Huhn, ein Kaninchen oder gepökeltes Schweinefleisch in den Kessel, der immer über dem Feuer hing. Mit nur einem Topf zu kochen, sparte Brennholz, und gegessen wurde mit Holzlöffeln aus nur einer Schüssel.
Feste Nahrung nahm man auch in einer Königspfalz oder Adelsburg mit den Fingern zu sich. Mundgerecht vorgeschnittenes Fleisch wurde auf Brotscheiben serviert, denn Teller waren ebenso selten wie die von der Kirche als Teufelsforken verurteilten Gabeln, die sich erst im 18. Jahrhundert durchsetzten. War das Mahl beendet, wurde die Tafel aufgehoben, d. h., die auf Holzböcken ruhende Tischplatte wurde weggetragen. Wichtig beim Tafeln des Adels war die Etikette: Die Zahl der Gänge sollte der Stellung des Gastgebers entsprechen, Unterhaltung durch Musikanten oder Akrobaten gehörte dazu, und ein Verstoß gegen die nach gesellschaftlichem Rang festgelegte Sitzordnung konnte zu Handgreiflichkeiten führen. „Nit schnaufe oder säuisch schmatze" war eine der Verhaltensregeln, die der Nürnberger Meistersänger Hans Sachs im 16. Jahrhundert zusammenstellte, und in der Schüssel sollte man „nit gefressig" sein, da man sich diese ja mit Tischnachbarn teilte.
Einfacher Landwein oder Hippokras – benannt nach dem griechischen Arzt Hippokrates –, der mit Gewürzen stark angereicherte Wein als Zeichen des Wohlstands, und Most oder Molke waren die üblichen Getränke. Wasser galt oftmals zu Recht als ungesund, denn da man von krankheitserregenden Keimen nichts wusste, ließ man das Vieh auch oberhalb der Wasserentnahmestelle weiden, und in der Stadt legte man Abortgruben auch neben Brunnenschächten an.

In der stark befestigten Burg Wildenstein (Donautal bei Beuron) sind heute eine Jugendherberge und eine Schänke eingerichtet.

auch Felle als Wandbehang oder, in Ausnahmefällen, teure Gobelins kaum halfen. Zudem sorgten die gegen kalte Zugluft geschlossenen Holzläden vor den Fensteröffnungen für ganztägige Dunkelheit, so dass die als Beleuchtung benutzten Kienspäne und Fackeln die Räume verqualmten.

Das Mobiliar beschränkte sich auf Holzbänke, Hocker, Regale und Holzplatten auf Böcken für die Mahlzeiten. Wertgegenstände wie Textilien, Besitzurkunden und Geld verwahrte man in Truhen, denn Schränke, so genannte Kästen, waren noch weitgehend unbekannt.

Ohne Trennung nach Geschlechtern schlief das Gesinde auf Strohsäcken im Massenlager, während Stallknechte sich im Stroh bei den Tieren betteten. Zwar in eigenen Räumen, aber nicht wesentlich bequemer schlief auch der Burgherr mit seiner Familie.

Ging eine Burg nach dem Tod des Burgherrn an mehrere Erben über, so lebten diese zusammen auf der Burg, führten aber getrennte Haushalte. Solche sog. Ganerbenburgen (ahd. ganarpo, Miterbe) – oft erkennbar an je einem Bergfried pro erbende Familie – sind u.a. die Schauenburg bei Oberkirch (Schwarzwald) mit einstmals fünf Burgherren und Burg Neipperg südwestlich von Heilbronn. Wurde es in einer Burg allzu eng, entstanden Abschnittsburgen: Zwei oder drei Burgen reihten sich hintereinander auf einem Sporn wie die mächtige Ruine Rötteln bei Lörrach, die Roggenburger Schlösser südlich von Bonndorf (Südschwarzwald) und Stöffeln südwestlich von Reutlingen oder der Wielandstein (Schwäbische Alb) südlich von Kirchheim unter Teck.

Das Ende der Burgen

Seit der Erfindung des Schießpulvers im 14. Jahrhundert lösten Feuerwaffen allmählich die Armbrust und den Bogen ab. Im 16. Jahrhundert hielten Burgen durchschlagskräftigen Geschützen nicht mehr stand, und die für den Nahkampf schwer gepanzerten Ritter standen zahlenmäßig überlegenen Söldnertruppen machtlos gegenüber – Burgen und Ritter verloren ihre militärische Bedeutung. Die meisten Burgen wurden verlassen und dienten der Bevölkerung als Steinbrüche für den Hausbau, so dass manch eine Burg völlig verschwand und nur noch als Burgstelle (auch: Burgstall) bekannt ist.

Größere Hochadelsburgen wurden häufig in komfortable Schlösser umgewandelt, zeigen aber zumeist noch Merkmale eines Wehrbaus. Der niedere Adel hingegen modernisierte nur besonders geschützt gelegene Burgen und verstärkte die Befestigungen mit Bastionen als Geschütz-Plattformen. Solche festungsartigen Burgen sind u. a. der Wildenstein bei Beuron (Donautal) oder die Küssaburg östlich von Waldshut-Tiengen.

TOUR 18 WANDERUNG
Drei Burgruinen im Tal der Großen Lauter

Die Burgruine Hohengundelfingen ist die größte Burganlage im Tal der Großen Lauter mit bemerkenswerten Buckelquadern. Von der Plattform auf dem Stumpf des Bergfrieds blickt man auf Gundelfingen und einen Umlaufberg der Großen Lauter mit der Gipfelburg Niedergundelfingen; die bewohnte Kernburg ist nicht zugänglich. In der Ruine Derneck (auch: Degeneck) mit den Resten einer Schildmauer baute der Schwäbische Albverein ein ehemaliges Forsthaus zu einem Wanderheim aus; der zugehörige Kiosk ist zumeist nur am Wochenende geöffnet.

Praktische Informationen Tour 18
Länge: 7 km   **Gehzeit:** 2,5 Std.
Tourcharakter: Markierte Rundwanderung; ein steiler und ein mäßiger Anstieg.
Anfahrt: Von Reutlingen der B 312 auf die Albhochfläche folgen, vor Engstingen nach links in Richtung Münsingen und bei Gomadingen abbiegen in das Tal der Großen Lauter; kurz nach Wittsteig ein Wanderparkplatz links an der Straße.
Wegverlauf: Steiler Anstieg zu Hohengundel-

Die Burgen Niedergundelfingen und Hohengundelfingen entstanden in der Stauferzeit (12./13. Jahrhundert). Hinweis darauf sind die für jene Zeit typischen Buckelquader, regelmäßige, bis zu 2000 kg schwere Steinquader mit behauenen Kanten und Greiflöchern für den Zangen-Baukran.

fingen und entlang des Hangs zu einem Sträßchen, das nach Gundelfingen hinunterführt. Durch den Ort und bei Wittsteig nach rechts ansteigen zu Burg Derneck. Auf die Talsohle hinunter, talaufwärts und kurz vor Wittsteig über einen Lauter-Steg zurück zum Parkplatz.
Karte/Information: Freizeitkarte des LVA Baden-Württemberg, Blatt 524 (Bad Urach), 1:50 000; Broschüre des Schwäbischen Albvereins „Burgen-Weg Reutlingen – Obermarchtal – Zwiefalten"; www.muensingen.de

TOUR 19 WANDERUNG
Der 4-Burgen-Weg im Schwarzwald

An dieser verkürzten Strecke des 4-Burgen-Wegs Waldkirch–Kenzingen (32 km) liegt oberhalb von Waldkirch die Burgruine Kastelburg mit Bergfried (Aussichtsplattform). Die Burg kontrollierte die Straße, die das Elztal mit dem Kinzigtal verband.

Auf halber Wegstrecke steht die Hochburg (mit Ausstellung zur Geschichte der Burg, April bis Oktober, sonn- und feiertags 14–18 Uhr), einst Sitz einer Seitenlinie des Hauses Baden. Während der durch die Reformation verursachten Auseinandersetzungen des 16. Jahrhunderts wurde sie zu einer Festung ausgebaut und Ende des 17. Jahrhunderts von französischen Truppen zerstört.

Die Hochburg östlich von Emmendingen war Sitz einer evangelischen Linie des Hauses Baden. Aus Furcht vor einem Angriff vorderösterreichisch-katholischer Truppen erfolgte in den Religionswirren des 16. Jahrhunderts der Ausbau zur Festung.

Praktische Informationen Tour 19
Länge: 17 km   **Gehzeit:** ca. 5 Std.
Tourcharakter: Markiert mit grünem Punkt des 4-Burgen-Wegs; nur kurze Abschnitte auf Straßen; drei Anstiege von insgesamt knapp 400 Höhenmetern.
Anfahrt: A 5 Karlsruhe–Basel, Ausfahrt 59 (Riegel); B 3 zu Parkplatz „Festplatz" in Emmendingen; per Bahn in Richtung Freiburg, in Denzlingen umsteigen nach Waldkirch.
Wegverlauf: Vom Bahnhof Waldkirch ansteigen zur Kastelburg, durch Sexau im Tal des Breitenbachs und bequem hinauf zur Hochburg. Ein längerer Anstieg zum Eichberg mit kurzem Abstecher zu einem Aussichtsturm und bergab (blaue Raute) nach Emmendingen.
Karte/Information: Freizeitkarte des LVA Baden-Württemberg, Blatt 505 (Freiburg im Breisgau), 1:50 000; Faltblatt Emmendingen Erleben – Stadtplan und Stadtrundgang mit Wander- und Erlebniskarte; www.emmendingen.de

TOUR 20 WANDERUNG
Der Burgenweg im Hegau

Erstes Ziel ist der Hohentwiel, der um das Jahr 1000 der Sitz des Herzogs von Schwaben war und im 16. Jahrhundert zu einer mächtigen Festung des Herzogtums Württemberg ausgebaut wurde, die 250 Jahre lang allen Angriffen widerstand (sehenswerte Ausstellung im Kassengebäude bei der Domäne Hohentwiel). Der Hohenkrähen dagegen sank zu einem Raubritternest herab, auf dem Poppele, der Geist des Raubritters Popolius Maier, herumspukte. Die weitgehend zugewachsene Ruine Mägdeberg wurde angeblich nach den 1000 Mägden benannt, mit denen eine englische Königstochter während einer Pilgerreise hier genächtigt haben soll.

Praktische Informationen Tour 20
Länge: 13 km   **Gehzeit:** 4 Std.
Tourcharakter: Wegweiser und Täfelchen mit Burgsymbol; längerer, teilweise steiler Anstieg zu Beginn, kurzer Anstieg zum Hohenkrähen, bequem zur Ruine Mägdeberg; Anstiege 470 Höhenmeter; Rückfahrt per Bahn („Seehas").
Anfahrt: In Singen der Straße in Richtung Waldshut/Hohentwiel folgen zum Stadtrand; Parkplatz links an der Straße bei einer Bahn-Haltestelle unmittelbar nach Überqueren der „Seehas"-Bahnlinie.
Wegverlauf: Von Bahn-Haltestelle der Wegmarkierung auf den Hohentwiel folgen, zurück zur Domäne Hohentwiel und nach links durch einen Sattel. Nach kurzem Anstieg bequem, vorbei am Hotel-Restaurant Hegauhaus, zum Fuß des Hohenkrähen; Abstecher hinauf zur Burgruine. Bequem zu einem Sträßchen, nach links zu einen Parkplatz und leicht ansteigen zur Ruine Mägdeberg. Zurück zum Sträßchen und bergab, Straßenkurve abschneiden und in Mühlhausen nach links zur Bahn-Haltestelle.
Karte/Information: Freizeitkarte des LVA Baden-Württemberg, Blatt 510 (Singen), 1:50 000; Infos zum Hohentwiel im Infozentrum Hohentwiel bei der Domäne Hohentwiel; www.schloesser-und-gaerten.de

Unweit des Hohenkrähen, rechts im Bild, wurde der Hohentwiel, eine der Gipfelburgen auf den steilwandigen Hegau-Vulkankegeln, im 16. Jahrhundert zu der neben dem Hohenasperg bei Ludwigsburg stärksten Festung des Herzogtums Württemberg ausgebaut.

BURGENBAUER UND STÄDTEGRÜNDER

Zähringer, Staufer, Welfen

Herzogin Agnes von Schwaben war oft an der Rems auf der Pirsch. Eines Tages verlor sie dort ihren Ring. Ein junger Edelmann jagte nach einigen Wochen an der gleichen Stelle und fand den Ring am Geweih eines erlegten Hirschs. Zum Dank dafür, dass das Kleinod gefunden worden war, ließ die Herzogin an der Fundstelle eine Kirche erbauen. Bald siedelten sich Leute an, und so entstand die Stadt Gmünd.
(Sage zur Entstehung der Stadt Schwäbisch Gmünd)

Dankbarkeit war laut Sage ausschlaggebend für die Entstehung der Stadt (Schwäbisch) Gmünd, der ersten Siedlung, die von den Staufern zur Stadt erhoben wurde. In Wirklichkeit jedoch führten handfeste wirtschaftliche und machtpolitische Interessen im 12. und 13. Jahrhundert zur Gründung von Gmünd und zahlreichen weiteren Städten in dem bis dahin reinen Bauernland. Als Stadtgründer betätigte sich der hohe Adel, der schon während des Investiturstreits im 11. Jahrhunderts seine Herrschaftsbereiche mit Burgen gesichert hatte.

Investiturstreit: König gegen Papst

Der deutsche König besaß das Recht, Bischöfe und Äbte von Reichsklöstern einzusetzen. Bevorzugte Anwärter auf diese Kirchenämter waren Verwandte und nachgeborene Söhne des Hochadels, die auf diese Weise als Verbündete gewonnen wurden. Für den König waren die Kirchenfürsten unentbehrlich, da sie als hohe „Verwaltungsbeamte" zahlreiche weltliche Aufgaben im Dienst des Königs übernahmen.

Gegen diese Verquickung von Kirchenamt und weltlichen Interessen begannen sich Reformer im Klerus seit dem 10. Jahrhundert zu wehren (siehe S. 76 f.). Um 1075 schließlich legte Papst Gregor VII. fest, dass er allein das Recht auf die Einsetzung (Investitur) von Bischöfen habe. Eine für König Heinrich IV. unannehmbare Forderung, denn die königliche Herrschaft beruhte in hohem Maß auf den Diensten der hohen Geistlichkeit. Der nun folgende beispiellose Konflikt mit gegenseitiger Absetzung von König und Papst gipfelte im Jahr 1077 im Bußgang des Königs nach Canossa (Norditalien), dem damaligen Aufenthaltsort des Papstes.

Den meisten Adligen, die schon immer danach trachteten, ihre auf Lebenszeit beschränkten Lehen auf Dauer als Familienbesitz zu halten, um sich unabhängige Herrschafts-

Adelsgeschlechter steigen auf

Eine der im Jahr 1077 vom König zerstörten Burgen war die Limburg bei Weilheim an der Teck (Schwäbische Alb), die Stammburg der Zähringer, die zusammen mit den Welfen an der Spitze der Adelsopposition standen. Ein weiteres mächtiges Geschlecht, die Staufer, stellte sich hinter den König. Die Folge waren langjährige Fehden zwischen Zähringern und Staufern, obwohl diese miteinander verwandt waren. Als gemeinsame Stammeltern der Staufer und Zähringer sowie der Markgrafen von Baden und des Hauses Habsburg gelten der Zähringer Berthold und die Stauferin Bertha, die um 990 geheiratet hatten.

Die Zähringer hatten Besitz im Raum Villingen, in der Ortenau sowie im Breisgau und stiegen innerhalb weniger Generationen durch gezielte Eheschließungen zu den führenden Familien in Schwaben auf.

Über das Nördlinger Ries kamen aus dem bayerisch-salzburgischen Gebiet die Staufer, die ebenfalls durch Heiratspolitik in Schwaben Fuß fassten: Sie „erheirateten" sich Besitz im Fils- und Remstal östlich von Stuttgart und schufen damit die Voraussetzungen für weitere Eheschließungen mit Erbtöchtern aus vornehmsten Häusern und für den späteren Aufstieg zu deutschen Königen und Kaisern (1138–1268), u. a. Friedrich I. Barbarossa und Friedrich II.

Mit den Zähringern und Staufern durch mehrere Eheschließungen verbunden waren die aus Franken stammenden Welfen, benannt nach dem in der Familie häufigen Vornamen Welf. Schon um 840 hatten sie den Schussengau in Oberschwaben als Lehen erhalten und bauten nördlich des Bodensees einen geschlossenen Herrschaftsbereich auf.

Auf einem Bergkegel am Nordrand der Alb bei Weilheim/Teck erbaute der Zähringer Berthold I. 1050/60 die Limburg, die erste Hochadelsburg im schwäbischen Raum. Wenige Jahre später wurde die Burg zerstört, und die Zähringer verlegten ihren Wohnsitz in den Breisgau.

bereiche aufbauen zu können, kam diese Schwächung des Königs nicht ungelegen. In Fortsetzung der gegen den König gerichteten Politik wählten papsttreue Adlige trotz der Aufhebung des Kirchenbanns gegen Heinrich IV. einen Gegenkönig, den der rechtmäßig gewählte und gekrönte König Heinrich sofort bekriegte.

Die Burg Hohenrechberg (1179) war die erste Burg, die sich nicht ein Adliger, sondern ein unfreier Dienstmann erbaute: Ulrich von Rechberg, einer der einflussreichsten staufischen Ministerialen.

Machtgerangel unter Verwandten

Alle drei Geschlechter waren interessiert an der Führung des Herzogtums Schwaben, das sich zwischen dem Schwäbisch-Fränkischen Wald im Norden und den Alpen im Süden, dem Lech im Osten und den Vogesen im Westen erstreckte. Im Zentrum Mitteleuropas gelegen, war es Durchgangsland für die wichtigsten Handelswege zwischen den Handelsstädten Genua, Pisa und Venedig einerseits und dem nördlichen Mitteleuropa andererseits.

Im Jahr 1079 setzte Heinrich IV. den königstreuen Friedrich von Staufen als Herzog von Schwaben ein. Doch die Welfen, denen als Strafe für ihre Opposition gegen den König all ihre Besitzungen in Schwaben und Bayern aberkannt worden waren, beanspruchten Rechte in Oberschwaben und im Allgäu, auf den Fildern und bei Sindelfingen. In ihrem „Kernland" aber duldeten die Staufer keine Rivalen, so dass sich Staufer und Welfen Jahrzehnte lang befehdeten.

In dieser Zeit setzten sich die Staufer in Franken, im Elsass und im nördlichen Schwaben fest, während die Zähringer ihren Herrschaftsschwerpunkt von der Schwäbischen Alb in den Breisgau verlegten und ihren Machtbereich in die Nordschweiz ausdehnten. Den Höhepunkt der Zersplitterung des Herzogtums Schwaben bildeten 1092 die Wahl eines Zähringers durch papsttreue Adlige zum „Gegenherzog" von Schwaben und der anschließende Kompromiss zwischen den konkurrierenden Familien: Das Herzogtum Schwaben wurde in drei Machtbereiche geteilt.

Burgherren und Dienstmannen

Wie alle Hochadelsgeschlechter verlegten in der zweiten Hälfte des 11. Jahrhunderts auch die Zähringer, Staufer und Welfen ihre Herrschaftssitze von Herrenhöfen in sichere Höhenburgen in der Nähe wichtiger Handelsstraßen.

Die Staufer gaben ihren Herrenhof bei Lorch im Remstal auf und ließen sich auf dem Hohenstaufen nieder, einem Bergkegel zwischen dem Remstal mit der Straße Neckar–

Nördlingen–Nürnberg und dem Filstal mit der wichtigen Durchgangsstraße Speyer–Ulm.

Die Zähringer, die von der Limburg bei Weilheim an der Teck umgezogen waren auf den Zähringerberg nördlich von Freiburg, verließen diesen schon nach wenigen Jahren wieder und bezogen eine Burg auf dem heutigen Freiburger Schlossberg oberhalb einer Furt durch die Dreisam an einer durch den Schwarzwald führenden Straße.

Die Welfen verließen Altdorf, das heutige Weingarten, und wählten als neuen Standort ihrer Ravensburg den nur wenige Kilometer entfernten Veitsberg nahe einer Furt durch die Schussen, dem Schnittpunkt zweier Fernstraßen.

Ihre Besitzungen ließen die Adligen durch Dienstmannen (Ministerialen) verwalten, die ebenfalls auf Burgen lebten. Einen Kranz solcher Burgen ließen die Staufer zum Schutz der Burg Hohenstaufen und der Kaiserpfalz in Wimpfen erbauen, beispielsweise die noch heute gut erhaltenen Burgen Hohenrechberg bei Schwäbisch Gmünd und Guttenberg nördlich von Bad Wimpfen. Zu den Gefolgsleuten der Staufer zählten neben anderen das Haus Hohenlohe (siehe S. 102), das Haus Württemberg (siehe S. 91 ff.) und die Herren von Brenz (Ostalb).

Dienstmannen saßen auch auf den Zähringer-Burgen wie beispielsweise auf der neu errichteten Schauenburg bei Oberkirch, die eine West-Ost-Verbindung durch das Renchtal zum Neckartal überwachte, auf dem Hohentwiel und der Burg Badin in Badenweiler. Im Besitz der Welfen waren zeitweilig u. a. die Burg Möhringen bei Stuttgart und die Burg Weibertreu bei Weinsberg. Da Burgen von entscheidender Bedeutung für die Sicherung von Herrschaftsgebieten waren, wurde um den Besitz einer Burg hart gekämpft. Als 1133 die Schauenburg in Gefahr stand, durch Erbschaft an die Welfen zu fallen, belagerten die Zähringer die von ihnen selbst erbaute Burg. 1140 zwangen die Staufer die Burg Weibertreu bei Weinsberg zur Aufgabe; dabei erhielten die Frauen auf der Burg das Recht auf freien Abzug und Mitnahme dessen, was sie auf ihren Schultern tragen konnten – als Gepäck wählten sie ihre Männer. Die Burg Badin gelangte durch die Ehe einer Zähringerin mit dem Welfenherzog Heinrich der Löwe in die Hände der Welfen, was wiederum den Staufern missfiel, woraufhin sie die Burg selbst übernahmen.

Märkte und Städte

Außer Burgen sicherten Städte, d. h. befestigte Marktsiedlungen, die Herrschaftsbereiche. Zudem waren Städte wichtige Einnahmequellen in einer Zeit, in der sich die Geldwirtschaft durchsetzte und der Handelsverkehr stark anwuchs. So legten auch die Zähringer, Staufer und Welfen unweit ihrer Burgen befestigte Märkte an: 1120 gründete Konrad von Zähringen am Fuß des Schlossbergs einen für den Fernhandel bestimmten Markt, das heutige Freiburg. Die Welfen legten am Fuß des Veitsbergs das 1152 erstmals erwähnte Ravensburg an, und um 1160 erhoben die Staufer das in der Nähe des Hohenstaufen liegende (Schwäbisch) Gmünd zur Stadt. Zahlreiche weitere Befestigungen staufischer Marktsiedlungen folgten wie beispielsweise Bopfingen, Esslingen, Giengen, Wimpfen, (Schwäbisch) Hall, Ulm, Rothenburg ob der Tauber und sowohl Hagenau als auch Weißenburg (Wissembourg) im Elsass.

Auch die Zähringer gründeten weitere Städte: Villingen und Bräunlingen im östliches

Monopoly im Mittelalter

Ich biete dir meine Dienste an, bekomme dafür deine Tochter samt stattlichem Heiratsgut. So ungefähr verliefen die Verhandlungen, wenn es um die Verheiratung von Töchtern aus hochadligen Familien ging. Denn Töchter einzusetzen, um mittels Eheschließungen die politische Macht der Familie zu festigen, an neue Besitzungen zu kommen oder Gegner zu neutralisieren, war in Adelsfamilien gang und gäbe. Die Staufer verdankten ihren riesigen Besitz vorwiegend dieser Taktik. Friedrich von Büren, der erste in Württemberg namentlich bekannte Staufer, erwarb durch seine hochadlige Frau Hildegard von Egisheim erheblichen Besitz im Elsass. Ihr Sohn, Friedrich I. von Staufen, verlobte sich im Alter von 32 Jahren mit der siebenjährigen Tochter des Kaisers, was ihm die Belehnung mit dem Herzogtum Schwaben einbrachte. Dessen Sohn wiederum, Herzog Friedrich II. von Schwaben, ehelichte Judith aus dem Haus der Welfen, um die ständigen Konflikte um die Vorherrschaft im Reich zwischen den beiden Familien beizulegen, was jedoch nur dazu führte, dass Judith litt, die Kämpfe aber weitergingen. Der nächste Staufer, König Friedrich I. Barbarossa (Rotbart) ließ sich von seiner ersten Frau scheiden, um Beatrix von Burgund zu heiraten und dadurch seinen Machtbereich um Burgund und die Provence zu erweitern.

Schwarzwald, Offenburg sowie Neuenburg als Konkurrenz zu der auf einem Felskopf an einem Rheinübergang errichteten Siedlung Breisach. Angelegt hatte sie der Bischof von Basel, aber die Staufer bauten sie zur Stadt aus und brachten damit den Rheinübergang unter ihre Kontrolle.

Erst nach über hundert Jahren endeten die Konflikte: Die Welfen zogen sich aus Oberschwaben zurück und verkauften ihren Besitz an die Staufer, die Zähringer starben 1218 im Mannesstamm aus, und fünfzig Jahre später erlosch mit der Enthauptung Konradins in Neapel auch das Herrschergeschlecht der Staufer.

TOUR 21 WANDERUNG
Der Zähringer Weg bei Freiburg

Der 74 km lange Zähringer Weg (drei bis vier Tage) verbindet die durch die Zähringer 1175 gegründete Stadt Neuenburg am Rhein mit Freiburg, ebenfalls eine Zähringer-Gründung, und St. Peter, wo die Zähringer 1093 ihr Hauskloster mit Grablege errichteten.

Die hier beschriebene Teilstrecke führt von Zähringen (nördlich von Freiburg) über den Zähringerberg mit dem Bergfried der einstigen Burg zum Schlossberg oberhalb von Freiburg, wo sich die Zähringer um 1090 eine neue Burg erbauten. Sie wurde 1677 überbaut mit einer riesigen Vauban-Festung, die aber 1745 wieder geschleift wurde.

Informationen zu den Zähringern im Freiburger Stadtmuseum am Münsterplatz.

Praktische Informationen Tour 21
Länge: 9 km   **Gehzeit:** 2,5–3 Std.
Tourcharakter: Markiert mit rotem Punkt, dann rotem Adler auf gelbem Grund; zu Beginn ein längerer Anstieg, dann leicht auf/ab und Abstieg nach Freiburg. Rückfahrt per Stadtbahn nach Zähringen, Haltestelle Reutebachgasse.

Anfahrt: Wenige Kilometer nördlich von Freiburg liegt Zähringen; Parkmöglichkeit am Friedhof.

Wegverlauf: In Zähringen vom Friedhof auf dem Burgdorfer Weg ortsauswärts, rechts ab in die Pochgasse und vor dem Waldrand nach links bergauf zur Zähringerburg; vorwiegend durch Wald zum Freiburger Schlossberg (Aussichtsterrasse) und hinunter nach Freiburg.

Karte/Information: Karte zum Zähringer Weg bei Tourist-Information Neuenburg am Rhein, www.neuenburg.de

Im Kapitelsaal des ehemaligen Klosters Lorch, dem Hauskloster der Staufer, entstand anlässlich der 900-Jahr-Feier im Jahr 2002 ein dreißig Meter langes Staufer-Rundbild, das in farbenprächtigen Bildern die Geschichte der Staufer erzählt.

TOUR 22 RADTOUR
Auf den Spuren der Staufer

Zwischen Remstal und Filstal lag im 11. Jahrhundert die Keimzelle der staufischen Macht in Schwaben. Die Tour führt zu einigen hervorragenden Stätten der Stauferzeit: Zu dem von einem Verwandten des Stauferkaisers Friedrich Barbarossa gegründeten Kloster Adelberg, dessen 1100 Meter lange Klostermauer komplett erhalten ist; zum Kloster Lorch, dem Staufer-Hauskloster mit der Grablege und Fresken einiger Staufer, mit Informationstafeln in der Klosterkirche und einem modernen Staufer-Rundbild; zum Wäscherschloss, einer Burg aus der Stauferzeit mit Ringmauer und Palas, in dem eine Ausstellung über die Burg und die Staufer informiert.

Praktische Informationen Tour 22
Länge: 54 km   **Fahrzeit:** ca. 5 Std.
Tourcharakter: Markierte Rundtour mit steilem Anstieg zu Beginn, anschließend bequem; auf Straßen und überwiegend asphaltierten Wegen.
Anfahrt: Von Stuttgart auf der B 14 und B 29 in Richtung Schwäbisch Gmünd / Aalen durch das Remstal nach Winterbach; Parkplatz an S-Bahn-Haltestelle.
Wegverlauf: Von Winterbach auf Sträßchen (Alb-Neckar-Radweg) bergauf nach Schlichten; an der Kirche links und auf der „Kaiserstraße" über Oberberken zur Straße Schorndorf–Adelberg; nach rechts Abstecher zum Kloster Adelberg; auf der „Kaiserstraße" weiter, in Breech nach links (Alb-Neckar-Radweg) und über Rattenharz, Unter- und Oberkirneck zum Wäscherschloss; im Beutental hinunter in das Remstal und nach Lorch; Abstecher bergauf zum Kloster Lorch; auf dem Remstal-

Radweg talabwärts über Schorndorf nach Winterbach.
Karte/Information: Freizeitkarte des LVA Baden-Württemberg, Blatt 521 (Göppingen), 1:50 000.

TOUR 23 WANDERUNG
Von Bad Wimpfen zur Burg Guttenberg

Oberhalb des Neckar-Übergangs der Rhein-Donau-Fernhandelsstraße errichteten die Staufer um 1200 eine Pfalz, die als größte in Deutschland gilt, das heutige Bad Wimpfen. Heute ist sie weitgehend überbaut, doch ihre einstige Ausdehnung ist an zwei Bergfrieden, dem Blauen Turm und dem Roten Turm, deutlich zu erkennen. Erhalten sind die Pfalzkapelle, Teile des Palas mit einer Arkadenwand, das Steinhaus (Historisches Museum), das Hohenstaufentor und Teile der Mauer mit begehbarem Wehrgang.

Zum Schutz der Pfalz entstand ein Kranz von Burgen, u. a. die Burg Guttenberg. In der gut erhaltenen Ministerialenburg informiert eine Ausstellung über die Stauferzeit; zu empfehlen ist auch ein Besuch des Museums in Bad Wimpfen mit einem Modell der Pfalz und Sammlungen zur staufischen Geschichte.

Oberhalb einer Furt über den Neckar ließ Friedrich I. Barbarossa die größte staufische Pfalz nördlich der Alpen anlegen. Vom Blauen Turm blickt man auf das einstige Pfalzgelände mit dem Roten Turm im Hintergrund.

Praktische Informationen Tour 23
Länge: 13,5 km **Gehzeit:** 3,5–4 Std.
Tourcharakter: Mit gelbem „R", ab Guttenberg mit roter Raute markierte Streckenwanderung an der Kante des Neckartals, zwei kurze Anstiege.
Anfahrt: A 6 Weinsberger Kreuz–Kreuz Walldorf, Ausfahrt 36 (Heilbronn/Untereisesheim), über Obereisesheim nach Bad Wimpfen; kleiner Parkplatz am Bahnhof.

Wegverlauf: Vom Bahnhof (Tourist-Information, Stadtplan erhältlich) in die Altstadt; Erich-Sailer-Straße in Richtung Kurgebiet und nach links auf dem Neckar-Randweg über Heinsheim zur Burg Guttenberg und nach Gundelsheim.
Rückfahrt nach Bad Wimpfen per Bahn mehrmals täglich; oder Ostern bis Ende Oktober per Schiff (www.schifftours-heilbronn.de).
Karte/Information: Freizeitkarte des LVA Baden-Württemberg, Blatt 514 (Mosbach), 1:50 000.

SICHERHEIT UND WOHLSTAND

Die Stadt im Mittelalter

Stuttgart ist die Hauptstadt des Herzogtums, zwar nur von mittlerer Größe, aber doch vor allen Landstädten ausgezeichnet. Es enthält stattliche Gebäude und hat gepflasterte Straßen. Mit Quellen und Brunnen ist es reichlich versehen und durch Mauern, Türme, Wälle, Bollwerke und Gräben geschützt, so dass man es nicht leicht erobern kann. Es wohnen hier viele Adelige und andere angesehene Männer, auch hat es eine tüchtige Bürgerschaft … Viele treiben Handel, andere mechanische Künste und Handwerk. Das Volk aber beschäftigt sich vornehmlich mit der Viehzucht, dem Garten-, Wein- und Obstanbau.

(Johann Pedius Tethinger, Wirtembergia, 1. Hälfte 16. Jh.)

In seiner Beschreibung von Stuttgart erwähnt der Freiburger Schulmeister Tethinger die Stadtbefestigung und stattliche Gebäude, die gute Wasserversorgung und die sozial differenzierte Einwohnerschaft – charakteristische Merkmale großer wie kleiner Städte. So hatte Stuttgart um das Jahr 1500 als mittelgroße Stadt etwa 4000 Einwohner, während das vorderösterreichische Freiburg im Breisgau ca. 8000 und die Freie Reichsstadt Ulm, die einzige Großstadt im Südwesten, ca. 17 000 Einwohner zählte. In den meisten Städten lebten jedoch weniger als 2000 und in Zwergstädten wie Zavelstein südwestlich von Calw oder Hauenstein bei Laufenburg (Hochrhein) nur wenige hundert Einwohner.

Mit Ausnahme der knapp 25 souveränen Freien Reichsstädte im Südwesten unterstand eine Stadt dem Landesherrn, in dessen Herrschaftsgebiet sie lag.

Die Stadtbefestigung

Das Sicherheitsbedürfnis, das den Adel zum Bau von Burgen veranlasst hatte, führte seit dem 12. Jahrhundert auch zu burgartig befestigten Marktsiedlungen; bezeichnenderweise werden die Einwohner „Bürger" genannt.

Der erste Abwehrring einer Stadt war ein häufig mit Wasser gefüllter Graben, über den Zugbrücken zu den Stadttoren führten. Manche Städte hatten eine niedere Zwingermauer, und nach dem Zwinger, einer freien Schussfläche, erhob sich die bis zu zwölf Meter hohe Stadtmauer mit Wehrgang und Türmen, die als kostengünstige Schalentürme zur Stadtseite offen sein konnten (Tour 25). An Tortürmen war das Wappen des Stadtherrn oder ein schwarzer Adler als Zeichen einer nur dem Kaiser unterstehenden Freien Reichsstadt angebracht. Die seit dem 15. Jahrhundert zu

Reichsstädten erhobenen Siedlungen zeigten einen Doppeladler, denn seit die Habsburger die Kaiser stellten, wurde dem Reichsadler ein zweiter Adlerkopf angefügt. Interessant ist das Wolfstor in Esslingen am Neckar mit zwei Löwenskulpturen – die Wappentiere der Staufer als Stadtgründer – und dem Adler der Freien Reichsstadt (Tour 24).

Nachdem das Schießpulver erfunden und Feuerwaffen entwickelt worden waren, wurden im 15. Jahrhundert die Stadtmauern verstärkt und Schießscharten für die Hakenbüchsen-Schützen geschaffen, während man auf massiven Bastionen Geschütze in Stellung brachte.

Im 19. Jahrhundert erfolgte der Abriss der Mauern, wobei häufig kürzere Mauerabschnitte stehen blieben. Nur in Ausnahmefällen wie beispielsweise in Wertheim am Main und Vellberg östlich von Schwäbisch Hall, Weil der Stadt südwestlich von Leonberg oder Isny ist die Stadtmauer weitgehend erhalten.

Straßen und Gassen

Abwasserrinnen (schwäbisch „Winkel") markierten die Grenzen der Grundstücke mit den überwiegend schmalen Häusern – die Länge der Hausfront bestimmte vielerorts die Höhe der Grundsteuer – in den engen, oftmals verwinkelten Seitenstraßen. Hauptstraßen dagegen, seit dem 14. Jahrhundert gelegentlich schon kopfsteingepflastert, waren breit und verliefen zumeist in leichten Kurven. Wie jüngere Untersuchungen vermuten lassen, gehen die Krümmungen nicht auf städtebaulichen Wildwuchs zurück, sondern auf Planung und Vermessung; die Gründe für diese Straßenführung sind jedoch (noch) unbekannt.

Kreuzten sich im Zentrum zwei Hauptstraßen, verbreiterte sich häufig eine Straße zu einem Markt. Dieses beispielsweise in Villingen ausgeprägte „Zähringerkreuz" galt lange Zeit als typisch für die Stadtgründungen der Zähringer, wird mittlerweile aber als im Mittelalter allgemein gültiges städtebauliches Konzept betrachtet.

Öffentliche Gebäude

Zumeist etwas abseits, aber oftmals in erhöhter Lage befand sich die Pfarrkirche inmitten des Kirchhofs (Friedhof), der mit einer Mauer gegen frei laufende Hunde und Schweine geschützt werden musste. Ebenfalls abseits, oftmals an die Stadtmauer gebaut waren Bettelordensklöster, deren Kirchen statt Türmen le-

Der Gallerturm in Überlingen am Bodensee ist einer von mehreren Wehr- und Tortürmen. Ungewöhnlich an der mittelalterlichen Stadtbefestigung sind zwei außerordentlich tiefe, teilweise begehbare Gräben, die einst die Kernstadt und eine Vorstadt schützten.

Eine Fachwerk-„Laube" wie am Rathaus in Mühlheim an der Donau bei Tuttlingen oder die Arkaden der aus Stein errichteten öffentlichen Gebäude waren Verkaufsstätten und dienten Bäckern als Brotlaube, Fleischern als Metzig oder Schuhmachern, Gerbern und Sattlern als „Schuhhaus".

diglich Dachreiter trugen. Bettelmönche waren hochwillkommen und erhielten bereitwillig städtische Grundstücke, da sie unentgeltlich als Seelsorger, Lehrer und Erzieher arbeiteten (siehe S. 79).

Die für den Handel vorgesehenen Orte waren der Marktplatz und das Bürger- oder Rathaus, in dessen Ratssaal im Obergeschoss auch das städtische Gericht tagte. Die Arkaden (Bogengang) im Erdgeschoss dienten als Verkaufsraum für Handwerker oder als Zollstelle für Kaufleute, während der Keller als Lagerraum genutzt wurde. Vor allem in Weinkellern entwickelten sich aus den Einrichtungen für die Weinproben von Kaufinteressenten häufig Gaststätten, die „Ratskeller". Wohlhabende Freie Reichsstädte wie Ulm oder Esslingen leisteten sich außer dem Rathaus noch ein Schwörhaus, auf dessen Balkon der Bürgermeister den Amtseid ablegte und in dessen Saal hohe Gäste wie der Kaiser empfangen wurden.

In größeren Städten standen weitere Gebäude, deren Arkaden man als Verkaufsstellen nutzte: Das Kaufhaus – auch die Greth genannt, von „Gerät", den Brettern und Holzböcken der Verkaufsstände –, in dem durchreisende Händler ihre Waren ausbreiteten, und das Kornhaus, wo der Kornmarkt stattfand. Das in den Obergeschossen des Kornhauses gespeicherte Getreide wurde während einer Belagerung oder bei einer Hungersnot, die bis in das 19. Jahrhundert etwa alle zehn Jahre auftrat, kostenlos verteilt.

Ein Zeichen der bei adligen Herren nur selten zu findenden Fürsorge für die Bevölkerung waren im Herzogtum Württemberg große Fruchtkästen, die im Jahr 1495 auf Geheiß des Herzogs Eberhard im Bart in Markgröningen, Herrenberg, Kirchheim unter Teck und Rosenfeld entstanden und in Notzeiten ganze Regionen mit Nahrungsmitteln versorgten.

Zehntscheuern dienten der Lagerung des im achten Jahrhundert eingeführten Kirchenzehnten, der ursprünglich den zehnten Teil der Ernte ausmachte und Bischöfen und Äbten die wirtschaftliche Grundlage bot, die ihnen vom König übertragenen Verwaltungsaufgaben zu erfüllen und Krieger für das Heer auszurüsten.

Der Pfleghof eines Klosters oder Bistums war der Verwaltungssitz für die durch Schenkungen in kirchlichen Besitz gelangten landwirtschaftlichen Flächen. Hier wurde die Ernte gesammelt und für den Transport zum Bischofsitz oder Kloster vorbereitet. Insbesondere in Städten mit Weinanbau waren Bistümer und Klöster vertreten, so u. a. in Esslingen, wo noch neun von einst zehn Pfleghöfen stehen.

Im Zeughaus – auch Armamentum genannt, von lat. arma, Gerät, Waffen; oder Arsenal, im Arabischen ein „Haus der Handwerker" – lagerten die Waffen, die anlässlich einer militärischen Bedrohung an die Bürger ausgegeben wurden.

Sozialeinrichtungen

Für Hilfsbedürftige verfügte jede Stadt über mindestens eine Einrichtung, den Spital (heute: das Spital; von lat. hospitalitas, Gastfreundschaft; davon abgeleitet auch „Hospiz", Pilgerherberge). Es handelte sich nicht um ein Krankenhaus, sondern um eine Bewahranstalt für Alte, Kranke, Behinderte und Obdachlose. Mancherorts entwickelte sich der Spital durch Schenkungen von Ländereien zum größten Wirtschaftsbetrieb und Gebäudekomplex der Stadt.

Auf den Heiliggeist-Spital im württembergischen Kirchheim unter Teck geht angeblich die schwäbische Unmutsäußerung „Heiligs Blechle!" zurück. Als sich die Spitalbewohner eine deutlich sichtbare Blechmarke an die Kleidung heften mussten, erhob sich Protest. Die Anordnung wurde zurückgezogen, der milde Fluch aber blieb.

Größere Städte unterhielten zudem ein Seelhaus (auch: Elendenherberge oder Armenhaus) und ein Findelhaus für Vollwaisen und ausgesetzte Kinder. Isoliert von der Bevölkerung, lebten außerhalb der Stadt die an Aussatz (Lepra) Erkrankten im Sondersiechenhaus (auch: Feldsiechenhaus, Gutleuthaus, Leprosenhaus), das u. a. in Mosbach (Neckar) und Staufen (Breisgau) noch erhalten ist. Sofern sich die Kranken mit einer Rassel oder Klapper ankündigten, durften sie in der Stadt dem Bettel nachgehen, d. h. um Almosen bitten.

Einen Markt abzuhalten – hier der Bauernmarkt in Schiltach (Schwarzwald) –, war eines der Privilegien einer Stadt und ein Wirtschaftsfaktor, der umso bedeutsamer wurde, je mehr Fernhändler einen Markt beschickten.

Die Bürgerschaft

Das Bürgerrecht garantierte dem Stadtbewohner persönliche Freiheit – „Stadtluft macht frei" – und das Recht, in einem Streitfall das Gericht anzurufen. Dies unterschied den Bürger vom Landbewohner, der in sämtlichen Fragen vom Grundherrn abhängig war.

Das Bürgerrecht beinhaltete aber keineswegs die Gleichstellung aller Stadtbewohner. So mussten sich Frauen in öffentlichen Angelegenheiten von Männern vertreten lassen, und eine angeblich gottgewollte gesellschaftliche Hierarchie sicherte dem aus Adligen und reichen Kaufleuten bestehenden Patriziat (lat. patricius, Schutz- oder Schirmherr) die Herrschaft in der Stadt. Nur Patrizier waren „ratsfähig" und stellten folglich den Bürgermeister,

Da der in Italien gegründete Heiliggeist-Orden die ersten Spitäler errichtet hatte, wurde fast jeder später gebaute Spital wie hier in Schwäbisch Gmünd als „Heiliggeist-Spital" bezeichnet. Kennzeichen des Spitals ist eine Taube, das Symbol für den Heiligen Geist.

Schwitzen und schwätzen – die Badestube

In jeder Stadt gab es seit dem 13. Jahrhundert öffentliche und private Badestuben, die man gegen Entgelt nutzen konnte. Im Vorraum entkleidete sich der Besucher, nahm anschließend in der Badestube, häufig einem Kreuzgewölbe mit massigen Säulen, ein Bad in einem Zuber und danach ein Schwitzbad im Dampf, der durch das Übergießen des heißen Schwitzofens entstand. Bader, Badknechte und -mägde schürten das Feuer in dem unter der Badestube gelegenen Feuerraum, erhitzten das Wasser und boten zusätzliche Dienste an: sie halfen beim Waschen, sie rasierten und massierten, schnitten die Haare und den Bart, schröpften, zogen Zähne, ließen zur Ader und behandelten Hautkrankheiten. Anschließend erholten sich die Besucher im Ruheraum.

Der Besuch von Badestuben diente aber nicht nur der Hygiene, sondern auch dem Vergnügen. Hier traf man sich, tratschte, trank und nahm es mit der Moral nicht allzu genau. Auf Drängen der Geistlichkeit erfolgte seit dem 15. Jahrhundert die Trennung in Männer- und Frauenbäder, und die Furcht vor ansteckenden Krankheiten wie der Syphilis (seit etwa 1500 aus Amerika eingeschleppt) führte dazu, dass öffentliche Badestuben im 18. Jahrhundert verschwanden.

die Mitglieder des Rats und des Stadtgerichts. Seit dem 14. Jahrhundert allerdings führten die wirtschaftliche Bedeutung und die Kapitalbildung im Handwerk und Gewerbe zur „Ratsfähigkeit" auch von wohlhabenden Handwerksmeistern.

Ackerbürger – in der Stadt lebende Bauern – und Handwerksmeister mit ihren Familien bildeten als „Ehrbarkeit" die städtische Mittelschicht. Durch Zwangsmitgliedschaft waren die Handwerker in Zünften organisiert, die alle das Handwerk betreffenden Fragen wie Ausbildung, Prüfungen und Qualitätskontrollen regelten und sich um die Hinterbliebenen verstorbener Handwerksmeister kümmerten. Eine Zunft konnte mehrere Berufsgruppen umfassen. So zählten in Biberach die Gerber, Bader und Fischer zur Metzgerzunft, zur Schneiderzunft auch die Kramer, Tuchscherer, Säckler (Hersteller von Ledertaschen und -beuteln), Kürschner, Färber, Seiler und Glaser.

Zur Unterschicht, den „Unehrlichen", gehörten Tagelöhner, Prostituierte und Schinder (auch Abdecker; Beseitigung von Tierkadavern), fahrendes Volk, Totengräber und Henker, Diebe und Räuber. Auch die zahlreichen auf Grund einer Behinderung oder Krankheit arbeitsunfähigen Bettler waren „Unehrliche". Aber es gab Ausnahmen: In einigen südbadischen Städten waren die Bettler in Zünften organisiert und somit Teil der „Ehrbarkeit".

TOUR 24   STADTRUNDGANG
Brücken und Burg – Esslingen am Neckar

Zwei mittelalterliche Brücken über die Arme des Neckars, eine Burgstaffel mit Wehrgang hinauf zum Dicken Turm in der so genannten Burg und die doppeltürmige Kirche St. Dionys prägen das Stadtbild. St. Dionys steht an der Stelle, wo ein alamannischer Adliger um 700 die erste Kirche bauen ließ. Die Staufer erwarben die Siedlung, erweiterten einen Herrensitz zu einer Pfalz, dem heutigen Salemer Hof, und befestigten die Stadt, die sich zwischen dem Schönenberg mit der Burg und dem Neckar erstreckte; gut erhalten ist die alte Bebauung in der Webergasse.

Die 146 Meter lange Innere Brücke verband die Kernstadt mit der befestigten Pliensauvorstadt. Da die Vorstadt hochwassergefährdet war, wurde dem Neckar ein neues Bett gegraben und die Äußere Brücke (Pliensaubrücke) mit drei Türmen errichtet. Auch der Schönenberg und die Weingärtnersiedlung Beutau wurden ummauert, so dass die stark befestigte Freie Reichsstadt Esslingen schließlich die ganze Breite des Neckartals abriegelte. Erhalten sind noch der Pliensauturm, das Wolfstor und das Schelztor, das Kanzlei- und das Neckarhaldentörle.

Praktische Informationen Tour 24
Länge: 3,5 km   **Gehzeit:** 1,5–2 Std.
Tourcharakter: Stadtrundgang mit kurzem, steilem Anstieg auf dem Mauer-Wehrgang zur Burg.
Anfahrt: In Esslingen auf dem Altstadtring drei Viertel um die Altstadt; 250 m nach der gotischen Frauenkirche links ab zum Parkhaus Marktplatz.
Wegverlauf: Marktplatz – Kirche St. Dionys – Speyerer Zehnthof (Sektkellerei Kessler) – am Archiv durch das Kanzleitörle zur Insel Kesselwasen – zurück zum Marktplatz – Rathausplatz – Webergasse – Strohgasse – Hafenmarkt mit ältester Fachwerkhauszeile Süddeutschlands und Stadtmuseum – Wolfstor – Küferstraße – Ritterstraße – Innere Brücke – Pliens-

Schon im Mittelalter wurde dem zuvor durch Esslingen fließenden Neckar unter größten Anstrengungen ein neues Flussbett gegraben, so dass die Innere Brücke nicht mehr den breiten Fluss, sondern nur noch zwei Gewerbekanäle überspannte.

austraße – Pliensaubrücke – zurück und zum Rossmarkt – Schelztor – Münster St. Paul – Frauenkirche – Neckarhaldentörle – zurück und zum Salemer Hof – Burgsteige – Burgstaffel – Beutau – Marktplatz.
Karte/Information: Stadtplan und „Kunsthistorischer Stadtführer" erhältlich bei Stadtinformation, www.esslingen-tourist.de

TOUR 25 STADTRUNDGANG
Tore und Türme – Ravensburg

Türme, Reste des doppelten Mauerrings, markante Gebäude – in der von den Welfen gegründeten ehemaligen Reichsstadt Ravensburg am Schnittpunkt zweier Fernstraßen an einer Furt durch die Schussen ist viel Mittelalterliches erhalten. Einen Überblick bieten der Blaserturm im Zentrum oder der Wehrturm „Mehlsack". Ältester Stadtteil ist die Oberstadt mit der Marktstraße, in der seit Mitte des 12. Jahrhunderts Markt abgehalten wird. Mit dem europaweiten Vertrieb von oberschwäbischer Leinwand durch die Ravensburger Handelsgesellschaft der Patrizierfamilie Humpis wurde die Stadt reich und leistete sich neben heute noch vorhandenen Marktgebäuden wie Kornhaus, Brotlaube, Lederhaus, Salzhaus und Waaghaus auch Märkte für Obst, Schmalz, Fisch, Garn, Gespinst, Holz und Vieh sowie für Vorarlberger Hütekinder, die sich hier verdingten. Um 1320 wurden die Gerber aus der Oberstadt umgesiedelt in die ebenfalls ummauerte Unterstadt, in der heute der Stadtbach wieder offen fließt. Hier ließen sich weitere Handwerker nieder, während die Oberstadt den Patriziern vorbehalten blieb, die sich als Stifter des Leprosenhospitals Heilig-Kreuz (1279), des Heilig-Geist-Spitals (1287) und des Seelhauses (1408) hervortaten.

Praktische Informationen Tour 25
Länge: 3,5 km **Gehzeit:** ca. 1,5 Std.
Tourcharakter: Bequemer Stadtrundgang.
Anfahrt: In Ravensburg am Rand der Altstadt das Parkhaus Frauentor.
Wegverlauf: Frauentor – Frauenkirche, links zur Tourist Information – Waaghaus mit Blaserturm (April bis Okt., Mo. bis Fr. 14–17 Uhr, Sa. 11–16 Uhr) – Marktstraße durch die Oberstadt zum Obertor – Gänsbühlzentrum; dahinter Reste der Stadtmauer, Blick auf Mehlsack (Mai bis Sept. So. 10–13 Uhr) – Katzenlieselturm – Herrenstraße – Liebfrauenkirche – Marienplatz mit Rathaus, Lederhaus, Seelhaus und Kornhaus – Hirschgraben mit Stadtmauer – Bachstraße bis Untertor und Heilig-Geist-Spital – St. Jodokkirche – Vogthaus – Gemalter Turm – Zehntscheuer – Frauentor.
Karte/Information: Stadtplan und „Historische Stadtrundgänge" bei der Tourist Information, www.ravensburg.de

TOUR 26 STADTRUNDGANG
Bächle und Brunnen – Freiburg

Mehrere Kilometer lang sind die wohl im Jahr 1175 angelegten schmalen Wasserrinnen, die „Bächle", die in der Straßenmitte verliefen und Brauchwasser für Haushalte und Gewerbebetriebe lieferten. Das von der Dreisam abgezweigte Wasser floss zum Teil in die Bächle, zum Teil in einen Gewerbekanal. Am Kanal lebten Gerber, Färber, Metzger und Fischer, hier standen Mühlen und Badestuben. Noch heute fließt der Kanal weitgehend offen durch das Schneckenviertel mit den Straßen Gerberau, Fischerau und Metzgerau.

Trinkwasser wurde in Deicheln (auch: Deucheln) in die Stadt geleitet und auf zahlreiche öffentliche Brunnen verteilt, von denen einige noch heute das Stadtbild prägen, u. a. auf dem Rathaus- und dem Münsterplatz.

Im Bereich Oberlinden zweigte von der Salzstraße, einer Fernhandelsstraße, die Landstraße nach Herdern ab. Diese Abzweigung integrierten die Herzöge von Zähringen (s. S. 60 f. und S. 84 f.), deren Burg auf dem

An einem Gewerbekanal wie hier in Freiburg konnten Müller, Fischer, Gerber und Färber ihr Handwerk innerhalb der Stadtmauern betreiben. Wegen der Geruchsbelästigung durch Gerbereien verlief ein Kanal üblicherweise nicht im Stadtzentrum, sondern nahe der Stadtmauer.

Schlossberg stand, bei der Gründung von Freiburg in die Stadt. Salzstraße heißt heute noch die vom Schwabentor in das Zentrum führende Straße. Sie kreuzt am Bertoldsbrunnen die Kaiser-Joseph-Straße, auf der im Mittelalter hölzerne Marktlauben standen. Heute stehen die Marktstände auf dem Münsterplatz, wo jeden Vormittag ein Gemüse- und Obstmarkt stattfindet.

Praktische Informationen Tour 26
Länge: 2 km **Gehzeit:** 1 Std.
Tourcharakter: Bequemer Rundgang; Abstecher auf den Schlossberg hin und zurück 2 km.
Anfahrt: In Freiburg von der mehrspurigen Durchgangsstraße B31 abbiegen in Richtung Universität zum Parkhaus Rotteckgarage am Rotteckring.
Wegverlauf: Tourist-Information – Altes und Neues Rathaus – Münsterplatz mit Münster, Kornhaus, Historischem Kaufhaus und Wentzingerhaus (Stadtmuseum) – Schwabentor – Abstecher möglich zum Schlossberg mit Aussichtsturm – Schneckenvorstadt – Martinstor – Parkhaus.
Karte/Information: Stadtführer mit Stadtplan und eingezeichnetem Rundgang bei der Tourist Information; www.freiburg.de.

Krautmarkt, Obstmarkt, Fischmarkt

Da nur Ackerbürger sich selbst versorgen konnten, waren die übrigen Stadtbewohner trotz kleiner Gärten vor der Stadt auf die zum Verkauf angebotenen Waren angewiesen. Getreide zur Herstellung von Brei und Brot wurde im Kornhaus verkauft. Wer sein Brot nicht selbst buk, ging zu einer Brotbank, dem Verkaufsstand eines Bäckers, der vor seinem Haus die Ware auslegte, oder zur Brotlaube, wo mehrere Bäcker ihre Stände für ungesäuerte Brotlaibe stehen hatten. Der Brotpreis war einheitlich festgelegt und über lange Zeit stabil; stieg der Getreidepreis, buken die Bäcker einfach kleinere Brötchen.

Nach der Schlachtung in der Metzig wurde das Fleisch auf der Fleischbank angeboten, minderwertige Ware wesentlich billiger auf der Freibank. Fischer hatten ihre Fischbank, während Obst und Gemüse an Verkaufsständen – mit Planen überdeckte Holztische – auf dem Marktplatz auslagen. Im Angebot waren vor allem Kraut, das, zu Sauerkraut verarbeitet, den ganzen Winter über gegessen wurde, und lagerfähige Erbsen, Linsen und Bohnen sowie Zwiebeln, Knoblauch und Kräuter zum Würzen. An Obst gab es Kirschen und Äpfel, Birnen und Zwetschgen, die man als Wintervorrat im städtischen Waschhaus dörrte. Vervollständigt wurde das Angebot durch Nüsse, Käse, Wein und Honig, Schmalz, Eier und Geflügel.

Aufgrund der stetig wachsenden Einwohnerzahl stieg der Lebensmittelbedarf, so dass die immer zahlreicheren Verkäufer auf andere Plätze ausweichen mussten, wo die Anbieter gleicher Waren zusammengefasst wurden. So entstanden, je nach lokalem bzw. regionalem Schwerpunkt, Krautmarkt, Fischmarkt oder Gänsemarkt.

Das Angebot auf dem Wochenmarkt variierte entsprechend der Jahreszeit, da nur heimische Anbieter zugelassen waren. Zum Jahrmarkt hingegen kamen auch auswärtige Händler, was das Angebot deutlich erweiterte. Allerdings kamen die meisten Händler mit gewinnträchtigeren Waren – Textilien und Lederwaren oder Haustieren – so dass sich in manchen Städten ein Ross- oder Saumarkt, ein Gänse-, Woll- oder Schäfermarkt entwickelte.

KEIMZELLEN DER ZIVILISATION

Die Klöster

Sich selbst verleugnen, um Christus nachzufolgen. Den Leib in Zucht halten. Sinnliche Lust nicht hegen. Das Fasten lieben. Die Armen erquicken. Den Nackten bekleiden. Den Kranken besuchen. Den Toten begraben. In der Not zu Hilfe kommen. Den Trauernden trösten. Sich dem Treiben der Welt fremd machen. [...] Seinen Mund vor böser und verkehrter Rede behüten. Das viele Reden nicht lieben.

(Aus der Regel des Benedikt von Nursia)

Die Mönchsregel des Benedikt von Nursia (480–547), der auf dem südöstlich von Rom gelegenen Monte Cassino das erste Kloster (lat. claustra, Riegel, Versteck) Westeuropas gegründet hatte, bestimmte seit dem 9. Jahrhundert das Klosterleben auch in Südwestdeutschland: in den aus dem 7. Jahrhundert stammenden ersten Mönchsgemeinschaften, in den zahlreichen seit dem 11. Jahrhundert von Adligen gestifteten Klöstern, in den Reformklöstern des 12. Jahrhunderts und in den Klöstern der Bettelorden. Bis um das Jahr 1350 waren im Gebiet des heutigen Baden-Württemberg etwa eintausend Männer- und Frauenklöster entstanden.

Die ersten Klöster

Leben wie Christus, nicht von materiellen Bedürfnissen bestimmt, wollten Wandermönche aus Irland und Schottland (siehe S. 45 f.), die sich im 6./7. Jahrhundert als Eremiten niederließen. Der Ortsname Zell verweist häufig auf eine solche Zelle, die sich manchmal zu einer großen Gemeinschaft entwickelte wie St. Blasien im Hochschwarzwald, St. Trudpert im Münstertal südlich von Freiburg oder St. Landolin in Ettenheimmünster südlich von Lahr.

Als Stützpunkte gründeten die fränkischen Herrscher im 8. und 9. Jahrhundert Reichsklöster, deren Äbte (lat. abba, Vater) als Berater und Erzieher der Königssöhne wirkten, insbesondere aber als „Reichsbeamte" und Gastgeber der Könige, die samt Gefolge ganzjährig das Reich bereisten. Den Aufbau der Reichsklöster übernahm der Mönch Pirmin, der im Jahr 724 mit vierzig Mönchen auch auf die Bodensee-Insel Reichenau übersetzte und das neben dem älteren St. Gallen bedeutendste Kloster des Herzogtums Schwaben gründete, das heutige Mittelzell. Zudem gliederte Pirmin zahlreiche Klöster wie Gengenbach bei Offenburg oder Schuttern südöstlich von Lahr in den Benediktinerorden ein.

Gebet und Arbeit

Die benediktinische Mönchsregel, die sich kurz mit ora et labora, bete und arbeite, zusammenfassen lässt, gewährleistete die Gleichwertigkeit von Gebet, zu dem die Mönche zwischen Sonnenaufgang und Einbruch der Dunkelheit alle zwei bis drei Stunden zusammenkamen, und Arbeit für den Unterhalt des Klosters. Trotz strenger Disziplin mit den notfalls durch körperliche Züchtigung durchgesetzten Forderungen nach Gehorsam gegenüber dem Abt, Einhaltung des Zölibats (lat. coelibatus, ehelos) und lebenslanger Zugehörigkeit zum Konvent (Kloster; lat. convenire, zusammenkommen) war der Andrang groß. So lebten im Kloster Reichenau zeitweilig 120, in Gengenbach 100 und in Ellwangen 160 Mönche.

Das Kloster als Wirtschaftsbetrieb

Da sich Klöster selbst versorgten, benötigten sie Ackerflächen. Die Mönche neu gegründeter Klöster rodeten, legten Feuchtgebiete trocken und Wasserleitungssysteme an. Gleichzeitig errichteten sie die für den Betrieb nötigen Wirtschaftsgebäude: Fruchtkasten, Mühle, Ställe, Weinkeller, Bäckerei, Metzgerei, Brauerei, Speisemeisterei (Küche) und Werkstätten. Im Zuge ihrer Arbeit verbesserten sie den Garten- und Ackerbau, indem sie aus anderen Klöstern Saatgut bezogen, damit experimentierten und die für ihre Böden geeigneten Pflanzen zogen.

Zwar war der einzelne Mönch zur Armut verpflichtet, nicht jedoch das Kloster. Durch Schenkungen kamen Klöster im Lauf der Jahrhunderte zu ausgedehntem Landbesitz mit Dörfern, deren Bauern Arbeitsdienste für das Kloster und Naturalabgaben zu leisten hatten (siehe S. 117 f.). Oftmals lagen Schenkungen mehrere Tagesreisen weit entfernt wie beim Kloster Salem, zu dessen Kernbesitz am Bodensee große Gebiete bei Laupheim, Bad Saulgau und Pfullendorf sowie bei Sigmaringen gehörten.

In Städten, insbesondere in Weinregionen, kümmerten sich klostereigene Pfleghöfe um den in so genannten Pflegen unterteilten Besitz in der Umgebung. Auch Keltern waren Klostereigentum wie in Metzingen bei Reutlingen, wo eine der sieben als Gebäude-Ensemble erhaltenen Keltern dem Kloster Zwiefalten gehörte.

Das Kloster als geistig-kulturelles Zentrum

Nach dem Untergang des Weströmischen Reichs im 5. Jahrhundert vermittelten Klöster erstmals wieder Wissen und Bildung. In Klosterschulen erlernten die Söhne des Adels das Lesen und Schreiben sowie die Urkundensprache Latein, um hohe Reichsämter und Kirchenämter übernehmen zu können. In Scriptorien entstanden Manuskripte (lat. scribere, schreiben; manus, Hand), handgeschriebene Kopien von Bibeln, Texten antiker Autoren und neuer wissenschaftlicher Forschungen, u. a. zur Astronomie, Kräuter- und Heilkunde. Ein besonders kunstvoll gestalteter Kodex – auf gleiches Format gefaltete und gebundene Blätter – erforderte jahrelange Arbeit, war doch höchstens eine Seite täglich zu schaffen. Dabei schrieben die Mönche mit gespitzten Gänsefedern auf Pergament, der ungegerbten, mit Kalklösung gesäuberten und glatt geschabten Haut von Ziege, Schaf oder Kalb. Handelte es sich um die Auftragsarbeit eines Adligen wie beispielsweise beim Gengenbacher Evangeliar,

Drei Grafen, zu denen auch die Zollern gehörten, schenkten dem Kloster St. Blasien ein Waldgebiet im noch unerschlossenen Schwarzwald. Hier errichteten die Mönche im Jahr 1095 das ursprünglich als Zollern-Grablege geplante Kloster Alpirsbach.

fiel die Gestaltung der einzelnen Seiten mit Initialen, kunstvoll gestalteten Großbuchstaben, und des Einbands so kostbar aus, dass der Wert der Handschrift dem eines Hofguts entsprach. Einige Klöster legten Handschriftensammlungen an, u. a. Reichenau und St. Gallen, dessen Bibliothek (griech. biblos, der Papyrus, das Buch) bereits im 10. Jahrhundert einen Bestand von 450 Büchern aufwies. Solche Bibliotheken waren die einzigen Forschungsstätten, so dass Klöster bis zur Gründung der ersten Universitäten im 14. Jahrhundert das Forschungs- und Bildungsmonopol im Reich besaßen.

Stiftung als Pforte zum Paradies

Indem sie Mönchen Land überließen, traten Adlige als Stifter auf wie im Jahr 764 beim Kloster Ellwangen. Auf diese Weise entstanden bis zum 10. Jahrhundert im Südwesten, vor allem am Rhein und im Bodensee-Raum, etwa vierzig Klöster. Ein wahres Stiftungsfieber aber brach im 11. Jahrhundert aus, denn eine Klosterstiftung galt als zuverlässiger Weg zum ewigen Seelenheil. Da Mönche verpflichtet waren, für die Stifterfamilie zu beten, und, so die gängige Meinung, mittels täglicher Gebete in enger Verbindung zu Gott standen, waren sie in der Lage, Sündern die göttliche Gnade zu erflehen. Berühmt für dieses Gebetsgedenken war das Kloster Cluny in Burgund, dessen Mönchen sogar die Kraft zugeschrieben wurde, Sünder aus dem Fegefeuer „herausbeten" zu können.

Für sich und seine Familie richtete der Stifter eine Grablege in der Klosterkirche ein, damit verstorbene Familienmitglieder in einem Gott geweihten Raum ruhen und bei sämtlichen Gottesdiensten anwesend sein konnten. Solche „Hausklöster" leisteten sich im 11. Jahrhundert zunächst nur wenige führende Adelsfamilien, u. a. die Welfen das Kloster Altdorf (heute Weingarten) in Oberschwaben, die Zähringer das Kloster St. Peter im Südschwarzwald, die Staufer das Kloster Lorch im Remstal. Für weniger begüterte Adlige wurden Hausklöster erst bezahlbar, nachdem sich im 12. Jahrhundert zeitweilig wieder das mönchische Armutsideal durchgesetzt hatte und die Klosterausstattung billiger geworden war. So geht das Kloster Schöntal an der Jagst, die spätere Grablege derer von Berlichingen, auf die Stiftung eines Ritters zurück, während das an der Tauber südlich von Wertheim am Main gelegene Kloster Bronnbach eine Gemeinschaftsstiftung mehrerer fränkischer Ritter ist.

Kloster und Adel

Bei einer Besitzübertragung auf ein Kloster bestimmte der Stifter den Vogt (lat. advocatus, Vertreter), zumeist einen Angehörigen der Stifterfamilie. Als weltlicher Interessenvertreter des Klosters übernahm der Vogt gegen reiche Vergütung mit einem Teil der Ernte und der Einnahmen vor allem die Rechtsprechung und die militärischen Aufgaben des Klosters, denn Mönche durften weder Waffen tragen noch im Hochgericht (Blutgericht) über Leben und Tod entscheiden.

Mit Verwandten, die als Äbte oder Äbtissinnen eingesetzt wurden, lenkten Stifter die Geschicke der Klöster und waren an der Entscheidung darüber beteiligt, wer Aufnahme im Kloster fand. Bevorzugt wurden Verwandte und andere Adlige, so dass sich Klöster zu Versorgungsanstalten für nachgeborene Söhne und unverheiratete Töchter des Adels entwickelten. Die Sitten verwilderten, die Armutsregel sowie der Zölibat (Ehelosigkeit, Keuschheit) wurden missachtet, und die Simonie – Ämterkauf, d. h. die Vergabe hoher geistlicher Ämter wie der Abts- oder Bischofswürde gegen Bezahlung – wurde allgemein üblich.

Kloster Hirsau und der Zisterzienserorden

Gegen den Sittenverfall und die Aristokratisierung der Kirche mitsamt den Klöstern stellte sich seit dem 10. Jahrhundert eine vom Kloster Cluny ausgehende Reformbewegung. In Südwestdeutschland übernahmen St. Blasien, vor allem aber das nördlich von Calw im Nordschwarzwald gelegene Kloster Hirsau die Führung der Reformbewegung. Zahlreiche auf Reformen drängende Klöster forderten Hirsauer Mönche als Äbte an, und von Hirsau abgeordnete Mönche bildeten häufig die Keimzellen neuer Konvente wie in Klosterreichenbach bei Freudenstadt, während Mönche aus St. Blasien an der Gründung der Reformklöster Wiblingen bei Ulm, Ochsenhausen in Oberschwaben und Alpirsbach südlich von Freudenstadt maßgeblich beteiligt waren.

Als im 12. Jahrhundert von Hirsau keine Impulse mehr ausgingen, setzten die Klöster des nach dem Kloster Cîteaux bei Dijon in Burgund benannten Zisterzienserordens die Reformbemühungen fort. So wurden Laien von der Teilnahme am Gottesdienst der Mönche ausgeschlossen, und selbst die im Kirchenschiff betenden Laienbrüder wurden durch einen Lettner, eine die Sicht versperrende Trennwand, von den im Chor versammelten Priestermönchen getrennt. Adelsgrablegen waren in Zisterzienser-Klosterkirchen nicht mehr zugelassen, und einfache Dachreiter ersetzten Kirchtürme. Eine der wenigen Ausnahmen ist der prächtige, noch an einen Dachreiter erinnernde Vierungsturm des Klosters Bebenhausen bei Tübingen (Tour 27).

Zudem erfolgte eine strikte Zweiteilung des Klosters. Priestermönchen vorbehalten blieb ein „innerer Kern", die Klausur mit Umgangshof samt Kreuzgang, Refektorium (Speiseraum), Dormitorium (Schlafraum) und Kapitelsaal (Versammlungsraum der Mönche). Den „äußeren Rahmen" bildeten Schlaf- und Speiseraum der Laienbrüder, Wirtschaftsgebäude sowie Einrichtungen für Kranke, Pilger und hohe Gäste.

Die Reformen fanden in der Bevölkerung, die sich der vom Adel beherrschten Kirche entfremdet fühlte, so starken Anklang, dass innerhalb weniger Jahrzehnte zahlreiche weitere Zisterzen entstanden, u. a. Herrenalb im Nordschwarzwald und Tennenbach bei Emmendingen, Adelberg bei Schorndorf im Remstal und Blaubeuren auf der Schwäbischen Alb.

Nonnenklöster und Damenstifte

Die ersten Frauenklöster im südwestdeutschen Raum gründete der angelsächsische Missionsmönch Bonifatius, der im Jahr 735 eine Verwandte in Tauberbischofsheim als

Das einst an einem Rheinübergang gelegene Kloster Schwarzach südwestlich von Rastatt wurde im 7. Jahrhundert vom Bischof von Straßburg als fränkisch-christlicher Vorposten im noch überwiegend heidnischen Alamannien gegründet.

erste Äbtissin Südwestdeutschlands einsetzte. Wie Mönche verpflichteten sich auch Nonnen (lat. nonna, ältere Frau) mit einem Gelübde zur lebenslangen Einhaltung der Benediktsregel, und auch sie trugen den einheitlichen Habit der Klosterangehörigen – die bäuerliche Alltagskleidung zu Benedikts Zeit um das Jahr 500 –, den eine noch heute übliche Haube er-

DIE KLÖSTER 77

gänzte. Dabei handelt es sich nicht um ein besonderes Kennzeichen, sondern um ein einst von allen Frauen getragenes Kleidungsstück – offenes Haar galt als ungehörig.

Schon früh waren Damenstifte entstanden, im 7. Jahrhundert beispielsweise in Säckingen, im 8. Jahrhundert u. a. in Lindau und Buchau, das damals noch im Federsee lag. Adlige Damen, die nach einfachen Regeln zunächst in Gemeinschaft, später aber vorwiegend in einzelnen Häusern lebten, versammelten sich regelmäßig zum gemeinsamen Gebet im Chor der Kirche und wurden daher als Chorfrauen (auch Kanonissen; lat. canon, Kirchenregel) bezeichnet. Eine Chorfrau war zur Sicherung ihres Lebensstandards mit einer Pfründe (lat. praebenda, Unterhalt), einem festen Einkommen aus dem Stiftsvermögen ausgestattet, durfte am gesellschaftlichen Leben teilnehmen und konnte das Stift jederzeit wieder verlassen.

Gegen diese Versorgungseinrichtungen für adlige Töchter wandten sich Chorherren, die der Regel des in Prémontré bei Reims gegründeten Prämonstratenserordens folgten. Sie lösten die ursprünglich neben den Männerkonventen bestehenden Frauenkonvente wieder auf, wobei in Obermarchtal bei Munderkingen (Donau) als Begründung die „Bosheit des weiblichen Geschlechts" angegeben wurde.

Kräutergarten und Krankenpflege

Bei Quetschungen lege man sie [die Lilie] *auf die bläuliche Stelle,* Minze *soll die raue Stimme, so sagt man, wieder zu klarem Klang zurückzuführen vermögen,* Fenchelsamen, mit Ziegenmilch getrunken, lockerten *die Blähung des Magens –* 24 Heilpflanzen und deren Wirkung beschrieb um das Jahr 845 Walafrid Strabo, der Abt des Klosters Reichenau. Seine Erfahrungen sammelte er im Kräutergarten des Klosters und beschrieb sie in 444 Versen, einem der frühesten Werke zum Gartenbau.

Schon die Benediktsregel hatte die Sorge für den eigenen Körper und Kranke gefordert, und im Jahr 817 bestimmte die Aachener Synode (Versammlung von Bischöfen), dass ein Kloster über einen Spital für Pilger, Arme und Kranke verfügen müsse. Ein *Magister infirmorum* oder ein „Bruder Arzt" betreute die Krankenstation, aus der sich das Hospital entwickelte. Zu den ältesten Spitälern im Land gehört der ehemalige Klosterspital in Ellwangen, das heutige Rathaus.

Im 12. Jahrhundert wurde die Pflege kranker Laien als Störung des Klosterfriedens betrachtet, weshalb viele Spitäler ausgelagert und Laienhelfern überlassen wurden. Diese spezialisierten sich oftmals auf bestimmte Krankheiten, die Antoniterbrüder z. B. auf das „Antoniusfeuer", den Mutterkornbrand. Seit dem 13. Jahrhundert übernahmen zunehmend Heiliggeist-Spitäler in den Städten die Versorgung der Bevölkerung (siehe S. 67).

Klosterapotheken (lat. apotheca, Aufbewahrungsort für Kräuter), gab es schon in den ersten Klöstern, und sie blieben bis zur Säkularisation zu Beginn des 19. Jahrhunderts (siehe S. 104) bestehen. Kräuterprodukte aus dem Klostergarten werden auch heutzutage im Klosterladen verkauft wie beispielsweise in Beuron an der Donau. Einige neu angelegte Klostergärten wie in Lorch, Adelberg, Bebenhausen, Blaubeuren, Inzigkofen bei Sigmaringen oder Mittelzell auf der Reichenau stehen Besuchern offen.

Jahrhunderte lang blieb die Anzahl der Damenstifte und Frauenklöster weit hinter der Zahl der Männerkonvente zurück. Im 13. Jahrhundert jedoch drängten Frauen trotz des Gebots, in strenger Klausur ohne Außenkontakt zu leben, auf die Einrichtung von Zisterzienserinnenklöstern, und schon bald übertraf die Anzahl der Frauenzisterzen wie Lichtental bei Baden-Baden, Heiligkreuztal bei Riedlingen (Donau) oder Frauental bei Creglingen (Tour 29) die Zahl der Männerzisterzen.

Bettelorden

Im 13. Jahrhundert tauchten in den Städten Mönche auf, die barfuß gingen, einfache Kutten trugen und von Almosen lebten. Diese ersten Bettelmönche – auch Mendikanten genannt von lat. mendicare, betteln – waren die auf Franz von Assisi (um 1200) zurückgehenden Franziskaner (auch: Barfüßer). Da sie in der Nachfolge Christi in wirklicher Armut lebten und sich um die Seelsorge der Bürger kümmerten sowie unentgeltlich Unterricht erteilten, waren sie hoch willkommene Mitbürger, ebenso die Bettelmönche der Dominikaner (auch: Predigerbrüder), Augustiner und Karmeliten. Misstrauisch dagegen wurden die Bettelmönche von den Würdenträgern der Amtskirche betrachtet, da die Armut den Reichtum der Amtskirche deutlicher machte.

Zumeist inmitten der ärmeren Bevölkerung nahe der Stadtmauer errichteten Bettelmönche ihre Klöster, die aus der Klausur und einer einfachen Kirche bestanden; ihr Betteln machte Wirtschaftsgebäude unnötig. St. Paul in Esslingen, eine ehemalige Dominikanerkirche, stammt aus der ersten Hälfte des 13. Jahrhunderts und ist vermutlich die älteste erhaltene Kirche eines Bettelordens in Deutschland.

TOUR 27   SPAZIERGANG
Das Kloster Bebenhausen

Im Zisterzienserkloster Bebenhausen ist die Klosterstruktur gut erhalten: Eine teils noch mit Wehrgang versehene Mauer umschließt den inneren Bereich, die Klausur mit Konventgebäuden, Kreuzgang, Kirche, Abtshaus, Kräutergarten, Friedhof und Nebengebäuden. Dieser Bereich grenzt im Osten an einen trocken gelegten Fischweiher. Eine niedere, nur in Resten erhaltene Mauer umgibt den sich anschließenden äußeren Bereich mit Wirtschaftsgebäuden, Mühle, Gärten und Herberge. Ein Modell im Kassenraum verdeutlicht die Anlage.

Praktische Informationen Tour 27
Länge: 1 km   **Gehzeit:** 30 Min., Besichtigung 1–2 Std.
Tourcharakter: Spaziergang auf bequemen Wegen.
Anfahrt: Bebenhausen liegt nördlich von Tübingen an der Straße nach Dettenhausen / Waldenbuch; großer Parkplatz 500 m vor Bebenhausen, kleiner Parkplatz am Kloster.
Wegverlauf: Kasse – Besichtigung des Konventgebäudes mit Dormitorium – nach links Verbindungsgang mit Sonnenuhr zum Mönchsfriedhof – rechts vorbei, inneren Bereich durch kleines Tor verlassen – an ehemaliger Herberge vorbei zu Wegkreuzung – nach links auf den Weg „Am Jordan" oberhalb der äußeren Klostermauer – scharf nach links zu schmalem Kanal – links durch Wirtschaftshof – rechts des Torturms auf dem Weg „Zur Klostermühle" entlang innerer Mauer – an Klostermühle, einstigen Stallungen und Remisen vorbei – durch Mauer-Durchgang und nach links entlang Straße zu Parkplatz unterhalb des Klosters – an Klostermauer entlang zum letzten

Der große Brudersaal im Zisterzienserkloster Bebenhausen bei Tübingen, einem der besterhaltenen Klöster in Südwestdeutschland, wird dominiert von wuchtigen Säulen.

der drei Fischweiher – nach links Treppenaufgang zum inneren Klosterbereich – nach links zurück zur Kasse.
Karte/Information: Klosterplan im Führer „Kloster und Schloss Bebenhausen", an der Kasse erhältlich.

TOUR 28 RADTOUR
Im Salzachtal zum Kloster Maulbronn

Eine Ringmauer umgibt das gut erhaltene, zum UNESCO-Weltkulturerbe zählende Zisterzienserkloster Maulbronn: die Klausur mit Klosterkirche und Kreuzgang sowie den Wirtschaftsbereich mit Wirtschaftsgebäuden. In der Umgebung sind zahlreiche Spuren des Wirkens der Zisterzienser zu sehen: oberhalb des Klosters der Tiefe See, ein Stausee (heute Badesee), dessen abfließendes Wasser Latrinen durchspülte, Küchenabfälle entsorgte und Mühlwerke antrieb; westlich des Klosters der Aalkistensee, ein Fischweiher, und Weinberge am Elfingerberg beim Elfinger Hof, heute Hofkammerweingut des württembergischen Herzogs. Mehr als zwanzig Dörfer in der Umgebung gehörten zum Kloster, darunter auch das an der Strecke gelegene Ruit.

Praktische Informationen Tour 28
Länge: 18 km   **Fahrzeit:** ca. 1,5 Std.

Tourcharakter: Leichte Tour, zunächst talaufwärts im Tal der Salzach; auf gleichem Weg zurück.
Anfahrt: Von Pforzheim auf der B 294 nach Bretten, im Ort rechts ab in die Ruiter Straße; kurz nach dem Ortsrand ein Parkplatz.
Wegverlauf: Bretten – Radweg an der Straße nach Ruit – vorbei an Kleinvillars – Naturschutzgebiet Aalkistensee – Elfinger Hof (Besenwirtschaft) – Maulbronn; gleicher Weg zurück.
Karte/Information: Freizeitkarte des LVA Baden-Württemberg, Blatt 517 (Heilbronn), 1:50 000.

TOUR 29   KURZWANDERUNG
Kulturhistorischer Wanderweg in Creglingen-Frauental

Das Zisterzienserinnenkloster Frauental, im Jahr 1232 gegründet durch Konrad und Gottfried von Hohenlohe, den Stammvätern des Hauses Hohenlohe, wurde im Jahr 1547 nach dem Tod der letzten drei Nonnen aufgelöst. Dreihundert Jahre Klosterwirtschaft prägen die Landschaft, u. a. durch Schafhaltung und Teichwirtschaft. Vom Kloster erhalten sind ein Langhaus (heute Jugendheim), Teile der inne-

Im Zisterzienserkloster Maulbronn sind die Wirtschafts- und Nebengebäude fast vollständig erhalten: Mühle, Schmiede, Küferei, Wagnerei, Fruchtkasten, Speicher, Melkstall und – hier im Bild – Gesindehaus und Speisemeisterei.

ren und äußeren Ummauerung sowie die Klosterkirche, in der eine Ausstellung über die Entwicklung eines Klosters zum Dorf informiert.

Praktische Informationen Tour 29
Länge: 7 km   **Gehzeit:** 2–2,5 Std.
Tourcharakter: Einfache Rundwanderung, keine Wandermarkieungen..
Anfahrt: A 7 Kreuz Feuchtwangen – Würzburg, Ausfahrt 107 (Bad Windsheim) und nach Creglingen, rechts abbiegen in Richtung Aub; in Frauental ein Parkplatz am ehemaligen Kloster.
Wegverlauf: Klosterkirche (Museum) – nach links (gegenüber die Klostermühle) zur Steinach, einstige Schafschwemme – Straße queren – auf Schaftrieb zwischen Ziegelei und Schmiede ansteigen zu ehemaliger Schafscheuer mit Hirtenhaus – nach rechts, kurz darauf auf Sträßchen rechts – links abbiegen zum Seewiesenhof – entlang der einstigen Klosterteiche (sichtbar nur nach Regen) zum Weidenhof – über den Lohrbach zum Lohrhof, einem einstigen Klosterhof – links in Richtung Equarhofen – am Ortsrand rechts – Grubenmühle, einstige Klostermühle – Sportplatz; oberhalb ein ehemaliger Steinbruch des Klosters – Frauental.
Karte/Information: Broschüre „Wege in die Landschaft" mit Karte und Beschreibung der Tour in der Ausstellung erhältlich
www.klosterkirche-frauental.de

Das Zisterzienserinnenkloster Frauental bei Creglingen (Hohenlohe) ist nur noch in Teilen erhalten. In der einstigen Klosterkirche informiert auf der Nonnenempore eine interessante Ausstellung über die Entwicklung vom Kloster zum Dorf.

VOM MARKGRAFEN ZUM GROSSHERZOG

Das Haus Baden

Hier ruht Kaspar Hauser,
ein Rätsel seiner Zeit,
unbekannt die Geburt,
geheimnisvoll die Umstände seines Todes.
(Inschrift auf einem Grabstein, Stadtfriedhof Ansbach)

Im Jahr 1828 tauchte in Nürnberg ein unbekannter junger Mann namens Kaspar Hauser auf, der keine Auskunft über seine Herkunft geben konnte und dessen Ähnlichkeit mit Mitgliedern des Hauses Baden reges Interesse weckte. Als nach zwei missglückten Attentaten Kaspar Hauser einem dritten Anschlag im Jahr 1833 erlag, begann die Gerüchteküche zu brodeln, denn im Haus Baden regierte seit 1830 Großherzog Leopold, ein ursprünglich nicht erbberechtigter Halbbruder der verstorbenen Großherzöge Karl und Ludwig, die keine männlichen Nachkommen hinterlassen hatten. Ein Sohn des Großherzogs Karl war im Säuglingsalter gestorben. War es beim Tod dieses Erbprinzen mit rechten Dingen zugegangen oder hatte die Mutter des Großherzogs Leopold ihn gegen einen kränklichen fremden Säugling ausgetauscht, um ihren Sohn Leopold auf den Thron zu bringen? War Kaspar Hauser der Sohn des Großherzogs Karl und damit legitimer Thronfolger? Zahlreiche Indizien deuten auf eine Verbindung des Hauses Baden mit Kasper Hauser hin, aber bis heute konnte weder Hausers Ermordung noch Herkunft geklärt werden, denn selbst gentechnische Untersuchungen brachten kein zweifelsfreies Ergebnis.

Markgrafen und Großherzöge

Mit dem Tod der Großherzöge Karl und Ludwig endete die direkte männliche Nachfolge des Geschlechts der Zähringer (siehe S. 58 ff.), waren die Badener doch ein Zähringer-Zweig. Im 11. Jahrhundert war der Zähringer Berthold I. zum Herzog von Kärnten und Markgraf von Verona ernannt worden. Obwohl er diese Ämter wieder abgeben musste, durfte er beide Titel ehrenhalber tragen und an seine Söhne vererben: Berthold II. nannte sich Herzog von Zähringen, sein Bruder Hermann I. nahm den Titel Markgraf von Verona an. Hermanns Sohn wandelte diesen Titel zunächst um in Mark-

Ende des 15. Jahrhunderts wurde der Markgrafensitz von der Burg Hohenbaden verlegt in das Neue Schloss in Baden-Baden, einen Renaissancebau, der 1689 zerstört und im 19. Jahrhundert als Sommerresidenz wiederaufgebaut wurde.

graf von Limburg nach der Zähringer-Stammburg bei Weilheim a. d. Teck, nannte sich aber seit 1112 Markgraf von Baden, nachdem er durch Heirat die Burg (Hohen-)Baden oberhalb des Orts Baden erworben hatte (Tour 30). So wurde der mitten im Deutschen Reich liegende Streubesitz zu einer Markgrafschaft (althochdeutsch marca, Grenze; daher Gemarkung, Markstein), obwohl einst im Frankenreich nur große, zusammenhängende Grafschaften an den Reichsgrenzen Markgrafschaften waren.

Mit dem Erlöschen der Zähringer Herzogslinie im Jahr 1218 verschwand auch der Herzogstitel, aber im Jahr 1806 griff man anlässlich einer von Napoleon Bonaparte durchgeführten Neuordnung Deutschlands (siehe S. 104 ff.) den Herzogstitel wieder auf: Der Throninhaber des Hauses Baden wurde vom Markgraf zum „Großherzog" erhoben.

Die Herzöge von Zähringen: Besiedeln und gründen

Die Herzöge von Zähringen, die zumeist Berthold hießen und Besitz im Breisgau, in der Ortenau und der Nordschweiz hatten, betrieben einen beispiellosen Landesausbau. Im Schwarzwald, einem kaum zugänglichen Urwald, gründeten sie u. a. die Klöster St. Peter und St. Georgen. Die Mönche schufen große Rodungsinseln mit Wirtschaftshöfen, welche die Rodungsarbeit fortsetzten. Weitere Klöster wie St. Blasien, Tennenbach nördlich von Emmendingen, Günterstal bei Freiburg und Allerheiligen östlich von Oberkirch beteiligten sich an dieser „Binnenkolonisation", die zur allmählichen Besiedlung des Schwarzwalds führte und den einträglichen Bergbau ermöglichte.

Ebenso einzigartig war eine systematische Städtepolitik, die von anderen Geschlechtern wie den Staufern oder Welfen erst Jahrzehnte später nachgeahmt wurde. Zum einen bauten die Zähringer bereits bestehende Siedlungen wie Breisach, Offenburg und Villingen zu befestigten Städten aus, zum andern gründeten sie planmäßig weitere Städte, beispielsweise Freiburg im Breisgau (1120), Fribourg in der Schweiz und Bern (deutscher Name für Verona).

Im Jahr 1218 starb die Linie der Zähringer-Herzöge aus. Der Zähringer-Nachlass wurde aufgeteilt unter den Staufern, den Grafen von Freiburg, den Grafen von Urach-Fürstenberg und den badischen Markgrafen, welche die wichtigen Städte Durlach, Eppingen, Ettlingen und Pforzheim erhielten.

Die Markgrafen von Baden: Heiraten und erben

Im Bemühen, die Besitzungen im mittleren Neckarraum um die Limburg und Backnang sowie im Nordschwarzwald um den Ort Baden miteinander zu verbinden, setzten die Markgrafen von Baden, von denen sechs in unmittelbarer Folge Hermann hießen, ganz traditionell auf die Mitgift der Bräute bei Eheschließungen und auf deren Erbschaften. Über den Zuwachs an Besitz verlagerte sich der Herrschaftsschwerpunkt vom mittleren Neckar, u. a. mit dem 1219/20 zur Stadt erhobenen Stuttgart, in den Nordschwarzwald mit Baden(-Baden) und Pforzheim, in die Rheinebene um Ettlingen und Durlach sowie an den südlichen Oberrhein, das heutige „Markgräflerland".

Die verstreut liegenden Besitzungen einschließlich der Gebiete der um 1200 bzw. um 1300 abzweigenden Seitenlinien Hachberg (Hochburg, nördlich von Emmendingen) und Sausenberg (Sausenburg bei Kandern und Burg Rötteln bei Lörrach) wuchsen zu mehreren räumlich getrennten Herrschaftsbereichen zusammen und bildeten fortan den Grundbestand der Markgrafschaft, trotz einer Teilung im 16. Jahrhundert: Die Linie Baden-Durlach beherrschte die Obere Markgrafschaft mit den Gebieten um Durlach, Emmendingen und Lörrach, während die Untere Markgrafschaft der Linie Baden-Baden vor allem aus den Gebieten um Baden-Baden und Rastatt bestand.

Nebenbei: Die Stadt Baden heißt seit 1931 offiziell Baden-Baden, doch schon im 16. Jahrhundert diente der Doppelname zur Unterscheidung von anderen Baden-Orten.

Die Verlagerung der Grablege des Hauses Baden von Backnang in das hier abgebildete Zisterzienserinnenkloster Lichtenthal bei Baden-Baden erfolgte im Jahr 1243, in die Schlosskirche Pforzheim um 1540.

DAS HAUS BADEN

Soziale Unruhen und Reformation

Nachdem zu Beginn des 16. Jahrhunderts drei von Jos Fritz aus Untergrombach bei Bruchsal, dem „Vater des deutschen Bauernkriegs", geplante Bauernaufstände gescheitert waren, erfasste der Bauernkrieg von 1524/25 ganz Südwestdeutschland (siehe S. 117 ff.). Bauernheere, so genannte Haufen, formierten sich auch im Schwarzwald, im Markgräflerland und bei Emmendingen, wo das Kloster Tennenbach in Flammen aufging. Nach dem Krieg erlassene markgräfliche Rechtsordnungen zeigen den engen Zusammenhang des Kriegs mit der zuvor von Martin Luther angestoßenen Reformation: Außer der Erfüllung einiger Forderungen der Bauern enthielten sie auch die Erlaubnis, Luthers Lehre zu verbreiten.

Die Reformation (siehe S. 109 ff.) setzte sich neben der Kurpfalz auch in der Markgrafschaft Baden-Durlach durch, in der die Klöster aufgehoben und eine evangelische Kirchenordnung eingeführt wurden. Die Linie Baden-Baden dagegen wechselte unter politischem Druck mehrfach die Konfession und entschied sich Mitte des 17. Jahrhunderts endgültig für den Katholizismus. Als jedoch 1771 die Linie Baden-Baden erlosch, erbte Baden-Durlach die Markgrafschaft Baden-Baden und setzte auch dort eine evangelische Kirchenordnung in Kraft.

Ein Jahrhundert des Leidens

Im Dreißigjährigen Krieg (1618–48; siehe S. 127 ff.) war Süddeutschland Hauptkriegsschauplatz, wo Schätzungen zufolge etwa zwei Drittel der Bevölkerung den Kriegsgreueln, dem Hunger und der Pest erlagen. Städte wie Oberkirch und Endingen am Kaiserstuhl wurden zerstört, Orte wie St. Blasien und Freiburg geplündert. Zwischen den Flüssen Elz und Kinzig im mittleren Schwarzwald habe nicht einmal eine Katze überlebt, schrieb kurz nach dem Krieg H. J. C. von Grimmelshausen, der Autor des „Simplicissimus".

Zu den Überresten des Kriegs zählt neben „Schwedenschanzen", provisorischen Truppenlagern wie beispielsweise auf dem Schwarzwaldkamm an der Straße B 500 – Oppenau auch eine Kanonenkugel, die seit 1644 in der Mauer der Freiburger Lorettokapelle steckt.

Von 1674 an wiederholte sich das Elend, als in den „Franzosenkriegen" die Grenze Frankreichs zum Rhein vorgeschoben wurde. Französische Truppen fielen in die Pfalz, den Kraichgau sowie den Schwarzwald ein und hinterließen „verbrannte Erde". General Mélac, verballhornt zum verächtlichen „Lackel", zerstörte um 1690 Städte und Residenzen, u. a. die Schlösser in Heidelberg, Durlach und Baden-Baden, mehr als 1000 Dörfer und fast alle Burgen. Verschont blieb Freiburg, das mit einer Festung auf dem Schlossberg zu einem französischen Brückenkopf ausgebaut und erst 1745 wieder aufgegeben wurde.

Obwohl das Land völlig ruiniert war, errichteten die Markgrafen Anfang des 18. Jahrhunderts kostspielige Barockschlösser: die Baden-Badener in Rastatt (Tour 31), die Baden-Durlacher in der neu angelegten Stadt Carolsruh (Tour 32).

Das „Musterländle"

Noch ehe 1789 die Losung der Französischen Revolution „Freiheit, Gleichheit, Brüderlichkeit" die Herrscher aufschreckte, wurde 1783 die Leibeigenschaft abgeschafft; ein Gedenkstein in Eutingen bei Pforzheim erinnert an

Baden-Baden – „Sommerhauptstadt Europas"

Im 19. Jahrhundert war Baden-Baden mit seinem Thermalbad ein Brennpunkt des gesellschaftlichen Lebens. Künstler, Musiker und Schriftsteller wie Berlioz und Brahms, Delacroix und Hugo, Dostojewski und Tolstoi, aber auch Monarchen stellten sich ein. Man entspannte sich im Dampfbad, und im „Maison de Conversation", dem heutigen Kurhaus, trank man Thermalwasser, soupierte, „walzte" und machte politisch und geschäftlich vorteilhafte Bekanntschaften. Im Jahr 1838, nachdem in Frankreich das Glücksspiel verboten worden war, übernahm der einstige Pächter des Pariser Casinos die Baden-Badener Spielbank. Drei Jahrzehnte lang florierte die Stadt, denn das Casino wurde zur glanzvollsten Spielbank Europas umgestaltet, und die Eröffnung einer Pferderennbahn im nahe gelegenen Iffezheim erhob Baden-Baden endgültig zur Sommerhauptstadt Europas; heute gehören das Iffezheimer „Frühjahrsmeeting" und die „Große Woche" zu den wichtigsten Galoppveranstaltungen Europas.

Mit Beginn des Deutsch-Französischen Kriegs im Jahr 1870 blieben jedoch die französischen Gäste aus, und da bald darauf im neu gegründeten Deutschen Reich das Glücksspiel ebenfalls verboten wurde, gewannen die zuvor von der Hautevolée abschätzig betrachteten Heilbäder wieder an Bedeutung. Großherzog Friedrich besann sich der alten Badetradition, der die Stadt ihren Namen verdankt: Aus dem Quellberg sprudelt heißes Thermalwasser, in dem bereits die Römer badeten und das seit 1877 das Friedrichsbad versorgt – um 1900 das schönste Thermen-Badehaus Europas, das auch heute noch einen Besuch lohnt.

diese Bauernbefreiung. Liberales Denken bestimmte auch die Verfassung von 1818, die als Deutschlands freiheitlichste galt, und förderte, unterbrochen von der blutig niedergeschlagenen Revolution 1848/49, die Modernisierung Badens. Dabei war für die Industrialisierung neben dem Bau der ersten Eisenbahn Mannheim–Heidelberg im Jahr 1840 und der Rheintalstrecke nach Basel die Korrektion (Begradigung) des Oberrheins durch Johann G. Tulla von größter Bedeutung.

Den Ruf als Musterland aber begründete vor allem eine moderne Kultur- und Bildungspolitik: In Karlsruhe wurde eine Kunstakademie gegründet und die Polytechnische Schule in eine Technische Hochschule umgewandelt, Simultanschulen ersetzten die Konfessionsschulen, 1893 entstand das erste deutsche Mädchengymnasium, die Universitäten Heidelberg und Freiburg wurden ausgebaut und standen seit 1900 Frauen offen.

Das Haus Baden seit 1918

Kurz vor dem Ende des Ersten Weltkriegs dankte im November 1918 Großherzog Friedrich II. ab – Baden wurde Republik, und das Haus Baden zog sich aus der offiziellen Politik zurück. Wohnsitz ist das einstige Kloster Salem am Bodensee, das Anfang des 19. Jahrhunderts zu einem Schloss umgebaut wurde.

Der gegen Ende des Ersten Weltkriegs als letzter Kanzler des Kaiserreichs amtierende Max von Baden gründete in Schloss Salem eine international renommierte Internatsschule, aber wirtschaftliche Interessen des Hauses

Baden zwangen das Internat, einige Schulbereiche auszugliedern. Heute beherbergt das Schloss mehrere Museen und die Verwaltung der markgräflichen Weingüter, welche die wirtschaftliche Grundlage des Hauses Baden bilden.

TOUR 30 KURZWANDERUNG
Neues Schloss und Burgruine Hohenbaden

In der Burg Hohenbaden oberhalb von Baden-Baden lebten die Markgrafen, bis sie dieses „Alte Schloss" 1479 den Witwen des Hauses überließen und umzogen in das tiefer gelegene Neue Schloss, Residenz bis zur Zerstörung Ende des 17. Jahrhunderts; der Wiederaufbau erfolgte im 19. Jahrhundert. Vierzehn der Markgrafen sind in der nahe gelegenen Stiftskirche bestattet, weitere im Zisterzienserinnenkloster Lichtental, das heute noch besteht und zu dem die 2,5 km lange Lichtentaler Allee durch Parkgelände führt; Stadtmuseum im Haus Lichtentaler Allee 10.

Praktische Informationen Tour 30
Länge: 5 km **Gehzeit:** 1,5–2 Std.
Tourcharakter: Stadtrundgang und Wanderweg, Anstieg ca. 270 Höhenmeter.
Anfahrt: In Baden-Baden ausgeschilderte Kurhaus-Tiefgarage.
Wegverlauf: Parkhaus – Trinkhalle (Tourist-Information; Stadtplan besorgen) – Kurpark – Leopoldsplatz – Marktplatz mit Stiftskirche – Neues Schloss – Schlossstraße, links ab in Parkanlage – über Hungerberghütte und Eberbrunnen zur Burgruine Hohenbaden; auf gleichem Weg zurück. Tourverlängerung möglich: Am Leopoldsplatz über die Oos und nach links auf der Lichtentaler Allee zum Kloster Lichtental (2,5 km; Führung nur für Gruppen ab 8 Personen); per Bus zurück.
Karte/Information: Stadtplan oder Faltblatt „Panoramaweg"; www.baden-baden.de

Die Burg Hohenbaden, seit Jahrhunderten eine beeindruckende Ruine, gab der einstigen Herrscherfamilie und dem Herrschaftsgebiet, seit 1919 dem Freistaat bzw. dem Land, 1933–45 dem nationalsozialistischen Gau und seit 1951/52 dem westlichen Landesteil von Baden-Württemberg den Namen.

TOUR 31 RADTOUR
Barockresidenz Rastatt und Lustschloss Favorite

Markgraf Ludwig Wilhelm von Baden-Baden errichtete Anfang des 18. Jahrhunderts in der Rheinebene eine Residenz nach dem Vorbild von Versailles und eine Stadt: Rastatt. Seine Gemahlin Sibylla Augusta fand das Schloss zu pompös und ließ nach seinem Tod im Jahr 1707 außerhalb der Stadt in einem englischen Landschaftspark das Lust- und Jagdschloss Favorite erbauen (1710–30) und prunkvoll einrichten mit Fayencen und chinesischem Porzellan. Zwischen Residenz und Jagdschloss diente ein Gartenschlösschen, die so genannte Pagodenburg, als Teehaus. Über diese Residenzjahre, die 1771 mit dem Erlöschen des Hauses Baden-Baden endeten, informiert das Stadtmuseum. Wer sich nur für die Stadt interessiert, folgt zu Fuß der „Historischen Route". Regelmäßig Führungen im Residenzschloss und im Schloss Favorite.

Praktische Informationen Tour 31
Länge: 15 km   **Fahrzeit:** ca. 1,5 Std.
Anreise: A 5 Karlsruhe–Basel, Ausfahrt 49 (Rastatt); in Rastatt nach der Murg-Brücke rechts abbiegen in die Straße „Am Grün" mit Parkplätzen.
Tourcharakter: Leichte Radtour, keine nennenswerte Steigung.
Wegverlauf: Vom Parkplatz zur nächsten Brücke (Ankerbrücke) – rechts in Schlossstraße – durch Fußgängerzone zum Schloss – vor dem Schloss auf Straße Herrengasse nach rechts – Grünanlage mit Pagodenburg und Wasserturm – geradeaus Murg überqueren – links ab in Kanalstraße – vorbei am Freibad – entlang Gewerbekanal nach Kuppenheim – rechts ab zum Schloss Favorite. Rückweg: Vom Schloss nach rechts durch Förch – zurück zum Kanal und zurück nach Rastatt.
Karte/Information: Stadtplan Rastatt; Karte und Beschreibung zur Historischen Route unter www.rastatt.de

Die Pagodenburg, ein einst als Teepavillon geschätztes Gartenschlösschen, entstand am damaligen Rand von Rastatt, einer von Markgraf Ludwig Wilhelm von Baden-Baden, dem „Türkenlouis", im barocken Stil völlig neu gestalteten Stadt.

TOUR 32 STADTRUNDGANG
Durch das historische Zentrum von Karlsruhe

Seit 1715 ließ Markgraf Karl Wilhelm von Baden-Durlach in der Rheinebene ein repräsentatives Schloss errichten, auf das 32 Wege sternförmig zuliefen. Im Norden wurde ein Park, im Süden eine fächerförmige Stadt angelegt. In der Nähe des Schlosses entstanden bogenförmig angelegte dreigeschossige Häuser, die so genannten Zirkelbauten, für die Hofbeamten; daran schlossen sich zweigeschossige Verwaltungsbauten an. Da sich die barocke Stadtanlage hundert Jahre später bei der Vergrößerung der Stadt als ungünstig erwies, legte der höfische Bauinspektor Friedrich Weinbrenner in Verlängerung der vom Schloss ausgehenden Hauptachse einen Marktplatz an mit Rathaus, Evangelischer Stadtkirche und Pyramide über der Gruft des Stadtgründers.

Praktische Informationen Tour 32
Länge: 5 km   **Gehzeit:** 1,5 Std.
Tourcharakter: Bequemer Rundgang, weitgehend auf Straßen.
Anfahrt: A 5 Frankfurt–Basel, Ausfahrt 44 (Karlsruhe-Durlach); B 10 in Richtung Stadtzentrum und südlich des Zentrums bis Kreuzung Karlstor; nach rechts in der Karlstraße zu Parkplatz am Europaplatz.
Wegverlauf: Europaplatz – Karlstraße zum Stadtmuseum im Prinz-Max-Palais – Stephanienstraße nach rechts, vorbei an der Münze – Botanischer Garten – Schloss (Badisches Landesmuseum) – rechts am Schloss vorbei, durch den Schlosspark zur Abzweigung der Lärchenallee – Fürstliche Grabkapelle (nicht zugänglich) – zurück zum Schloss – auf Hauptachse zum Schlossplatz mit Karl-Friedrich-Denkmal – Marktplatz – Kaiserstraße (Fußgängerzone) nach rechts zum Europaplatz.
Karte/Information: Stadtplan Karlsruhe unter www.karlsruhe.de

In Karlsruhe wurde am östlichen Rand des Schlossparks, im Fasanengarten, 1889–96 die neugotische, für Besucher nur gelegentlich zugängliche Fürstliche Grabkapelle der Großherzöge erbaut; in der Krypta befinden sich achtzehn Sarkophage.

VOM GRAF ZUM KÖNIG

Das Haus Württemberg

Eines Tages weilte der Kaiser im Neckarland, wo sich seine Tochter in einen Dienstmann von unedler Geburt verliebte. Vor dem Zorn des Kaisers flohen die beiden und hielten sich verborgen, bis der Kaiser seine Tochter auf immer verloren glaubte und weiterzog. Der Dienstmann aber heiratete die Kaisertochter, errichtete am Fuß des Rotenbergs die Herberge „Wirt am Berg", und alsbald bekamen sie einen Sohn. Als der Kaiser sich wieder einmal am Neckar aufhielt, nächtigte er zufällig im „Wirt am Berg". Des Wirtes Frau aber hielt sich verborgen und kochte ihres Vaters Lieblingsspeise so schmackhaft, wie nur sie es verstand. Kaum hatte der Kaiser die ersten Bissen getan, übermannte ihn die Trauer ob seiner Tochter. Die Wirtsleute gaben sich zu erkennen, und überglücklich machte der Kaiser den Wirt zu einem Grafen, schenkte ihm den Rotenberg und baute darauf die Burg „Wirtemberg", die so zum Ursprung des württembergischen Herrschergeschlechts wurde.

(Sage über den Ursprung des Hauses Württemberg)

So nett die Geschichte vom Aufstieg eines schwäbischen Tellerwäschers zum Grafen auch ist, sie ist falsch, denn im Adel heiratete man nur ebenbürtig. Das Erbrecht eines Sohnes aus einer unstandesgemäßen Verbindung erlosch, eine unstandesgemäß verheiratete Tochter stieg sozial ab in den Rang des Gemahls. Richtig an der Sage aber ist, dass die zu Beginn des 19. Jahrhunderts geschleifte Burg Wirtemberg auf dem Rotenberg (Untertürkheim, bei Stuttgart) (Tour 33) die Stammburg des Hauses Wirtemberg war, das seit der Aufwertung zum Königshaus im Jahr 1806 etwas vornehmer „Württemberg" heißt.

Die Herkunft der Württemberger

Nachdem Mitte des 11. Jahrhunderts ein hochadliges Mitglied einer Grafenfamilie aus dem Moselgebiet nach Süddeutschland übergesiedelt war, heiratete dessen Sohn Konrad eine Liutgard von Beutelsbach (Remstal) und bezog um das Jahr 1080 die neue Burg „Wirtemberg". Konrad benannte sie nach dem in Luxemburg gelegenen Familien-Stammsitz Widdebierg, der auf alten Karten auch als Wirdeberg erscheint. Somit sind Konrad und Liutgard als erste Wirtemberger die Stammeltern des Hauses Württemberg.

Vom Flickenteppich zum Flächenstaat

Aus dem Beutelsbacher Streubesitz im Remstal, am mittleren Neckar und im Kraichgau schuf das Haus Wirtemberg das größte zusammenhängende Territorium Südwestdeutschlands. Ein großer Schritt dahin war ein Verrat: Im Jahr 1246 verließen Graf Ulrich der Stifter und ein Vetter mit 2000 Bewaffneten unmittelbar vor einer Schlacht das Heer des Stauferkönigs Konrad IV. und besiegelten damit dessen Niederlage. Mit dem Versprechen, staufischen Besitz zu erhalten, hatten sie sich bestechen lassen.

Durch Mitgiften wie dem badischen Stuttgart, das um 1250 wirtembergisch wurde, durch Erbschaften und den Kauf von Besitzungen verarmter Herren wie der Pfalzgrafen von Tübingen oder derer von Teck umfasste Wirtemberg um das Jahr 1800 den Kraichgau und den westlichen Schwäbisch-Fränkischen Wald, weite Teile der Schwäbischen Alb sowie den östlichen Nordschwarzwald. Hinzugekommen waren im 14. Jahrhundert die elsässischen Exklaven Horburg (Horbourg) und Reichenweier (Riquewihr; beide bei Colmar) sowie, durch eine um 1400 geschlossene Kinderehe, die burgundische Grafschaft Mömpelgard (Montbéliard, westlich von Basel).

Rückschläge

Kurz bevor das Alte Schloss in Stuttgart um 1320 neuer Herrschaftssitz wurde, verlor Eberhard der Erlauchte die Grafschaft. Auf

Vor dem Neuen Schloss in Stuttgart steht seit dem 65. Geburtstag König Wilhelms I. im Jahr 1846 die Jubiläumssäule. Sie ersetzte das „Landeskerzenlicht", eine 25 Meter hohe Holzsäule, die 1841 zum 25-jährigen Regierungsjubiläum des Königs errichtet worden war.

Grund seiner Willkürherrschaft als Landvogt in Niederschwaben – im Auftrag des Kaisers vertrat er die Interessen der Klöster und Städte – wurde er angeklagt, missachtete das Reichsgericht und verfiel daraufhin der Acht (mhd. âhten, verfolgen), das heißt, er wurde für rechtlos erklärt. Allerdings gewann er in den folgenden Wirren im Reich als jeweilige Gegenleistung für mehrfachen Seitenwechsel die Grafschaft stückweise zurück.

Eine Landesteilung (1442) in eine Stuttgarter und eine Uracher Linie (Tour 34) – damalige Grablege in der abgegangenen Kartause Güterstein bei Bad Urach – ließ beide Grafschaften in die Bedeutungslosigkeit absinken. Jedoch gelang dem Grafen Eberhard im Bart 1482 mit dem Vertrag von Münsingen die Wiedervereinigung und später auch die Festlegung der Unteilbarkeit des Landes, eine wichtige Voraussetzung für seine Erhebung zum Herzog im Jahr 1495.

Die größte Gefahr für den Fortbestand Wirtembergs aber stellte Anfang des 16. Jahrhunderts der skrupellose Herzog Ulrich VI. dar. Schwere Rechtsbrüche wie der Überfall auf die Hiltenburg (Bad Ditzenbach bei Geislingen a. d. Steige) und auf die Reichsstadt Reutlingen sowie die Ermordung seines Hofstallmeisters Hans von Hutten wegen dessen Gattin führten zur Ächtung. Vor einem Heer des Schwäbischen Bundes – Vereinigung der Fürsten, Ritter und Reichsstädte – floh der Herzog 1519, woraufhin Wirtemberg habsburgisch wurde.

Zur Flucht besagt ein Obelisk auf der Ulrichsbrücke bei Köngen südöstlich von Stuttgart, der berittene Ulrich sei durch einen waghalsigen Sprung in den Neckar mit knapper Not seinen Häschern entkommen – aber jener Sprung ist eine romantische Erfindung des 19. Jahrhunderts.

Der Auszählreim „Hörnle, Weckle, Fähnle, Fisch – Du bisch" erleichterte es Kindern, sich das Herzogswappen zu merken: „Hörnle" für die Hirschstangen der Wirtemberger, „Weckle" für die Rauten der Herrschaft Teck, „Fähnle" für die Reichssturmfahne – die Wirtemberger besaßen das Recht, als Fahnenträger an der Spitze des Reichsheeres zu stehen –, „Fisch" für die Barben von Mömpelgard.

Erst 1534 erkämpften hessisch-protestantische Truppen die Rückkehr des Herzogs, woraufhin er die Reformation durchführte (siehe S. 110 ff.) und in künftigen Konflikten mit der Solidarität protestantischer Fürsten rechnen durfte. Zudem erfolgte der Ausbau der Städte Kirchheim unter Teck und Schorndorf sowie der Burgen Hohentwiel bei Singen im Hegau, Hohentübingen, Hohenurach, Hohenneuffen östlich von Reutlingen und Hohenasperg bei Ludwigsburg zu Landesfestungen, wobei der Hohenasperg später ein berüchtigtes Gefängnis für Regierungskritiker wurde; im Volksmund galt er als höchster Berg im Land, da es Jahre dauern konnte, bis man ihn wieder verlassen hatte.

Das erste „Grundgesetz"

Aus Geldnot berief im 15. Jahrhundert Graf Ulrich der Vielgeliebte die Landstände ein, ein Gremium, das sich aus den Prälaten (mittellat. praelatus, „der Vorgezogene", hier: Äbte der Klöster) und der „Landschaft" zusammensetzte. Die „Landschaft" wiederum bestand aus den bürgerlichen Vögten der Ämter, d. h. der Städte mit zugehörigem Umland, und den Dorfschultheißen (schwäbisch „Schultes", seit 1930 Bürgermeister), die in den Dörfern als Schuldheischer („heischen", fordern) Steuern einzogen und als Vorsitzende der Dorfgerichte amtierten. Die Landstände übernahmen die Schulden des Grafen gegen die Verpflichtung, mit ihnen gemeinsam zu regieren – das erste an der Regierung beteiligte Parlament war entstanden.

Auch den Geldmangel des berüchtigten Herzogs Ulrich VI. behoben die Landstände erst, nachdem er 1514 im Tübinger Vertrag weiteren Machtbeschränkungen zugestimmt hatte: Kriegserklärung und Steuererhebung nur mit Billigung der Landstände, Abschaffung der Willkürjustiz und Festlegung der Freizügigkeit („freier Zug", Recht auf Wohnortwechsel).

Jedoch setzten sich die Landesherren häufig über die Verfassung hinweg, und gelegentlich taten dies auch die Landstände. Beispielsweise 1737/38 nach dem Tod des zum Katholizismus konvertierten, in der protestantischen Oberschicht verhassten Herzogs Carl Alexander. Sein Finanzberater Joseph Süß-Oppenheimer wurde verhaftet, als „Jud Süß" diffamiert und nach einem Schauprozess öffentlich hingerichtet.

Kriege

Während der Bauernkrieg von 1524/25 (siehe S. 117 ff.) für die Herrschaft trotz der Zerstörung von Klöstern wie Lorch im Remstal und Burgen wie „Weibertreu" bei Weinsberg oder der Teck am nördlichen Albrand recht glimpflich verlief, zahlten die Aufständischen einen hohen Preis: Allein bei Böblingen wurden etwa 3000 Bauern von den Truppen des Schwäbischen Bunds niedergemetzelt.

Landesweites Elend aber brachte der Dreißigjährige Krieg (siehe S. 127 f.), denn Wirtemberg war Hauptkriegsschauplatz. Kein Dorf blieb von Plünderungen verschont, Städte wie

Das Reiterstandbild im Innenhof des Alten Schlosses in Stuttgart stellt den im Jahr 1495 auf einem Reichstag in Worms zum Herzog erhobenen Eberhard im Bart als heroischen Krieger dar, obwohl er nie als kriegerischer Haudegen auftrat.

Das klassizistische Schloss Rosenstein in Stuttgart, von Giovanni Salucci im Auftrag von König Wilhelm I. 1824–1829 als „Landhaus" erbaut, 1 beherbergt heute ein Naturkundemuseum.

Calw, Herrenberg oder Waiblingen wurden gebrandschatzt, Mord, Hungersnot und die Pest kosteten etwa zwei Dritteln der Bevölkerung das Leben.

Während der „Franzosenkriege" fanden seit 1688 (siehe auch S. 86 f.) neuerliche Verwüstungen statt. Französische Truppen setzten Dörfer und Städte wie Vaihingen an der Enz, Backnang und Calw, aber auch das Kloster Hirsau in Brand. Daraufhin wurden 1694 zwischen dem Nordschwarzwald und dem Neckar bei Heilbronn die aus Graben, Wall und Holzverhau bestehenden Eppinger Linien angelegt, die weitere Angriffe verhinderten; geringe Reste der Anlagen sind bei Eppingen (Kraichgau) erhalten.

Das 19. und 20. Jahrhundert

Auf den Verlust der linksrheinischen Exklaven in den Kriegen nach der Französischen Revolution (1789) folgte seit 1803 eine Entschädigung durch Napoleon: Im Zuge einer Neuordnung Deutschlands (siehe S.106 ff.) fielen Hohenlohe, die Fürstpropstei Ellwangen – Fürstpropstei ist das Herrschaftsgebiet eines Klosters mit einem Fürsten als Abt; von mittellat. propositus, Vorsteher –, Oberschwaben und zahlreiche kleine Herrschaften des niederen Adels an Württemberg, wodurch sich das Territorium mehr als verdoppelte.

„Altwürttemberg", das protestantische Herzogtum, mit dem in weiten Teilen katholischen „Neuwürttemberg" zu vereinen, gelang dem 1806 zum König erhobenen Herzog Friedrich (1754–1816), seiner Leibesfülle wegen heimlich „dicker Friedrich" genannt. Er beseitigte mit der landständischen Verfassung und der Selbstverwaltung der Gemeinden das „gute alte Recht" und baute einen Obrigkeitsstaat mit umfangreichem Beamtenapparat auf, so dass Zeitgenossen lästerten, Württemberg sei zu einem „Schreiberstaat" verkommen.

Kurz nach dem Ende der Herrschaft König Wilhelms I. (1816–64) verlor Württemberg seine Souveränität. 1870/71 war König Karl (1864–91) gezwungen, der Eingliederung Württembergs in das durch Otto von Bismarck geschaffene Deutsche Reich zuzustimmen, und als Ende des Ersten Weltkriegs im Jahr 1918 Kaiser Wilhelm II. abdankte, musste in Stuttgart auch der als „Bürgerkönig" beliebte Wilhelm II. (1891–1921) auf den Thron verzichten. Als Herzog von Württemberg verbrachte er seine letzten Lebensjahre im Jagdschloss des Klosters Bebenhausen bei Tübingen.

Außergewöhnliche Frauen

Charlottenplatz, Katharinenhospital, Paulinenpflege – wenigstens ein Straßenname, eine Institution erinnert in fast jeder Stadt „Altwürttembergs" an eine bemerkenswerte Frau des Hauses Württemberg. Beispielsweise an Mechthild (1419–1482), die auf die Gründung der Universität Tübingen (1477) drängte, und an Sibylla (1564–1614), die mit dem Pomeranzengarten in Leonberg den ersten manieristischen Garten anlegte. Die Sammlungen der Klara Augusta von Württemberg-Neuenstadt (am Kocher; 1632–1670) bildeten den Grundstock der Staatsgalerie, der Landesbibliothek und der Staatlichen Münzsammlung, und Franziska von Hohenheim (1748–1811) züchtete ertragreiche Nutzpflanzen. Katharina von Russland (1788–1819), im 19. Jahrhundert als „protestantische Haushellige" verehrt, richtete während der Hungersnot 1816/17 bis dahin unbekannte Suppenküchen ein, stiftete das Stuttgarter Katharinenhospital und war 1818 am Zustandekommen des ersten „Cannstatter Wasens" beteiligt, einer Landwirtschaftsschau mit Volksfest. Zudem gründete sie die erste Sparkasse, die kleinen Leuten zur Selbständigkeit verhalf, und setzte in Schulen das „schamlose" Mädchenturnen auf den Lehrplan.

Vor allem die Sozialeinrichtungen waren einzigartig und wurden fortgesetzt von den Königinnen Pauline (1800–1873) mit der Paulinenpflege und dem Paulinenspital sowie von Olga (1822–1892) mit dem Olga-Hospital und dem Kinderkrankenhaus „Olgäle", während Charlotte (1864–1946) das Königin-Charlotte-Gymnasium als erstes humanistisches Mädchengymnasium gründete.

Seit 1921 ist das nördlich von Ravensburg gelegene Deutschordensschloss Altshausen Wohnsitz der Chefs des Hauses Württemberg – Albrecht (1921–39), Philipp II. Albrecht (1939–75) und Carl (seit 1975) –, während eine Seitenlinie in dem malerisch auf einem Felskopf sitzenden, verspielt wirkenden Schloss Lichtenstein (bei Reutlingen) lebt, dessen Bau auf die Wirkung von Wilhelm Hauffs romantischen Roman „Lichtenstein" (1826) zurückgeht.

TOUR 33   WANDERUNG
Aufstieg zum Rotenberg

Auf dem Rotenberg hoch über dem Neckartal wollte die Gemahlin des württembergischen Königs Wilhelm I., die junge Katharina Pawlowna, Großfürstin von Russland, bestattet werden. König Wilhelm ließ deshalb die Reste der Stammburg schleifen und 1820–24 einen monumentalen Rundbau errichten, in dem Katharina und 1864 auch Wilhelm I. beigesetzt wurden.

Praktische Informationen Tour 33
Länge: 7 km   **Gehzeit:** 2–2,5 Std.
Tourcharakter: Steiler Anstieg von ca. 200 Höhenmetern durch Weinberge und Obstwiesen; Markierung: blauer Balken, rote Rebe (Stuttgarter Weinwanderweg); Rückweg: roter Balken.
Anfahrt: Von der B 10 Stuttgart – Esslingen abbiegen nach Obertürkheim; parken in der Augsburger Straße nahe der Post.
Wegverlauf: Obertürkheim, Augsburger Straße – in der Uhlbacher Straße ansteigen – links

König Wilhelm I. ließ die Reste der Stammburg auf dem Rotenberg schleifen und an ihrer Stelle 1820–24 eine monumentale Grabkapelle für seine im Jahr 1819 jung gestorbene Gemahlin Katharina von Russland errichten.

in die Kirchsteige – entlang Friedhofsmauer, dann zwischen Weinbergen bergauf – an Weggabelung rechts – Weinort Uhlbach – am Fachwerk-Rathaus links in die Markgräflerstraße – am Ortsende links ab und ansteigen – Grabkapelle; zurück zur Schranke der Grabkapellen-Auffahrt und nach rechts auf Wirtschaftsweg (roter Balken), zuletzt steil bergab.
Karte/Information: Faltblatt zum Stuttgarter Weinwanderweg, Karte und Beschreibung unter www.stuttgarter-weinwanderweg.de

TOUR 34 STADTRUNDGANG
Residenzweg Bad Urach

1442 zerfiel die Grafschaft Wirtemberg in zwei Teile, woraufhin Urach vierzig Jahre lang Residenz der Grafen von Wirtemberg-Urach wurde. Eine Wasserburg wurde ausgebaut zum Schloss und 1474, anlässlich der glanzvollen Hochzeit des Grafen Eberhard im Bart mit Barbara Gonzaga von Mantua, prachtvoll ausgestattet; Schlossbesichtigung möglich. Zudem begann der Bau der spätgotischen Amanduskirche und mehrerer stattlicher Fachwerkhäuser wie dem Rathaus, dem Haus am Gorisbrunnen und dem Sprandelschen Haus.

Praktische Informationen Tour 34
Länge: 1,5 km   **Gehzeit:** 30–45 Min.
Tourcharakter: Stadtrundgang; Infotafeln an den Gebäuden.
Anfahrt: Von Metzingen auf B 28 nach Bad Urach; auf Höhe der Altstadt an Ampel links (B 28 in Richtung Ulm/Blaubeuren) und sofort wieder links zu Parkplatz beim Busbahnhof.

Während der Landesteilung 1442–82 wurde in Urach ein Wasserschloss im spätgotischen Stil als Residenz für den südlichen Landesteil ausgebaut. Den „Palmensaal" ließ Eberhard im Bart mit seinem Kennzeichen ausmalen, einer Palme und dem Motto „Attempto" (Ich wag's!).

Wegverlauf: Rundweg A beginnt am Rathaus (Marktplatz) führt durch die Kirchstraße zur Klostermühle (Stadtmuseum), zum Mönchshof, zur Amanduskirche und zum Residenzschloss; durch den ehemaligen Spitalbezirk, am Haus am Gorisbrunnen vorbei und zurück zum Marktplatz.
Karte/Information: Infoblatt in der Tourist-Information und unter www.bad-urach.de

TOUR 35 RADTOUR
Im fürstlichen Jagdgebiet:
Schloss Solitude und Bärenschlössle

Westlich von Stuttgart erstreckte sich das Jagdrevier der württembergischen Herrscher. Hier ließ Herzog Carl Eugen das luxuriöse Lustschloss Solitude (1764–71) mit Gartenanlagen sowie Nebengebäuden anlegen und mit dem damaligen Residenzschloss in Ludwigsburg durch eine dreizehn Kilometer lange Allee verbinden, die im 19. Jahrhundert als Basislinie der Landesvermessung diente. Seine Gäste konnten die Schaujagden von dem wenige Kilometer entfernten Jagdpavillon aus beobachten, der 1817 durch das Bärenschlössle ersetzt wurde. Schloss Solitude kann besichtigt werden, das Bärenschlössle ist ein beliebtes Ausflugslokal.

Praktische Informationen Tour 35
Länge: 11 km   **Fahrzeit:** 1,5 Std.
Anreise: A 81 Dreieck Leonberg–Kreuz Weinsberg, Ausfahrt 18 (Stuttgart-Feuerbach/Ditzingen); B 295 in Richtung Feuerbach, nach 2,5 km abbiegen, an den Stadtteilen Wolfbusch und Bergheim vorbei und auf der Bergheimer Steige zu Parkplatz auf der Höhe des Bergrückens.
Tourcharakter: Leichte Tour auf Waldwegen ohne nennenswerte Anstiege.
Wegverlauf: Vom Parkplatz auf Allee zum Schloss; auf der Rückseite des Schlosses auf der Hirschallee zur Wegkreuzung Großer Stern; leicht links Bruderhausallee; nach gut 2 km an Wegkreuzung links auf die Schattenallee und zum Neuen See. Nach links am See entlang und zum Bärenschlössle. Auf gleichem Weg zurück.
Karte/Information: Stadtplan Stuttgart; www.stuttgart-tourist.de

DIE ZERSPLITTERUNG SCHWABENS

Der Adel

Schwaben war unter allen Reichskreisen der zerstückeltste, folglich die Anarchie hier am größten; nicht ohne Ekel und Graus mag man eine alte Karte Schwabens betrachten, bunt wie eine Harlekins-Jacke … Hier regierten 4 geistliche Fürsten und 13 weltliche, 26 Grafen und Herren, 20 Prälaten und 31 Reichsstädte, die zahllose Ritterschaft ungerechnet.
(Karl Julius Weber, Reise durch das Königreich Württemberg, 1826)

Im 19. Jahrhundert betrachtete man den einstigen Reichskreis Schwaben, eine von zehn Verwaltungseinheiten des 1806 untergegangenen Deutschen Reichs, auf Grund der Zerstückelung in etwa 350 selbständige Herrschaften als politisches Monstrum. Adlige, Prälaten, d.h. als Landesherren amtierende Äbte und Bischöfe, sowie die Räte der Reichsstädte beherrschten „Kleinstaaten" mit oftmals unterschiedlichen Steuern, Maßen, Gewichten und teilweise eigener Währung.

Der „Flickenteppich" Schwaben

Nachdem die Staufer, die seit 1079 als Herzöge von Schwaben und seit 1137 als Könige und Kaiser amtiert hatten, Mitte des 13. Jahrhunderts erloschen waren, versank das Reich im Chaos des Interregnums (lat. inter, zwischen; regnum, Königsherrschaft). In diesen zwanzig Jahren ohne König, der den Frieden hätte sichern können, eignete sich der Adel die staufischen Besitzungen und auch Reichsgut an. Seit 1273 stellte ein neuer König, Rudolf I. von Habsburg, die Ordnung wieder her, aber die Einsetzung eines Herzogs von Schwaben scheiterte wiederholt am Widerstand des Adels. Fortan gab es das Herzogtum Schwaben nicht mehr, so dass weitgehend ungehindert zahlreiche Adlige, die Bischöfe von Konstanz, Basel, Straßburg und Speyer sowie die Äbte souverän regierende Herren werden konnten.

Die Herrschaft des Adels

Kennzeichen des Adels (ahd. adal/edeli, bevorrechtet) waren die Verfügungsgewalt über Land und Menschen sowie politische und wirtschaftliche Privilegien. Einziges Kennzeichen heute ist das Wörtchen „von", das seit der Nennung einer Siedlung oder der Stammburg wie bei den Grafen von Achalm (Reutlingen) zum festen Bestandteil des Namens wurde.

Im Renaissanceschloss Neuenstein, einst Sitz derer von Hohenlohe-Neuenstein, sind u. a. Säle und ein Kunst- und Raritätenkabinett zu besichtigen.

Zur Legitimierung seiner Sonderstellung führte sich der germanische Adel auf göttliche Ahnen zurück, und mit solchen dem Geblütsadel angehörigen „Hochfreien" besetzten später die fränkischen Könige die hohen Reichs- und Kirchenämter. Mittels ebenbürtiger Eheschließungen grenzten sich diese Elite und die zweitrangigen „Edelfreien" von der Bevölkerung ab. Dennoch erhöhte sich die Zahl aristokratischer Familien (griech. aristos, der Beste), da Ämter in den zunehmend differenzierten Verwaltungen von Reich und Herrschaften auch an unfreie Dienstmannen vergeben wurden, die seit dem 12. Jahrhundert als Ritter in den Adel aufstiegen.

Um das Jahr 1500 galten alte Familien von Hochfreien und ursprünglich nachrangige „Aufsteiger", die als Landesherren größere Territorien regierten, als Hochadel, in Abhängigkeit geratene Edelfreie und Ritter als Niederadel.

In der mittelalterlichen Agrargesellschaft bestanden die Einkünfte des Adels vor allem aus Abgaben der Bauern, aus Erlösen der Holzwirtschaft und des Bergbaus, aus Zöllen und Mautgebühren. Wirtschaftliche und somit politische Bedeutung erlangte ein Adliger nur mit der Steigerung seiner Einkünfte, d. h. mit der Ausweitung des Herrschaftsgebiets durch Mitgiften, Erbschaften, Kauf oder auch provozierte Fehden (Kriege; siehe S. 49 f.).

Seit dem 15. Jahrhundert ließen einerseits das Selbstbewusstsein der wirtschaftlich erstarkenden Stadtbürger, andererseits die erbärmlichen Lebensbedingungen der Bauern (siehe S. 117 ff.) die Zweifel an der „natürlichen" Herrschaft des Adels wachsen. Jedoch festigte die Theorie des Gottesgnadentums nochmals für Jahrhunderte die gesellschaftliche Hierarchie (griech. hieros, heilig; arkhos, Herrscher). Erst die Französische Revolution (seit 1789) mit der Forderung nach Gleichstellung aller Menschen leitete eine Wende ein. Zwar scheiterte 1848/49 eine erste Revolution, aber ausgangs des Ersten Weltkriegs beseitigte eine weitere Revolution die deutschen Monarchien und die Privilegien des Adels.

Große Herren

Im 17./18. Jahrhundert bestand der südwestdeutsche Hochadel aus alten Grafengeschlechtern, aus einstigem Niederadel, wenigen Geistlichen und einer Bürgerfamilie, die ihre Nobilitierung kaiserlicher Gunst verdankte und zum so genannten Briefadel (auch: Diplomadel; lat. diploma, Urkunde) gehörte.

Das nach der zwanzig Kilometer südlich von Waldshut gelegenen Habichtsburg in der Schweiz benannte *Haus Habsburg* war das bedeutendste Adelsgeschlecht Mitteleuropas und stellte seit 1437 fast alle Kaiser. Die Voraussetzungen schuf um 1300 König Rudolf I., der nach Vollstreckung der Acht gegen den König von Böhmen mehrere Herzogtümer im Südosten des Reichs übernahm. Der Herrschaftsschwerpunkt verlagerte sich nach Österreich, und zur Betonung ihrer überragenden Stellung legten sich die Habsburger den Titel Erzherzog zu. Dem Ziel, das Herzogtum Schwaben wiederherzustellen, diente der Erwerb zahlreicher Herrschaften im Südwesten (Tour 38). Diese Vorderen Lande, auch als Österreichische Vorlande oder „Schwanzfeder des Kaiseradlers" bezeichnet, wurden 1754 in die von Freiburg aus verwaltete Provinz Vorderösterreich umgewandelt und 1805 zwischen Baden und Württemberg aufgeteilt. Nebenbei: Zahlreiche Hochburgen der traditionellen schwäbisch-alemannischen Fasnet waren habsburgisch. Das nach den Habsburgern ranghöchste Geschlecht war eine Linie der bayrischen *Wittelsbacher,* die an Mittelrhein und unterem Neckar zunächst als Pfalzgrafen bei Rhein herrschten, seit dem 14. Jahrhundert als Kurfürsten von der Pfalz. Nach der Zerstörung des Heidelberger Schlosses wurden die Schlösser in Mannheim und Schwetzingen im 18. Jahrhundert neue Residenz bzw. Sommerresidenz. Die *Fürsten von Fürstenberg* (Schloss in Donaueschingen) bezogen hohe Einkünfte aus Bergwerken im Kinzigtal und hatten Besitz in der zwischen Schwarzwald und Schwäbischer Alb gelegenen Baar, auf der Alb und in Oberschwaben, u.a. Schloss Heiligenberg. Auf der Südwestalb erstreckten sich die Fürstentümer der mit dem preußischen Königshaus verwandten Häuser *Hohenzollern-Sigmaringen* und *Hohenzollern-Hechingen* (Tour 37) mit Schlössern in Sigmaringen, Balingen, Hechingen und Haigerloch (bei Hechingen). Das oberschwäbische Haus *Waldburg* (Burg in Waldburg, Schloss in Wolfegg, beide östlich von Ravensburg; Schloss Zeil bei Leutkirch) stieg über die Ämter des Truchses-

An der einstigen württembergischen Grenze wie an diesem Zollhäuschen bei Bichishausen im Tal der Großen Lauter auf der Schwäbischen Alb zahlten Kaufleute eine Straßenmaut oder Gebühr für militärisches Geleit.

Die Rheinbrücke in Bad Säckingen war eine wichtige Verkehrsverbindung zwischen der Nordschweiz und den nördlich des Hochrheins gelegenen Besitzungen der Habsburger.

sen und Landvogts von Schwaben zu Reichstruchsessen auf, während die im 18. Jahrhundert erloschenen *Schenken von Limpurg* (bei Schwäbisch Hall; Schenkenkapelle der Comburg als Grablege) als Stellvertreter des Reichs-Erzmundschenken amtierten und mehrere Äbtissinnen und Bischöfe stellten. Weiter nördlich herrschten die nach dem Dorf Hohlach bei Creglingen benannten Linien des fränkischen Hauses *Hohenlohe* mit der zum Schloss ausgebauten Stammburg Weikersheim (Tour 36). Zahlreiche Familienmitglieder waren Ritter des Deutschen Ordens und stellten einen Hochmeister des Gesamtordens sowie mehrere Deutschmeister. Insgesamt zwölf Familienzweige errichteten zahlreiche Burgen und Schlösser, u. a. die in ein Kloster umgewandelte Comburg bei Schwäbisch Hall, Brauneck bei Creglingen, Bartenstein südlich von Weikersheim, Neuenstein bei Öhringen und Langenburg. Geistliche Landesherren waren die *Fürstpröpste von Ellwangen* und einige *Fürstbischöfe* wie beispielsweise der Bischof von Konstanz. Aus der Augsburger Bürgerschaft stammten die *Fugger,* die mit ihrem Handelsimperium zur reichsten Familie im Reich aufgestiegen waren und sich Verdienste als loyale Kreditgeber der Kaiser erworben hatten; als Angehörige des Briefadels wurden sie von Angehörigen des Geburtsadel mit Herablassung betrachtet.

Kleine Herren

Der Niederadel wie die Herren von Helmstadt (Kirche mit ca. vierzig Grabmalen in Neckarbischofsheim, Kraichgau) oder die Herren von Eberstein (Burgruine bei Baden-Baden, Schloss bei Gernsbach) betätigten sich in der Verwaltung und im Kriegsdienst von Landesherren. So dienten die Freiherren von Gültlingen (bei Böblingen; Schloss Berneck bei Altensteig) den Herzögen und Königen von Württemberg als Erbkämmerer, und ein Herr von Menzingen (bei Eppingen; Schloss und Ruine einer Wasserburg) wurde im 17. Jahrhundert königlich-schwedischer Rat. Als Kriegsspezialisten besetzten Ritter Führungspositionen im Militär wie beispielsweise Gottfried (Götz) von Berlichingen (Schloss Jagsthausen; Burg Hornberg am Neckar), der in den Dienst des Markgrafen von Ansbach trat.

Trotz ihrer Dienste für den Hochadel schlossen sich Ritter in Vereinigungen zusammen, um Angriffen des Hochadels auf ihre Unabhängigkeit begegnen zu können. Diese in Kantone unterteilten Vereinigungen waren der Schwäbische, Fränkische und Rheinische Ritterkreis.

Adelsränge, Titel, Ämter

Der Titel *Kaiser* (abgeleitet vom Namen Caesar, 100–44 v. Chr.) beinhaltete keine Rechte, drückte aber den Anspruch aus, als Schirmherr der Christenheit über allen christlichen Herrschern zu stehen. Im Jahr 800 wurde Karl der Große als erster mitteleuropäischer Herrscher in Rom zum Kaiser gekrönt. Die Tradition der Krönung durch den Papst in Rom endete im 15. Jahrhundert.

Der *König* (ahd. kuning) wurde auf einem Reichstag vom Adel, später von wenigen Kurfürsten gewählt. Ort der Wahl war zumeist Frankfurt, Ort der Krönung die Pfalzkapelle Karls des Großen in Aachen. Der König war Heerführer sowie höchster Richter, erließ Reichsgesetze und ernannte als Oberhaupt der Reichskirche die Bischöfe und die Äbte der Reichsklöster. Bis zum 15. Jahrhundert war der König als „Wanderkönig" mit Familie und großem Tross ganzjährig im Reich unterwegs, um seine Aufgaben wahrzunehmen.

Fürst (ahd. furesto, der Erste) ist eine allgemeine Bezeichnung für die Elite des Hochadels.

Kurfürsten (Kur/Kür von ahd. kiesen, wählen) mit dem Recht der alleinigen Königswahl seit dem 14. Jahrhundert waren ein exklusiver Kreis von vier, später fünf hochadligen weltlichen Herren und drei ebenfalls hochadligen Erzbischöfen.

Ein *Herzog* (ahd. herizogo, der vor dem Heer herzieht) war in der Völkerwanderungszeit (4.–6. Jahrhundert) ein für den Kriegsfall gewählter Heerführer. Später entstanden große Herzogtümer, in denen die Herzöge den Frieden sicherten, die Gerichtsbarkeit ausübten und im Bedarfsfall das Heeresaufgebot sammelten.

Ein *Graf* (altfrz. grafio, Befehl) übte in der Grafschaft, der kleinsten Verwaltungseinheit des Reichs, die Gerichtsbarkeit aus und hob die Krieger für das Heer aus. Zahlreiche Grafen gerieten in die Abhängigkeit anderer Hochadliger und sanken in die Zweitrangigkeit (Edelfreie) ab.

Ein *Pfalzgraf* im Rang eines Herzogs verwaltete in der Pfalzgrafschaft die Königspfalz und das Reichsgut.

Ein *Markgraf* entsprach in einem Grenzgebiet, einer Mark, einem Herzog.

Ein *Freiherr, Herr* (ahd. her, ehrwürdig), *Edler* oder *Baron* (ahd. baro, Mann) war ein ursprünglich unfreier Dienstmann (Ministeriale), der als Verwalter und Ritter diente und in den Adel aufstieg.

Die *Hofämter* bei den fränkischen Königen entwickelten sich aus praktischen Aufgaben wie dem Nachschub an Nahrungsmitteln oder der Versorgung der Pferde allmählich zu Ehrenämtern, die bei der Krönung oder Eheschließung eines Königs von hochrangigen Adligen wahrgenommen wurden. Im 14. Jahrhundert übernahmen die Kurfürsten diese nun als *Erzämter* bezeichneten höchsten Reichswürden:

Der *Kämmerer* (lat. camera, u. a. Schatzkammer) verwaltete den Königsschatz, der Erzkämmerer die Reichsfinanzen. Der *Kanzler* (lat. cancellarius, Schreiber) war als Vorsteher der königlichen Kanzlei für den Schriftverkehr und Urkunden zuständig; das Erzkanzleramt wurde das wichtigste Reichsamt. Der *Marschall* (ahd. marahscale, Pferdeknecht) war Stallmeister, übernahm als Hofmarschall die Aufsicht über das Gesinde und die Versorgung des Königshofs und schließlich, stellvertretend für den König, den Oberbefehl im Krieg. Der *(Mund-)Schenk* war für Getränke zuständig; das Erzschenkenamt blieb weitgehend bedeutungslos. Der *Truchsess* (ahd. truhtsazzo, der Oberste der Gefolgsleute; auch *Seneschall* von lat. senex, alt, und ahd. scalc, ältester Diener) verantwortete die Lebensmittelversorgung und wurde als *Majordomus* (Hausmeier) Führer des fränkischen Adels.

Der Doppeladler – hier am Historischen Kaufhaus in Freiburg – symbolisierte das Reich, seit das Haus Habsburg die Kaiser stellte, und schmückt im ehemaligen Vorderösterreich einstige Amtshäuser und zahlreiche „Adler"- und „Reichsadler"-Gaststätten.

„Flurbereinigung" in Südwestdeutschland

Die Zersplitterung Südwestdeutschlands wurde auf Betreiben Napoleons seit dem Jahr 1802 in einer „territorialen Revolution" beseitigt. Nachdem Baden und Württemberg 1805 das Deutsche Reich verlassen hatten, stieg 1806 der badische Regent zum Großherzog, der württembergische zum König von Napoleons Gnaden auf. Im gleichen Jahr legte der Kaiser aus dem Haus Habsburg die Kaiserkrone nieder – das etwa tausend Jahre existierende Reich gab es nicht mehr.

Nach zahllosen Verhandlungen wurden der Adel und die Kirchenfürsten entmachtet; verschont blieben dank familiärer Beziehungen (über Eheschließungen) zu Napoleon nur die Fürsten von Hohenzollern-Hechingen und Hohenzollern-Sigmaringen.

Der erste Schritt zur Neuordnung war eine Säkularisierung (lat. saecularis, weltlich), die entschädigungslose Enteignung der weltlichen Herrschaftsgebiete sowohl der Bischöfe als auch der Äbte. Der zweite Schritt war die Mediatisierung (lat. medius, mittel): Souveräne Adlige, die unmittelbar dem vom Kaiser verkörperten Reich unterstanden, verloren ihre Reichsunmittelbarkeit und wurden dem badischen bzw. württembergischen Herrscher unterstellt; allerdings blieben dem Adel die einstigen Herrschaftsgebiete als Privatbesitz und politische Vorrechte erhalten. Dagegen fielen die habsburgischen Herrschaften und die Reichsstädte vollständig an Baden und Württemberg. Hauptgewinner mit einer Verfünffachung des Territoriums war Baden, während Württemberg auf mehr als das Doppelte anwuchs.

Die Neubildung Badens verlief recht ruhig, doch König Friedrich I. von Württemberg ging so rücksichtslos vor, dass sich der katholische Adel Oberschwabens anschließend dem Verwaltungs- und Militärdienst des protestantischen Königs verweigerte – einige Adelshäuser hadern noch heute mit dem Haus Württemberg. Schon Monate vor Inkrafttreten der Beschlüsse zur Neubildung Württembergs wurden Adlige durch den Aufmarsch württembergischer Truppen unter Druck gesetzt, und Militäreinheiten quartierten sich in Reichsstädten und Klöstern ein, um Wertgegenstände zu „sichern": Beispielsweise wurde wertvolles liturgisches Gerät eingeschmolzen, während kostbare liturgische Textilien profane Verwendung fanden, u. a. als Bezug des Königsthrons im Schloss Ludwigsburg.

TOUR 36 RADTOUR
Schlösser im Taubertal

Schloss Weikersheim, einst eine Wasserburg und die Stammburg derer von Hohenlohe, ist eines der bedeutendsten Renaissanceschlösser Deutschlands mit barockem Garten. Der Rittersaal (um 1600) mit bemalter Kassettendecke und die Innenausstattung (17./18. Jahrhundert) sind fast vollständig erhalten. Im Besitz derer von Hohenlohe war auch Bad Mergentheim, das an den Deutschen Orden überging; das Schlossmuseum informiert über diesen Ritterorden.

Tauberbischofsheim war bis 1803 rund fünfhundert Jahre lang im Besitz der kurfürstlichen Erzbischöfe von Mainz; im kurmainzischen Schloss bietet das Tauberfränkische Landschaftsmuseum einen Überblick über die Regionalgeschichte.

Praktische Informationen Tour 36
Länge: 35 km **Fahrzeit:** 2–2,5 Std.
Tourcharakter: Bequeme, gut markierte Tour im Taubertal; asphaltierte Wege. Kurze Abschnitte auf Straßen; Rückfahrt per Bahn.

Anfahrt: A 81 Kreuz Weinsberg–Würzburg, Ausfahrt 5 (Boxberg); über Boxberg und Bad Mergentheim nach Weikersheim; ausgeschilderter Parkplatz am Rand der Altstadt.
Wegverlauf: Vom Marktplatz in Weikersheim im recht breiten Tal der Tauber mit Weinbergen an den Hängen talabwärts über Markelsheim, Igersheim, Bad Mergentheim und Lauda nach Tauberbischofsheim. Verlängerung der Tour über das Kloster Bronnbach nach Wertheim möglich (Tourlänge dann ca. 70 km).
Karte/Information: Faltblatt „Raderlebnis Kocher-Jagst-Tauber", www.liebliches-taubertal.de

TOUR 37 WANDERUNG
Zur Burg Hohenzollern

Bereits im 11. Jahrhundert war auf dem Zoller das Geschlecht der Zollern ansässig, die sich

Im 19. Jahrhundert ließen der dem Haus Hohenzollern angehörende König Friedrich Wilhelm IV. von Preußen und seine schwäbischen Verwandten in Hechingen und Sigmaringen die Hohenzollern-Stammburg wieder aufbauen.

seit dem 15. Jahrhundert Hohenzollern nannten. Ende des 12. Jahrhunderts übernahm ein Zoller das Nürnberger Burggrafenamt, dessen Nachfolger stiegen zu Kurfürsten von Brandenburg auf und 1701 zu Königen von Preußen, die 1871–1918 auch als deutsche Kaiser herrschten. Mehrere Familienzweige verlegten ihre Residenzen nach Hechingen, Haigerloch und Sigmaringen; die Stammburg verlor ihre Bedeutung und zerfiel. Nach einem Besuch des preußischen Kronprinzen erfolgte seit 1847 ein Wiederaufbau im neugotischen Stil; die prachtvoll ausgestalteten Räume können im Rahmen einer Führung besichtigt werden.

Das Wallfahrtskirchlein Maria Zell unterhalb des Zoller ist der Überrest der abgegangenen Siedlung Zell, die sich einst im Besitz der Vorfahren der Schenken von Stauffenberg befand, den Mundschenken der Zollern.

Praktische Informationen Tour 37
Länge: 10,5 km **Gehzeit:** 3 bis 3,5 Std.
Tourcharakter: Mittelschwer, gut markiert; zwei Anstiege, insgesamt knapp 500 Höhenmeter.
Anfahrt: Von Tübingen B 27 über Hechingen nach Bisingen; abbiegen nach Onstmettingen; im Ort der Ausschilderung „Nägelehaus/Raichberg" folgen zu Parkplatz nahe dem Wanderheim Nägelehaus.
Wegverlauf: Vom Nägelehaus zum Hangenden Stein – Backofenfels – Aussichtspunkt Zeller Horn – Abstieg zur Wallfahrtskirche Maria Zell – Hexenlinde im Sattel zwischen Zeller Horn und Hohenzollern – Anstieg zur Burg Hohenzollern; auf gleichem Weg zurück zur Hexenlinde – nach rechts Anstieg zu Hotel-Restaurant Zollersteighof – Nägelehaus.
Karte: Freizeitkarte des LVA Baden-Württemberg, Blatt 523 (Tübingen/Reutlingen), 1:50 000

TOUR 38 RADTOUR
Die Waldstädte am Hochrhein

Nachdem die Eidgenossen im 14. Jahrhundert die Habsburger aus der Nordschweiz, den habsburgischen Stammlanden, gewaltsam verdrängt hatten, gewann der Hochrhein mit den „Waldstädten" Rheinfelden, Bad Säckingen – ein frühes fränkisches Frauenkloster war Keimzelle der Stadt –, Laufenburg und Waldshut besondere Bedeutung, verbanden sie doch das habsburgische Tirol mit den habsburgischen Herrschaften Sundgau/Elsass und Breisgau.

An Laufenburg ist zu erkennen, dass der Hochrhein einst kein Grenzfluss war. Erst im Jahr 1801, mit der Festlegung des Rheins als Grenze durch Napoleon Bonaparte erfolgte die Teilung der Stadt in einen schweizerischen und einen deutschen Bereich.

Praktische Informationen Tour 38
Länge: 53 km **Fahrzeit:** Etwa 4 Std.
Tourcharakter: Bequeme, gut markierte Tour; am schweizerischen Südufer des Hochrheins talaufwärts bis Waldshut, am deutschen Nordufer zurück; überwiegend Wirtschafts- und Radwege. Reisepass oder Personalausweis notwendig!
Anfahrt: Von Lörrach nach Bad Säckingen; im Ort in Richtung Schweiz, an Kreisverkehr links und den Ausschilderungen „Festplatz/Parkplatz" folgen.
Wegverlauf: Von Bad Säckingen auf der gedeckten Rheinbrücke zum Schweizer Ufer, über Laufenburg und Schwaderloch nach Full; Personenfähre nach Waldshut und über Albbruck, Hauenstein, Laufenburg und Murg zurück nach Bad Säckingen.
Karte: Radwanderkarte des LVA Baden-Württemberg, Blatt 51 (Schwarzwald Süd), 1:100 000

Die jüdische Bevölkerung in Württemberg und Baden

*Mögen die Juden glauben, was sie wollen,
solange sie nur tun, was sie sollen.*
(Christoph Friedrich von Schmidlin, 1828)

Diese Äußerung des württembergischen Ministers des Inneren fasst die Haltung der badischen wie der württembergischen Landesregierung im 19. Jahrhundert zusammen: Fragen der Religion sind Privatangelegenheit, aber der Staat kontrolliert die Beachtung der von der Regierung gezogenen Grenzen. Im liberalen Baden ermöglichten die ersten Erlasse von 1807/09 den Juden u. a. die uneingeschränkte Wohnortwahl und den Grunderwerb, während die württembergische Regierung erst 1828 mit ähnlichen Regelungen nachzog. Schließlich fielen mit der rechtlichen Gleichstellung der Juden 1862 in Baden und 1864 in Württemberg sämtliche Beschränkungen, denen sie bis dahin unterworfen waren.

Die Grundlage für die Ausgrenzung der Juden hatte im vierten nachchristlichen Jahrhundert der Kirchenlehrer Augustinus geschaffen mit der Forderung, Juden eine niedere gesellschaftliche Stellung zuzuweisen, da sie blind seien gegenüber der christlichen Wahrheit. Diese von der Kirche übernommene Haltung blieb Jahrhunderte lang ohne Bedeutung, aber um das Jahr 1100 zerstörte der erste Kreuzzug zur Befreiung Palästinas abrupt das friedliche Nebeneinander von Christen und Juden. In Pogromen starben Tausende der als Christusmörder verdammten Juden, und zu Beginn des 13. Jahrhunderts beschloss eine Kirchenversammlung, in ganz Europa die Juden aus der christlichen Gemeinschaft auszuschließen: Jahrhunderte lang durften Juden keine Ämter mehr bekleiden, lebten in gesonderten Stadtvierteln, den Gettos (auch: Ghettos), und waren gezwungen, sich ein gelbes Abzeichen anzuheften oder gar die „Judentracht" anzulegen, die aus einem langen Kaftan und einem spitzen gelben Judenhut bestand; Männer hatten einen langen spitzen Bart zu tragen, und Ehen zwischen Christen und Juden galten als Kapitalverbrechen. Das Verbot, Landwirtschaft zu betreiben oder ein Handwerk auszuüben, zwang zum Geldverleih, Vieh-, Pferde- oder Hausierhandel. Gewinnspannen und Kreditzinsen erzeugten Neid und Hass, der sich immer wieder in Pogromen mit zahlreichen Toten entlud, beispielsweise im Jahr 1298 in Creglingen, Öhringen, Heilbronn und anderen fränkischen Orten. Mörderische Ausschreitungen folgten auch auf den Vorwurf des Hostienfrevels, des Ritualmords an Kindern oder der Brunnenvergiftung, wenn unerklärliche Massenerkrankungen auftraten. Auch die Pogrome während einer europaweiten Pestepidemie 1348–50, die ganze Landstriche entvölkerte, kosteten unzähligen Juden das Leben; allein im Gebiet des heutigen Württemberg wurden 1348/49 etwa fünfzig jüdische Gemeinden ausgerottet. Dank dem Schutz durch adlige Herren, die in ihren Herrschaften den Frieden gewahrt sehen wollten, ließen die Verfolgungen im 15. Jahrhundert nach. Eine andere Art, Übergriffe zu verhindern, wählte 1498 der Herzog von Württemberg: Den Juden wurde kurzerhand

Mehr als 100 Grabsteine stehen auf dem jüdischen Friedhof des im Tal der Großen Lauter (Schwäbische Alb) gelegenen Dorfes Buttenhausen, in dem Christen und Juden friedlich zusammenlebten, obwohl zeitweise die Zahl der jüdischen Einwohner größer war als die der Christen.

Im südlich von Ulm gelegenen Laupheim erinnert neben anderen Gebäuden auch ein ehemals jüdisches Kaufhaus an die einst große jüdische Gemeinde, deren Friedhof und Wohnviertel erhalten sind. Im Schloss befindet sich eine sehenswerte Ausstellung zu jüdischem Leben.

das Bleibe- und Arbeitsrechts verwehrt. Bis um das Jahr 1800 blieb diese Anordnung in Kraft, wurde aber nicht strikt eingehalten. So konnte der jüdische Finanzjongleur Joseph Süß-Oppenheimer die zerrütteten Finanzen des Herzogs Carl Alexander unter Umgehung der Landstände sanieren. Nach dem Tod des Herzogs wurde er jedoch 1738 in einem Schauprozess zum Tod am Galgen verurteilt. Unbehelligt dagegen blieb die „Hoffaktorin" Madame Kaulla, die im hohenzollerischen Hechingen lebte und seit 1770 als Hoflieferantin und Finanzier freien Zugang zum Schloss in Ludwigsburg hatte.

Während bis ins 13. Jahrhundert die Juden überwiegend in Städten lebten, waren um das Jahr 1810 etwa neunzig Prozent der rund 10 000 Juden im Königreich Württemberg und der etwa 15 000 Juden im Großherzogtum Baden so genannte Landjuden. Viele waren im 14. Jahrhundert aus den Städten ausgewiesen worden, und Überlebende der Pogrome waren auf das sichere Land geflohen. Zudem warben adlige wie geistliche Herren Juden an, um über das von den Juden zu entrichtende „Schutzgeld" ihre Schuldenberge abzubauen oder Bevölkerungsverluste auszugleichen, insbesondere nach dem Dreißigjährigen Krieg. So stärkten jüdische Zuwanderer die Gemeinde in Mannheim und ließen sich in Dörfern nieder wie in Gailingen bei Schaffhausen, in Freudental bei Besigheim oder in Laupheim südlich von Ulm. Im 19. Jahrhundert jedoch verließen Juden in wachsender Zahl die Dörfer und zogen in die Städte, wo zum Beispiel die Tradition des Handels in der neuen Form des Kaufhauses fortlebte und so manche Bank gern kaufmännisch erfahrene Juden einstellte.

Ruhe und Sicherheit hielten allerdings nur kurz an, denn seit 1870/71 fand der Antisemitismus – religiös und politisch-national, später auch rassisch begründet – viele Anhänger. Um dem zu entgehen, wanderten bis 1925 etwa zwei Drittel der badischen und württembergischen Juden in die USA und nach Palästina aus, während die in Deutschland Gebliebenen wie viele andere Deutsche mit patriotischer Begeisterung als Soldaten in den Ersten Weltkrieg zogen.

Im nationalsozialistischen Deutschland folgte auf die anfängliche Diskriminierung der Juden eine schrittweise Entrechtung. So verboten die Nürnberger Rassegesetze von 1935 private Beziehungen zwischen „Ariern" und Juden, in der „Reichskristallnacht" am 8./9. November 1938 wurden die Synagogen zerstört, und schließlich erfolgte die Inhaftierung in Konzentrationslagern wie dem Kuhberg bei Ulm oder Schloss Kislau in Bad Schönborn nördlich von Bruchsal. Schlusspunkt der Entwicklung war die harmlos klingende „Endlösung", der 1942–45 geschäftsmäßig organisierte, sechsmillionenfache Massenmord. Die 6000 badischen Juden wurden zunächst im französischen Gurs (Pyrenäen) interniert, die Juden aus Württemberg und Hohenzollern 1941 auf dem Stuttgarter Killesberg. Sie alle starben in Theresienstadt oder in Vernichtungslagern wie Auschwitz.

ANBRUCH EINER NEUEN ZEIT

Die Reformation

[Martin Luther] … hat die Leute unterrichtet, dass Anrufung muß geschehen im Glauben und guten Gewissen, und hat uns allein gewiesen zu dem einigen Mittler, dem Sohn Gottes, der da sitzet zur Rechten des ewigen Vaters und bittet für uns, nicht zu Bildern noch zu toten Menschen wie gottlose Leute in schrecklicher Blindheit solche Götzen und toten Menschen anbeten … Solche Weisheit und Tugend ist so groß, dass sie nicht allein durch menschlich Vermögen und Fleiß scheint zu Weg bracht werden, sondern es gehöret göttliche Gnade und Gabe dazu, die da sonderlich solch hohe Leute, so heftigen, brennenden Mut haben, wie ihn tatsächlich Luther besessen, im Zaum halte …
(Auszug aus Philipp Melanchthons Leichenrede, Februar 1546)

Der in Bretten bei Pforzheim geborene Philipp Melanchthon war in Wittenberg ein enger Mitarbeiter Martin Luthers (1483–1546) und rühmte nach dessen Tod den Mut, mit dem er die wahre christliche Lehre verkündet hatte. Mut zeigte Martin Luther schon bei der Veröffentlichung von 95 Thesen am 31. Oktober 1517, denn die gegen die Amtskirche gerichteten Thesen verurteilten den mit dem Reim „der Groschen hell im Kasten klingt, die Seele aus dem Feuer springt" treffend charakterisierten kirchlichen Ablasshandel, der die Vergebung der Sünden nicht auf Grund von Reue und Buße, sondern gegen eine (Geld-) Leistung versprach. Noch weitaus mutiger war Luther 1521 mit seiner Reise zum Reichstag in Worms, wo er seine Glaubenslehre nicht widerrief und befürchten musste, geächtet, der Ketzerei beschuldigt und auf dem Scheiterhaufen verbrannt zu werden.

Der Beginn der Reformation

Da die religiösen Vorstellungen, die Martin Luther 1518 in der Heidelberger Disputation erstmals öffentlich vorstellte, auf begeisterte Zustimmung stießen und seine kirchenkritischen Thesen, die Übersetzung des Neuen Testaments und später der gesamten Bibel rasch weiteste Verbreitung fanden, musste Kaiser Karl V. von Habsburg die Spaltung der Reichskirche befürchten. Folgerichtig wurde die neue Lehre verurteilt, Luther 1521 geächtet und jeder reformatorische Ansatz in den habsburgisch-katholischen Vorlanden rigoros unterbunden – so 1525 in Kenzingen bei Emmendingen, wo der Stadtschreiber als Ketzer enthauptet und zum ersten protestantischen Märtyrer wurde.

Reformatorisch gesinnten Herren drohten kaiserliche Sanktionen, so dass die Reformati-

Zwischen 1522 und 1535 führte Johannes Brenz (1499–1570) in Schwäbisch Hall die Reformation durch und wurde einer der maßgeblichen Reformatoren Württembergs. Das Epitaph-Porträt hängt über seinem Grab in der Stuttgarter Stiftskirche.

on nur dann vorangetrieben werden konnte, wenn die Truppen des Kaisers in Kämpfen gegen den französischen König und gegen die auf dem Balkan nach Wien vorrückenden muslimischen Türken gebunden waren. Darum verhielten sich der Kurfürst von der Pfalz oder der Markgraf von Baden-Durlach vorerst neutral, duldeten aber Luthers Lehre. Tatkräftig gefördert wurde sie nur von wenigen, beispielsweise vom Grafen von Wertheim und von Herzog Ulrich von Württemberg, der 1524 in seinem Exil Mömpelgard (siehe S. 93) die Reformation durchführte, von einigen Reichsrittern und Reichsstädten: In Bopfingen hielt 1521 ein Wanderprediger die erste evangelische Predigt, und Isny mit dem Reformator Paul Fagius, Ulm mit dem Volksprediger Johann Eberlin von Günzburg, Heilbronn mit Johannes Lachmann, insbesondere aber (Schwäbisch) Hall mit Johannes Brenz (Tour 39) und Reutlingen mit Matthäus Alber entwickelten sich zu Hochburgen der Reformation. Nach einer erneuten Verurteilung der lutherischen Lehre stellten sich 1529/30 im Speyerer Protest – daher „Protestanten" – und im Augsburger Bekenntnis die lutherisch gesinnten Landesherren und Reichsstädte offen hinter die neue Lehre und verliehen der Reformation frischen Schwung.

Die Reformation im Herzogtum Württemberg

Den stärksten Auftrieb erfuhr die Reformation jedoch 1534 mit der Rückkehr des Herzogs Ulrich, der in Württemberg sofort die Reformation einleitete; als deren „Ur-Datum" gilt der 16. Mai 1534, da an diesem Tag in der Stuttgarter Stiftskirche die erste evangelische Predigt gehalten wurde. Die Führung der reformatorischen Arbeit wurde geteilt: Erhard Schnepf übernahm den nördlichen und Ambrosius Blarer das „Land ob der Steig", d. h. den südlichen Landesteil; die „Steig" ist die Stuttgarter Weinsteige. In Tübingen erfolgte 1536 die Gründung des Evangelischen Stifts als Ausbildungsstätte für Pfarrer, und unter Federführung von Johannes Brenz entstanden ein Katechismus – ein Glaubenslehrbuch – und eine evangelische Kirchenordnung. Bis dahin hatten Pfarrer, denen keine Richtlinien zur Auslegung der Lehre und zur Gestaltung des Gottesdienstes zur Verfügung standen, nach Gutdünken lutherisches Glaubensgut mit katholischen Traditionen gemischt.

Auf den Türmen der Stuttgarter Stiftskirche symbolisiert das Kreuz den christlichen Glauben und der Hahn, der auf fast allen protestantischen Kirchen in Württemberg zu finden ist, den Sieg Christi über die Dunkelheit. Nach anderen Interpretationen fordert der Hahn zum morgendlichen Gotteslob auf oder mahnt, das Christsein nicht zu verleugnen.

Über die Kirchenausstattung mit Seitenaltären und den als Götzen bezeichneten Heiligenbildern wurde im September 1537 auf dem Uracher Götzentag entschieden. Obwohl Johannes Brenz die Ausstattung erhalten wollte, da es beispielsweise jungen Burschen zuträglicher sei, Heilige anstatt Mädchen anzustarren, unterstützte der Herzog die Meinung Ambrosius Blarers, dass Bilder vom Wort Gottes ablenken. Allerdings gebot der Herzog Mäßigung im so genannten Bildersturm, so dass heute zwar schmucklose evangelische Kirchen überwiegen, einige Kirchen jedoch der „Säuberung" entgingen wie St. Michael in Schwäbisch Hall, wo die reiche vorreformatorische Ausstattung erhalten blieb. Einige Kirchen wurden im 16. und 17. Jahrhundert sogar ausgeschmückt, beispielsweise die ausgemalte Ki-

Die durch Salzgewinnung wohlhabende Reichsstadt (Schwäbisch) Hall war mehr als zehn Jahre lang die Wirkungsstätte des in Weil der Stadt geborenen Reformators Johannes Brenz.

lianskirche in (Bietigheim-)Bissingen, die Kirche in Weiler an der Zaber (südlich von Eppingen, Kraichgau) oder in Deufringen bei Böblingen. Extreme Ausnahmen von der Forderung nach Einfachheit sind barocke Kirchen oder Kapellen wie die Stadtkirche Ludwigsburg, die der weltläufige Herzog Eberhard Ludwig (1676–1733) beim Bau der Barockstadt Ludwigsburg errichten ließ.

Im Zuge der Reformation erfolgte die Säkularisierung der Klöster mit ihren Besitzungen, die etwa ein Drittel der Fläche des Herzogtums ausmachten, sowie der Liegenschaften katholischer Bruder- und Schwesternschaften. Einige Klöster und Stifte wie Blaubeuren, Urach oder Denkendorf bei Esslingen wurden als Internatsschulen für den Theologennachwuchs genutzt, und Stipendien ermöglichten den auch aus der Bauernschaft stammenden Schülern, ihre Begabungen zu entfalten. Zudem blieben die Klöster, beispielsweise Alpirsbach, Bebenhausen oder Maulbronn, im Zustand des 16. Jahrhunderts erhalten.

Nach einem Rückschlag für die Reformation durch ein Reichsgesetz, das Lutheranern die Messfeier und die Anerkennung der katholischen Bischöfe vorschrieb, kam im Jahr 1555 der Augsburger Religionsfrieden zustande, der bis zum Ausbruch des Dreißigjährigen Kriegs im Jahr 1618 für Frieden sorgte: Landesherren stand die religiöse Selbstbestimmung zu, und nach der Formel cuius regio, eius religio – frei übersetzt: Wer die Herrschaft ausübt, bestimmt die Konfession – hatten Untertanen das Bekenntnis ihres Herren anzunehmen.

Das schwäbische Pfarrhaus

Auf Grund der sorgfältigen Ausbildung der Pfarrer im Internat und am Evangelischen Stift in Tübingen sowie der ständigen Überprüfung ihres Leumunds durch die Kirchenaufsicht entwickelte sich das evangelische Pfarrhaus zum Mittelpunkt der Gemeinde. Das Pfarrhaus hatte Vorbildfunktion und war

Mädle, du lachst mir z'viel!

Dieser von Karl Moersch in seinem Buch „Es gehet seltsam zu in Württemberg" erwähnte Tadel an seiner lebenslustigen, aus einer katholischen Gegend stammenden 17-jährigen Nichte, die in den Ferien zu ihrer Tante, einer Pfarrfrau im altwürttembergisch-protestantischen Nordschwarzwald, geschickt worden war, charakterisiert recht gut die Sittenstrenge des *Pietismus*. Die andere Seite dieser evangelischen Glaubensrichtung ist tätige Nächstenliebe, die im 19. Jahrhundert auf Grund des Arbeiterelends während der Industrialisierung zahllose karitative Einrichtungen schuf. Auf pietistische Initiativen gehen Häuser zur Versorgung von Alten, Kranken, Waisen und Behinderten zurück, Kindergärten, Herbergen für Lehrlinge, Handwerker sowie Fabrikarbeiterinnen, der CVJM (Christlicher Verein junger Männer) und das württembergische Rote Kreuz. Hilfe zur Selbsthilfe leistete der Theologe Gustav Werner (1809–1887), der in Walldorf bei Tübingen einen Kindergarten, ein Heim für arme Kinder und eine praxisorientierte Industrieschule gründete. In Reutlingen schuf er eine Lehrlingswerkstatt für Jungen, während Mädchen in Küche, Wäscherei und Näherei eine hauswirtschaftliche Ausbildung erhielten. Eine Papierfabrik wurde von etwa fünfhundert in einem Kreis tätiger Christen zusammenlebenden Mitarbeitern betrieben. Noch heute unterhält die Gustav-Werner-Stiftung zum Bruderhaus Reutlingen zahlreiche Einrichtungen, die sich um Behinderte und sozial Schwache kümmern.

Als Ursprung des Pietismus gilt die 1675 veröffentlichte Schrift „Pia desideria" (Fromme Wünsche) des Theologen Philipp Jakob Spener (1635–1705). Er kritisierte die evangelischen Landeskirchen, die unter dem Regiment der Landesherren bürokratisierte, im Dienst der Obrigkeit stehende Kirchen geworden seien, und forderte Volksnähe: praktisch-erbauliche statt gelehrter Predigt, Vertiefung in die Bibel, Teilnahme aller Gemeindemitglieder an der kirchlichen Arbeit und tätige Nächstenliebe in der Armen- und Waisenpflege.

Im Herzogtum Württemberg, das durch den Dreißigjährigen Krieg und die Franzosenkriege ruiniert war, ergänzten diese Anstöße die schon von Johannes Brenz gestellte Forderung nach gottgefälligem Lebenswandel unter Verzicht auf jegliche Art von Ausschweifung einschließlich der Putzsucht – gemeint ist die Liebe zu aufwendiger Kleidung – und die Vorstellungen von Johann Valentin Andreä (1586–1654). Als Hofprediger in Stuttgart hatte er in den Gemeinden die Sozialfürsorge gefördert sowie die Kontrolle der Glaubenstreue und des Lebenswandels der Bevölkerung durch Sittengerichte eingeführt.

Zusammen ergaben diese Regelungen eine für den württembergischen Protestantismus typische Mischung aus strenger Sittenzucht, aus Kriegsnot geborener Sparsamkeit und tätiger Nächstenliebe. So führte die von Andreä verordnete und noch im Königreich Württemberg gültige Kleiderordnung mit der Festlegung farblich zurückhaltender Kleidung dazu, dass in Städten die Geschäfte zwei Sortimente führten: farbenfrohe Kleidung für Katholiken, graue und schwarze für Protestanten. Noch Ende des 20. Jahrhunderts waren Auswirkungen spürbar: Pietistinnen sparten sich den Frisör, indem sie das Haar zu einem Zopf flochten und zu einem „Nest" hochsteckten, während Katholikinnen ihr Haar offen trugen und schneiden ließen, und Glücksspieler aus Württemberg besuchten das Kasino in Baden-Baden oder im bayrischen Lindau, denn die Spielbank Stuttgart wurde erst 1991 eröffnet.

Obwohl sich der landeskirchliche Protestantismus und der Pietismus in Fragen der Sittenzucht weitgehend deckten, herrschte gegenseitiges Misstrauen. Da die obrigkeitskritischen Pietisten private Bibelkreise besuchten, die (Bibel-)„Stunde" – daher „Stundenleute" – und um 1800 die Modernisierung des Gesangbuchs sowie der liturgischen Texte ablehnten, fürchtete die Kirchenleitung eine Kirchenspaltung mit unabsehbaren Folgen. Zudem hatte Johann Albrecht Bengels (1687–1732) Prophezeiung, die Welt gehe im Jahr 1836 unter, zu Beginn des 19. Jahrhunderts zur verstärkten Auswanderung nach Palästina, Russland und Amerika beigetragen und damit zum Verlust von Arbeitkräften. Um eine Kirchenspaltung und weiteren Arbeitskräfteschwund zu verhindern, gestand König Wilhelm I. den Pietisten im Jahr 1819 die Gründung der unabhängigen Brüdergemeinde Korntal bei Stuttgart (Tour 40) und 1824 der Gemeinde Wilhelmsdorf (Tour 41) nordwestlich von Ravensburg zu.

Kontrollinstanz für den Schulunterricht sowie den gesitteten Lebenswandel der Gemeindemitglieder. Unter Mitwirkung der Pfarrfrau war es zudem Beratungsstelle bei familiären Problemen, Veranstaltungsort von Gebets- oder Singkreisen und oftmals einfache Ausbildungsstätte für Mädchen, denen Grundfertigkeiten in Haushaltshaltsführung und textilem Arbeiten beigebracht wurden. Unzählige Pfarrer schrieben Dorfchroniken, historische wie naturwissenschaftliche Abhandlungen oder Anleitungen zu effektiver Arbeit in der Landwirtschaft, und manch ein Pfarrer verbrachte seine Mußestunden in der Werkstatt wie beispielsweise Philipp Matthäus Hahn, der in Onstmettingen bei Hechingen, später in Echterdingen feinmechanische Geräte austüftelte. Aus Pfarrhäusern kamen zahlreiche Literaten wie Eduard Mörike oder Gustav Schwab, Geisteswissenschaftler wie Wilhelm Zimmermann mit seinem Werk über den Bauernkrieg, aber auch Gesellschaftskritiker wie Ludwig Seeger, der im Umfeld der Revolution von 1848/49 an den Auseinandersetzungen um die Demokratisierung Württembergs beteiligt war.

TOUR 39 STADTRUNDGANG
Johannes Brenz in Schwäbisch Hall

Johannes Brenz (1499–1570) war seit 1522 in der Salzsiederstadt Hall als Prediger tätig. Als er 1535 nach Stuttgart berufen wurde, um in der württembergischen Kirchenleitung zu wirken, hinterließ er ein geordnetes Kirchen-, Schul- und Sozialwesen. Die evangelische Michaelkirche ist eine Besonderheit, da sie dank Brenz' Einfluss vom „Bildersturm" verschont blieb und in der Folgezeit sogar mit weiteren Epitaphien (Gedächtnistafeln) ausgestattet wurde.

Über die Reformation informiert eine sehr empfehlenswerte Abteilung des Hällisch-Fränkischen Museums.

Praktische Informationen Tour 39
Länge: 1,3 km   **Gehzeit:** 30 Min.
Tourcharakter: Fußgängerzone, Fuß- und Radweg in Grünanlage.
Anfahrt: Am Rand der Altstadt von Schwäbisch Hall von der B 19 abbiegen auf die B 14 in Richtung Crailsheim, nach 1 km rechts in der Zwingerstraße zu Parkhaus.

Das gut erhaltene Kloster Blaubeuren, in dem sogar das Badhaus der Mönche die Jahrhunderte überdauerte, wurde während der Reformation säkularisiert und in eine Schule für den Theologennachwuchs umgewandelt. Auch heute befindet sich hier ein Internat.

Wegverlauf: Parkhaus – Untere Herrngasse zur Michaelkirche – hangabwärts und geradeaus zur Henkersbrücke – nach links entlang des Kochers – Roter Steg – nach links Sulfersteg zum Haalplatz – Haalstraße nach rechts – nach rechts in der Gasse Im Keckenhof zum Hällisch-Fränkischen Museum und Parkhaus.
Karte/Information: Stadtplan bei Touristik-Information Schwäbisch Hall;
www.schwaebischhall.de

TOUR 40 ORTSRUNDGANG
Die evangelische Brüdergemeinde Korntal

Praktische Informationen Tour 40
Länge: 1 km   **Gehzeit:** 30 Min.
Tourcharakter: Bequemer Rundgang in Korntal.
Anfahrt: A 81 Leonberger Dreieck–Kreuz Weinsberg, Ausfahrt 17 (Zuffenhausen); B 10 in Richtung Stuttgart, nach gut 2 km rechts abbiegen (Nordseestraße); in Korntal geradeaus (Zuffenhausener Straße) und nach 200 m rechts in der Goerdeler Straße zu Parkplatz in der Ortsmitte.

Wegverlauf: Parkplatz bei ehemaliger Gemeindehandlung, Altem Rathaus und Großem Saal – Wilhelmsdorfer Straße nach links, vorbei am Landschlosshotel – Alter Friedhof – Kullenstraße – Mirander Straße nach rechts, vorbei am Großen Schülerheim – Flattichhaus – rechts ab zur Alten Lateinschule – zurück und Mirander Straße in die Ortmitte.
Karte/Information: Rathaus Korntal, Saalplatz 4, 70825 Korntal-Münchingen, Tel. 07 11/83 67-0; www.korntal-muenchingen.de/ortsgeschichte

Nach jahrelangen Querelen mit der Kirchenleitung konnten Pietisten unter Führung von Gottlieb W. Hoffmann im Jahr 1818 mit königlicher Erlaubnis das Hofgut Korntal (heute Landschlosshotel) kaufen und eine von der Stuttgarter Kirchenleitung unabhängige Gemeinde gründen. Die Gemeindemitglieder errichteten mehrere öffentliche Gebäude wie die schmucklose, als Großer Saal bezeichnete Kirche, ein Pfarrhaus, heute Altes Rathaus mit Museum zur Brüdergemeinde Korntal, eine Gemeindehandlung (Kaufladen) und eine Textilfabrik, die später in ein Waisenhaus umgewandelt wurde.

Die „ewigen Gräber" auf pietistischen Friedhöfen wie hier im „Begräbnisgarten" der evangelischen Brüdergemeinde Korntal dürfen nicht aufgelöst werden.

TOUR 41 ORTSRUNDGANG
Die pietistische Gemeinde Wilhelmsdorf

Wilhelmsdorf wurde 1824 planmäßig angelegt mit einem Betsaal auf der Straßenkreuzung in der Ortsmitte. Zwei Generationen lang kämpfte diese Korntaler „Kolonie" um das Überleben, denn die Erlaubnis König Wilhelms I. zur Dorfgründung war an die Bedingung geknüpft, einen Teil des ausgedehnten Pfrunger Rieds trocken zu legen; das Benedikt-Nimser-Haus (Zussdorfer Straße) zeigt das karge Leben der Siedler.

Eine Verbesserung der Lebensverhältnisse brachte seit etwa 1870 die Ausweitung sozialer Tätigkeiten, die noch heute die Gemeinde prägen: öffentliche Schulen, Altenpflegeschule, Kinderheim und die Ziegler'schen Anstalten für Hör- und Sprachbehinderte sowie für Suchtkranke.

Praktische Informationen Tour 39
Länge: 1 km   **Gehzeit:** 30 Minuten.
Tourcharakter: Bequem durch Dorfstraßen.
Anfahrt: Von Ravensburg (Oberschwaben) auf Landstraße in Richtung Pfullendorf/Messkirch nach Wilhelmsdorf; kleine Parkplätze in der Ortsmitte am Betsaal.
Wegverlauf: Parkplatz – Saalplatz mit Betsaal – nach rechts Zussdorfer Straße, vorbei an Museum und Friedhof – rechts abbiegen in die Gartenstraße zum alten Brüdergemeindehaus – zurück zum Saalplatz; rechter Hand neues Brüdergemeindehaus.
Karte/Information: Gemeindeverwaltung Wilhelmsdorf, Saalplatz 7, 88271 Wilhelmsdorf, Tel. 07503/921-0;
www.gemeinde-wilhelmsdorf.de

Im ersten Drittel des 19. Jahrhunderts errichteten die pietistischen Siedler von Wilhelmsdorf ihren Betsaal mitten auf der damals einzigen Straßenkreuzung, dem Mittelpunkt der Siedlung.

MISSSTÄNDE UND UNRUHEN

Der Bauernkrieg

Aber in welchem Kodex hat Gott ihr Herr ihnen [den Herren] solche Gewalt gegeben, dass wir Armen ihnen zu Frondienst ihre Güter bauen müssen? … Dazu müssen wir Armen ihnen Steuern, Zins und Gült geben, und soll der Arme nichts minder weder Brot, Salz noch Schmalz daheim haben, mitsamt ihren Weibern und kleinen unerzogenen Kindern … Hat Gott solche Gewalt gegeben, in welchem Kappenzipfel steht doch das geschrieben? Ja ihre Gewalt ist von Gott, aber doch so fern, dass sie des Teufels Söldner sind und Satanas ihr Hauptmann.
(Anonymes Flugblatt, Anfang 16. Jahrhundert)

Beschwerden von Bauern über Frondienste (mhd. vrô, Herr) und Abgaben wie den Gült häuften sich im 15. Jahrhundert, aber die Rechtmäßigkeit der Herrschaft weltlicher und geistlicher Herren blieb zumeist unbestritten. Während der von Martin Luther (1483–1546) im Oktober 1517 ausgelösten Reformation (siehe S. 109 ff.) jedoch wurde diese Ordnung erschüttert. Zum einen verstärkte Luther mit dem Anprangern der Missstände in der Kirche den „Pfaffenhass" in der Bevölkerung, zum andern erkannte man durch das Studium des von Luther ins Deutsche übersetzten Neuen Testaments (1521/22), dass geistliche wie weltliche Herren ihre Herrschaft über den „gemeinen Mann" missbrauchten.

Obwohl Luther die Herrschaft des Adels nie in Frage stellte, ermutigte seine Kritik an der Kirche mit der Aufforderung zu religiöser Selbstverantwortung unabsichtlich zum Widerstand gegen die Herren. Die Forderungen der Bauern nach gerechter Herrschaft auf Grundlage der Heiligen Schrift führte 1524/25 zum Bauernkrieg, einer blutig niedergeschlagenen Massenempörung.

Die Lage der Bauern

Im 15. Jahrhundert steigerten die weltlichen, vor allem aber die geistlichen Herren ihre Einkünfte unter Verletzung gültigen Rechts. Die Bede, eine selten erhobene Sondersteuer anlässlich besonders kostspieliger Ereignisse wie der Zusammenstellung einer Mitgift, wurde zur regulären Steuer; Frondienste sowie Abgaben wurden willkürlich erhöht, und die Aneignung der Allmende – die zum dörflichen Gemeinbesitz gehörenden Gewässer, Wald- und Wiesenflächen – bedrohte die Existenz vieler Bauern. Als Viehweide, Rohstoffquelle

Das Arrangement „Bauernspieße gegen Reiter-Rüstungen" im Böblinger Bauernkrieg-Museum veranschaulicht die Überlegenheit der Truppen des Schwäbischen Bundes im Kampf gegen die Bauern.

für Werkzeuge, Bau- und Brennholz sowie als Nahrungsreservoir mit Beeren, Nüssen, Wild und Fisch war die Allmende unentbehrlich.

Da sich über die Jahrhunderte die Rechtsverhältnisse stark aufgesplittert hatten, unterstanden Bauern zumeist mehreren Herren, die als Gegenleistung für „Schutz und Schirm" Abgaben beanspruchten. Beispielsweise forderten in Baltringen bei Biberach das nahe gelegene Kloster Heggbach und das Kloster Ochsenhausen als Grundherren das Heugeld, das Küchengefälle mit knapp einem Drittel des Obstes, der Hühner und der Eier sowie den Getreidegült, der ein Fünftel der Ernte ausmachte; für Frondienste – Handarbeit und Fuhren mit dem Ochsengespann – waren zehn Tage im Jahr angesetzt, und bei einem Besitzerwechsel wurde ein Fünftel des Hofgutwerts fällig. An den Zehntherrn, das Kloster Heggbach, ging als Großzehnt jede zehnte Getreidegarbe, als Kleinzehnt der zehnte Teil an Früchten und Gemüse, als Blutzehnt jedes zehnte Jungtier. Dem Kloster Ochsenhausen als Patronatsherrn standen Feldfrüchte zu. Gerichtsherr für das Dorf war der Spital Biberach, für die Feldmarkung das Kloster Salem; beide beanspruchten Hühner und Frondienste. Leibherren, die über Anträge auf Eheschließungen oder den Ortswechsel von Leibeigenen entschieden, waren das Kloster Heggbach und der Spital Biberach; die Abgabe eines Huhns symbolisierte die Unfreiheit des Leibeigenen, und im Todesfall war etwa die Hälfte des Werts der Hinterlassenschaft abzugeben.

Nach Abzug aller Abgaben blieb den Baltringer Bauern etwa ein Drittel der Erträge, wovon Rücklagen für die Instandhaltung des Hofs zu bilden waren. Großbauern konnten damit leben, Kleinbauern jedoch kämpften bei den häufigen Missernten ums Überleben.

Bauernrevolten und Bauernkrieg

Gegen die Willkür der Herren baute sich allmählich Widerstand auf. So erhob sich 1476 die Landbevölkerung im Taubertal unter der Führung des Pfeifers von Niklashausen. Zwischen 1491 und 1517 scheiterten mehrere Empörungen unter dem Zeichen des „Bundschuh" – der einfache, am Knöchel zusammengebundene Lederschuh des Bauern –, und 1514 misslang im Remstal und auf der Alb der Aufstand des „Armen Konrad"; diese abfällige Bezeichnung eines Bauern nahm der Bauernführer Peter Gais als Namen an.

Seit April 1524 verweigerten die Bauern in einigen Herrschaften an der Donau, im Schwarzwald und in Oberschwaben Abgaben sowie Frondienste, und nachdem im Juni die Bauern von Stühlingen bei Waldshut zum Schneckensammeln befohlen worden waren, weil die Gräfin Schneckenhäuser benötigte, um Garn aufzuwickeln, schlossen sich einer Beschwerdeschrift der Betroffenen in den folgenden Monaten Bauern der weiteren Umgebung an. Sie formierten sich zu einem so genannten Haufen, einer nach Art der Landsknechte organisierten Truppe, und als im Winter 1524/25 klar wurde, dass die Herren ihre Zusage, die Beschwerden gerichtlich prüfen zu lassen, nicht eingehalten hatten, bildeten sich in Oberschwaben drei große Bauernhaufen mit je etwa zehntausend Mann (Tour 44). In Memmingen verfassten die Bauernführer unter Mitwirkung reformatorisch gesinnter Bürger die „Zwölf Artikel", in denen die Rückkehr zum alten, auf der Bibel beruhenden Recht und die freie Wahl der Pfarrer gefordert wurden.

Die rasche Verbreitung des Manifests bewirkte zwischen Hochrhein und Thüringen, dem Elsass und Tirol eine Massenempörung, und seit April 1525 plünderten in Südwestdeutschland knapp dreißig Bauernhaufen die Klöster und brandschatzten hunderte von Burgen, wobei sich eine der wenigen Gräueltaten in Weinsberg abspielte: Der adlige Vogt wurde mit einigen seiner Männer durch die Spieße gejagt. Diese bei Landsknechten übliche Todesstrafe betrachtete der Adel als revolutionären Akt, der mit aller Härte zu ahnden war (Tour 42).

Unterdessen hatte der Schwäbische Bund – eine Vereinigung des Adels und der Reichsstädte – eine Truppe aus zweitausend Reitern

An den Bauernkrieg erinnert kaum ein Gedenkstein; eine der wenigen Ausnahmen ist ein unscheinbarer, verwitterter Grabstein an der B 290 in Gerlachsheim bei Lauda (Taubertal). Die Inschrift lautet: Den Gefallenen im Bauernkrieg, 24. Juni 1525.

sowie achttausend Landsknechten unter dem Befehl des Truchsessen Georg von Waldburg (Tour 43) zusammengestellt. Seit April zog der „Bauernjörg" auf einem tausend Kilometer langen Kriegszug von Ulm durch Oberschwaben, vom oberen Neckar in den Kraichgau, nach Franken und wieder südwärts ins Allgäu. Auf diesem Zug wurden die einzelnen Haufen erbarmungslos niedergemetzelt, u.a. in der Schlacht von Böblingen im Mai 1525 mit etwa dreitausend erschlagenen Bauern. Anführer wie Jakob (Jäcklein) Rohrbach wurden gefoltert und hingerichtet, unzählige Bauern verstümmelt.

DER BAUERNKRIEG 119

Schätzungen zufolge starben bis zum Ende des Bauernkriegs im Juli 1525 zwischen siebzig- und hunderttausend Bauern. Die rechtliche Lage der Bauern blieb unverändert, während sich die wirtschaftliche Lage kurzzeitig sogar noch verschlechterte, da die Überlebenden für Kriegsschäden aufzukommen hatten. Nur wenige lutherisch gesinnte Herren wie der Markgraf von Baden-Durlach erleichterten das Los der Bauern und erlaubten reformatorisch tätigen Pfarrern die Predigt.

TOUR 42 SPAZIERGANG
Weinsberg und Burgruine Weibertreu

In einer Grünanlage von Weinsberg kennzeichnen zwei Sühnekreuze die Stelle, an der Graf Ludwig von Helfenstein und einige Ritter zu Ostern 1525 – den so genannten Weinsberger Blutostern – durch die Gasse gejagt, d. h. zwischen zwei Reihen mit Spießen bewaffneter Bauern hindurchgetrieben wurden und an den Stichverletzungen starben. Die als „Weibertreu" (siehe S. 60) bekannte Burg Weinsberg ging in Flammen auf; erhalten sind Reste von Türmen und der Mauer. In der romanischen Johanneskirche predigten Johannes Oekolampadius, der spätere Reformator von Basel, und der spätere württembergische Reformator Erhard Schnepf. Über den Bauernkrieg informiert eine Abteilung des Weibertreu-Museums im Rathaus.

Praktische Informationen Tour 42
Länge: 1,5 km   **Gehzeit:** 1 Std.
Tourcharakter: Bequem in der Altstadt; kurzer, steiler Anstieg zur Burgruine.
Anfahrt: A 81 Stuttgart–Würzburg, Ausfahrt 10 (Weinsberg/Ellhofen); in Weinsberg von der

Die Burg Weinsberg wurde im Bauernkrieg zerstört; sie war der Sitz eines adligen Vogts, der von den Bauern wegen seines Schreckensregiments zu einem entehrenden Tod verurteilt wurde.

Ortsdurchfahrt abbiegen in Richtung Bahnhof, nach 250 m rechts abbiegen zu Parkplatz 8 in der Kanalstraße.
Wegverlauf: Am Parkplatz den Stadtbach überqueren – nach rechts durch Grünanlage zur Querstraße Alte Linde; auf der anderen Straßenseite Sühnekreuze an derjenigen Stelle, wo der Vogt starb – Straße Alte Linde nach rechts über den Stadtbach – in der Straße Unteres Tor zum Marktplatz; im Rathaus das Weibertreu-Museum – Kirchstaffel zur Johanneskirche – links um Kirche herum und steil bergauf zur Burgruine – gleicher Weg zurück zum Marktplatz – Hauptstraße nach links – nach 30 m rechts abbiegen und in Florian-Geyer-Gasse, anschließend Backhausgasse zum Parkplatz.
Karte/Information: Stadtplan von Weinsberg; www.weinsberg.de

TOUR 43 RADTOUR
Von Weingarten zur Waldburg

Obwohl Weingarten zentral im aufrührerischen Oberschwaben lag, blieb der Ort von kriegerischen Ereignissen verschont. Im April 1525 schloss Truchsess Georg III. von Waldburg aus taktischen Gründen den Weingartener Vertrag mit dem (Boden-)Seehaufen; Informationen zum Bauernkrieg im Stadtmuseum.

Die Waldburg sitzt auf einer steil aufragenden Erhebung oberhalb des gleichnamigen Ortes und ist die mit Ringmauer, Palas, Kapellenturm und Wirtschaftsgebäude gut erhaltene Stammburg der Truchsessen. Im Palas mehrere kleine Ausstellungen, u. a. zum Bauernkrieg und zum Truchsessen Georg III., dem berüchtigten „Bauernjörg".

Praktische Informationen Tour 43
Länge: 28 km   **Fahrzeit:** 2,5–3 Std.
Tourcharakter: Keine einheitliche Markierung, aber überall Radwegweiser; überwiegend ruhige, schmale und kurvenreiche Landstraßen in stark gegliederter Hügellandschaft, daher zahlreiche vorwiegend kurze Anstiege.
Anfahrt: B 30 Ulm–Friedrichshafen; in Weingarten zu großem Parkplatz bei Festplatz/Hallenbad.
Wegverlauf: Parkplatz – Abt-Hyller-Straße – Ortsdurchfahrt kreuzen – weiter Abt-Hyller-Straße – geradeaus Heinrich-Schatz-Straße – rechts ab in St.-Longinus-Straße; rechter Hand die barocke Basilika – Durchfahrtsstraße in Richtung Wolfegg kreuzen – Doggenriedstraße – an Kreuzung rechts in Lazarattstraße – nach 600 m links in Wagnerstraße – nach 50 m rechts in Köpfinger Straße zum Stadtrand – Wirtschaftsweg zu quer verlaufender Landstraße – nach rechts, die Straße nach Wolfegg

Innenhof und Kapellenturm der Waldburg.

kreuzen – nach links Wirtschaftsweg parallel zur Straße – nach 300 m rechts ab auf Sträßchen, über Eratsrein, Wetzisreute, Greut und Sieberatsreute nach Waldburg – aus dem Ort steil hoch zur Waldburg; gleicher Weg zurück nach Sieberatsreute – nach links Sträßchen in Richtung Schlier – in Schlier links in Richtung Ravensburg – am Ortsende rechts ab und im Laurental abwärts nach Weingarten – geradeaus zur Altstadt – am Stadtmuseum vorbei – Ortsdurchfahrt kreuzen – von der Talstraße rechts ab in die Asamstraße – Abt-Hyller-Straße nach links zum Parkplatz.
Karte/Information: Freizeitkarte des Landesvermessungsamts Baden-Württemberg, Blatt 529 (Östlicher Bodensee), 1:50 000; www.weingarten-online.de; www.gemeinde-waldburg.de

TOUR 44 RADTOUR
Von Baltringen zum Kloster Heggbach

Am Heiligen Abend 1524 trafen sich erstmals die Baltringer Bauern im Gasthaus, um ihre Beschwerden gegen die Obrigkeit zu besprechen. Baltringen wurde zu einem Anziehungspunkt für die Unzufriedenen, so dass im Februar 1525 etwa 15 000 Bauern aus dreihundert Dörfern versammelt waren, die in dem für berittene Gegner unpassierbaren Osterried lagerten. Im März plünderte der Baltringer Haufen das Zisterzienserinnenkloster Heggbach, heute Behindertenhilfe der Heggbacher Einrichtungen. Als aber nach der Schlacht von Leipheim (Donau) mehrere Bauernführer enthauptet worden waren und der Truchsess von Waldburg gedroht hatte, Baltringen zu zerstören, löste sich im April 1525 der Baltringer Haufen auf.

Praktische Informationen Tour 44
Länge: 14 km **Fahrzeit:** 1 Std.
Tourcharakter: Bequeme Rundtour, kurze Abschnitte auf Straßen.
Anfahrt: B 30 Ulm–Ravensburg; von Laupheim Landstraße in südlicher Richtung nach Baltringen; Parkmöglichkeit an der Ortsdurchfahrt beim Rathaus (mit Ausstellung zum Bauernkrieg).
Wegverlauf: Rathaus Baltringen – Ortsdurchfahrt in Richtung Kirche – nach links in Richtung Schemmerberg gut 1 km zu Infotafel am Osterried – gleicher Weg zurück und vor Unterführung der B 30 rechts abbiegen – nach 1,5 km durch B 30-Unterführung nach Äpfingen – im Ort links nach Sulmingen – vor der Kirche rechts abbiegen – Wirtschaftsweg knapp 2 km zur Straße Sulmingen–Heggbach und vollends zum ehemaligen Kloster Heggbach; gleicher Weg zurück und nach 100 m rechts abbiegen auf Wirtschaftsweg – nach 1 km an Wegkreuzung im Wald nach links und knapp 2 km zu Querweg – nach links zurück nach Baltringen.
Karte/Information: Freizeitkarte für Rad- und Rollschuhfahrer, Lokale Agenda 21 Laupheim 2002, 1:35 000, erhältlich auf den Rathäusern in der Umgebung Laupheims;
www.baltringer-haufen.de

In Sulmingen steht die Skulptur des Ulrich Schmid, eines Führers des Baltringer Haufens und Mitautors der „Zwölf Artikel" der Bauern.

ELEGANZ UND ELEND

Renaissance und Dreißigjähriger Krieg

Der Pfalzgraf, dem die Stadt gehört, hat dort seine Residenz in einem sehr schönen, in der Stadt auf einem Berge gelegenen Schloss, einem sehr schönen und festen Platz, der vier Gebäudegruppen umfasst, alle aus Quadersteinen und mit Schiefer gedeckt. Jedes Gebäude würde genügen, um einen recht großen König unterzubringen.
(Das Heidelberger Schloss in einem Reisebericht aus dem Jahr 1503)

Der Bewunderer des Heidelberger Schlosses, ein Edelmann, der im Jahr 1503 durch Schwaben reiste, hätte noch mehr gestaunt, wäre er rund sechzig Jahre später nochmals in Heidelberg gewesen. Durch Um- und Ausbauten entstanden aus und auf den mittelalterlichen Gemäuern Paläste mit prächtigen Fassaden, ein Trend der Zeit, der auch andere Burgbesitzer ab der Mitte des 16. Jahrhunderts erfasste.

Eine neue Zeit – die Renaissance

Die Kurpfalz war zu Beginn des 16. Jahrhunderts eines von rund dreihundertfünfzig unterschiedlich großen Herrschaftsgebieten im deutschen Südwesten. Auf dem Reichstag zu Worms im Jahr 1495 hatte Kaiser Maximilian I. die im Mittelalter üblichen Fehden, d. h. „Privatkriege" zwischen Territorialherren, auf unbefristete Zeit durch Verkündigung des Ewigen Landfriedens verboten. Die Gefahr, von habgierigen Nachbarn angegriffen zu werden, war deshalb weitgehend gebannt. Fürsten und Herren konnten sich nun daran machen, ihre Territorien zu funktionierenden Staatswesen auszubauen, ihre Wehrburgen zu verlassen und sich Schlösser als repräsentative Wohnsitze zu errichten. In Baden-Württemberg sind auf Grund der zahlreichen Territorialherren Renaissanceschlösser in besonders großer Zahl erhalten.

Beeinflusst wurden die Bauherren dabei durch eine Geisteshaltung, die ab dem 14. Jahrhundert von Italien ausgehend ganz Europa erfasste, dem Humanismus. War im Mittelalter die Religion eine der wichtigsten öffentlichen Angelegenheiten und das Denken auf Gott und das Jenseits konzentriert, so wandte man sich jetzt dem Diesseits und dem Menschen zu. In Anlehnung an die bereits in der griechischen Antike vorhandene Vorstellung, der Mensch sei die höchste Autorität im Universum, entstand das Bild des idealen Menschen, der seine Persönlichkeit frei entfaltet.

Der gegen Ende des 17. Jahrhunderts von französischen Truppen zerstörte Ottheinrichbau im Heidelberger Schloss ist benannt nach dem pfälzischen Kurfürsten Otto Heinrich (regierte 1556–59), der diesen prachtvollen Renaissance-Bau mit sechzehn allegorischen Figuren errichten ließ.

Auch in der Kunst, vor allem in der Architektur, wurde die Antike zum Vorbild, weshalb diese Epoche seit dem 18. Jahrhundert als Renaissance, als Wiedergeburt der Antike, bezeichnet wurde.

In der Antike übliche, geometrisch-klare Schmuckformen wurden in abgewandelter Form verwendet. So entstanden mit Skulpturen und Voluten – Ornamentform aus zwei gerollten Spiralbändern – geschmückte Giebel, mit Dreiecksgiebeln verzierte Portale, die sich an antiken Triumphbogen orientierten, und Fassaden, die durch Gesimsbänder horizontal gegliedert wurden. Neue Schlösser bekamen vier Flügel, einen Innenhof mit Loggia und zumeist runde Ecktürme als Treppenaufgänge.

Schlösser und Rathäuser – Herren und Bürger repräsentieren

Kaum einer der Territorialherren konnte sich dem neuen Trend verschließen. Die württembergischen Herzöge verwandelten die mittelalterliche Wasserburg in Stuttgart in eine Vierflügelanlage mit Ecktürmen und Innenhof mit Arkaden; die Grafen von Hohenlohe erbauten Schlösser in Neuenstein, Weikersheim und

Langenburg; das Haus Fürstenberg ließ die Burg Heiligenberg mit einer eleganten Renaissance-Fassade verkleiden und zwei neue Flügel anfügen, und selbst „kleinere Herren" bauten ihre Burgen um zu repräsentativen Schlössern wie in Glatt (südlich von Horb am Neckar; Tour 45). Auch in den Innenräumen galten neue Maßstäbe. Besonders prächtig sind der zwei Stockwerke einnehmende Rittersaal in Heiligenberg (Bodensee) und der Saal in Weikersheim (Taubertal) mit Jagdszenen und lebensgroßen Tierplastiken aus Stuck.

Ein mächtiges Renaissanceschloss sollte auch das Zentrum der neuen Residenzstadt Freudenstadt werden, die Herzog Friedrich I. von Württemberg (1557–1608) durch seinen Baumeister Heinrich Schickhardt entwerfen ließ. Freudenstadt sollte mitten in seinem Herrschaftsgebiet liegen, das er durch Erwerb des Bistums Straßburg zu vergrößern hoffte. Doch das Schloss wurde nie errichtet, da der Herzog vor Vollendung der Pläne verstarb; die Stadt jedoch wurde nach dem Vorbild eines Mühlespielbrettes als repräsentative Anlage für 3500 Einwohner gebaut (Tour 46).

Der Repräsentation dienten auch die Epitaphien – Denkmale mit Inschrift und zumeist lebensgroßer Gestalt des Verstorbenen. Sie bezeichnen nicht das Grab, sondern sind Erinnerungsmale. In nahezu allen Kirchen, die Grablegen für Territorialherren waren, sind solche Epitaphien erhalten, u. a. die der Hohenloher in den Kirchen in Öhringen und Langenburg.

Auch in den Städten zeigte sich die neue Geisteshaltung: Wohlhabende Bürger erbauten sich Patrizierhäuser wie das Reichlin-von-Meldegg-Haus in Überlingen oder das Hornmoldhaus in Bietigheim. In Freien Reichsstädten wurden die Rathäuser umgestaltet, gut zu sehen am Alten Rathaus in Esslingen, wo die Südseite noch das mittelalterliche Fachwerk, die Nordseite aber eine prachtvoll gestaltete Renaissance-Fassade mit astronomischer Uhr zeigt. Solche Uhren, manchmal mit Glockenspiel, gehörten neben Wandmalereien, figürlichem Schmuck oder Freitreppe zu so manchem Rathaus, u. a. in Tübingen, Ulm und Heilbronn.

Flucht und Massensterben – der Schwarze Tod

Im Jahr 1596 wütete in Heidelberg der Schwarze Tod, zum dritten Mal innerhalb von 50 Jahren. Fast ein Fünftel der Einwohner starb an

Die 1590 erbaute Kapelle im Schloss Liebenstein bei Neckarwestheim ist auf Grund ihres reich mit Säulen und Voluten verzierten Giebels eines der bedeutenden Renaissance-Baudenkmäler in Württemberg.

RENAISSANCE UND DREISSIGJÄHRIGER KRIEG

Eine Wasserburg in Glatt bei Sulz am Neckar ließ Reinhard von Neuneck schon 1522 zu einem Renaissanceschloss umbauen, das als eines der ältesten Renaissanceschlösser Südwestdeutschlands gilt.

der hoch ansteckenden Pest, trotz eines vom Heidelberger Arzt Jacob Theodor herausgegebenen Buchs zur Pestbekämpfung. Die Kurfürsten verließen ihr Schloss, um der Seuche zu entgehen, die vermutlich im 14. Jahrhundert von tatarischen Reiterhorden am Schwarzen Meer eingeschleppt worden war und seitdem etwa alle neun bis zwölf Jahre in verschiedenen Regionen immer wieder auftrat.

Isolation galt als beste Möglichkeit, der „Geißel der Menschheit" zu entkommen, doch eine Flucht konnten sich nur Adlige, Kleriker und reiche Bürger leisten. Wer nicht fliehen konnte, bekämpfte die Krankheit mit Desinfizierendem wie Essig, Rauch, Schwefel oder Parfüm. Wieder andere aßen Fisch, der angeblich den Pest-Erreger nicht übertragen konnte. Da die Seuche als Strafe Gottes verstanden wurde, suchten viele ihr Heil im Gebet und riefen einen der mehr als fünfzig Pestheiligen an, z. B. den hl. Rochus.

Trotz aller Maßnahmen starben die Menschen zu Tausenden, wurden in Karren aus der Stadt gefahren und ohne Zeremonie verscharrt. Um den Anschein eines christlichen Begräbnisses zu wahren, gründeten im Sommer 1501 in Pforzheim, wo ein Drittel der Einwohner der Pest erlag, Überlebende die Löbliche Singergesellschaft, eine Pest- oder Begräbnisbruderschaft, die an den Gräbern sang; die Singergesellschaft besteht noch heute. Die Friedhöfe, die bis zu diesem Zeitpunkt bei der Kirche lagen, wurden zu klein, so dass neue Friedhöfe außerhalb der Stadtmauern angelegt werden mussten, u. a. in Staufen südlich von Freiburg, wo die neue Friedhofskapelle dem hl. Sebastian, einem der Schutzpatrone gegen die Pest, geweiht wurde.

An die Schrecken der Pest erinnern u. a. auch die Albanskapelle in Bötzingen-Oberschaffhausen am Kaiserstuhl, wo Wandmalereien eine symbolische Darstellung der Pest zeigen, und das Pestkreuz in der Kirche St. Johannes Baptist in Baindt bei Weingarten, Gruppen von Pestkreuzen bei Emmingen südlich von Tuttlingen oder das Pesttürmchen in Veringendorf nördlich von Sigmaringen.

Katholiken gegen Protestanten – der Dreißigjährige Krieg

Die Reformation hatte Europa in Protestanten und Katholiken geteilt. Gewaltsame Auseinandersetzungen vertieften die Spaltung, bis der im Jahr 1555 beschlossene Augsburger Religionsfrieden fünfzig Jahre lang für etwas Ruhe sorgte. Die Lage verschärfte sich wieder, als der calvinistische Kurfürst Friedrich V. von der Pfalz im Jahr 1608 die Union protestantischer Fürsten bildete, der sich auch Württemberg und Baden-Durlach anschlossen. Als Antwort gründeten katholische Fürsten die Liga, welcher der Kaiser, Bayern und alle Bistümer im Südwesten angehörten. 1617 kam es zum offenen Konflikt, als das protestantische Böhmen den calvinistischen Kurfürsten um Hilfe bat aus Angst, der neue König, der katholische Erzherzog Ferdinand II. aus dem Hause Habsburg, könnte sie zum Katholizismus zwingen.

Aus dem Religionskonflikt entwickelte sich ein 30 Jahre dauernder Krieg, in dem das protestantische Schweden und das katholische Frankreich die Union unterstützten, um im Süden Deutschlands einen starken Protestantismus als Gegengewicht zu der von Wien bis Madrid reichenden katholischen Habsburger Macht zu verankern.

Baden und Württemberg wurden zu Hauptkriegsschauplätzen für die Söldnerheere. Schätzungen zufolge erlagen bis zu zwei Drittel der Bevölkerung den Kriegsgreueln, dem Hunger und der Pest. In Württemberg nahmen die kaiserlich-bayrischen Truppen u. a. Wimpfen ein, zerstörten nach der Schlacht bei Nördlingen (1634) die Städte Waiblingen, Herrenberg und Calw und nahmen alle Festungen ein außer dem Hohentwiel. Im heutigen Baden litten viele katholischen Städte unter den Schweden, beispielsweise Waldshut, das drei Belagerungen ertrug, und Breisach, eine der stärksten Festungen im Südwesten, das durch Aushungerung zur Übergabe gezwungen wurde.

Freund und Feind lebten dicht beieinander. So belagerten 1633 württembergische Truppen von Schwenningen aus die katholische Nachbarstadt Villingen, woraufhin kaiserliche Soldaten und die Villinger Bürgerwehr Schwenningen in Brand setzten. In Villingen wiederum erinnert heute noch der Schwedendamm südlich der Stadt an drei Belagerungen durch die Schweden.

Ob alle so genannten Schwedenschanzen, die heute noch mancherorts zu finden sind wie beispielsweise bei Heiligenberg (Bodensee), tatsächlich im Dreißigjährigen Krieg von Schweden als vorübergehende Stützpunkte angelegt wurden, ist nicht immer geklärt.

Zerstörung, Entvölkerung, Neuansiedlung – Die Folgen des Kriegs

„Es waren unser 3832, und jetzt sind wir noch 1528", schrieb der protestantische Pfarrer Johann Valentin Andreä aus Calw im Jahr 1634 einem Freund. Mehr als die Hälfte der Einwohner war umgekommen bei der Plünderung und Einäscherung der Stadt durch kaiserlich-bayrische Truppen.

Nicht nur in Calw, sondern im gesamten Südwesten war die Zahl der Einwohner auf die Hälfte bis ein Drittel gesunken auf Grund von Folter, Hunger und Seuchen. Nach Kriegsende war die Hälfte aller Häuser zerstört, waren Äcker und Wiesen verwüstet.

Aus Angst vor marodierenden Söldnern, die sich auch nach Kriegsende noch jahrelang in der Region aufhielten, war die Landbe-

Eisen zu Gold – Dr. Faust und Co.

Für den Ausbau ihrer Schlösser benötigten die Territorialherren viel Geld. Alchemisten gaben vor, Gold herstellen zu können durch die Umwandlung von unedlem zu edlem Metall. Das glaubten manche Herren nur allzu gern: Anton von Staufen (Südschwarzwald) beauftragte einen der bekanntesten „Schwarzkünstler", den Wunderdoktor Johann (Georg) Faust (geboren um 1480), Gold herzustellen. Doch Faust verstarb 1539 in Staufen im Gasthaus Löwen wohl bei der Ausübung seiner Arbeit, der Legende nach jedoch, weil einer der Teufel, mit denen Faust sich verbündet hatte, ihm das Genick gebrochen habe.

Dagegen ist unstrittig, wer dem Georg Honauer alias Freiherr Georg von Brunnhof und Grobeschütz den Hals brach: Er wurde samt Dienern und Stallmeister 1597 in Stuttgart gehängt auf Geheiß Herzog Friedrichs I. von Württemberg, dem er vorgegaukelt hatte, Eisen in Gold verwandeln zu können.

Aber es gab auch viele ernsthafte Alchemisten, die mit ihren wissenschaftlichen Experimenten die moderne Chemie begründeten. Einer dieser Männer war Graf Wolfgang II. von Hohenlohe (1546–1610), dessen alchemistisches Labor im Schloss Weikersheim besichtigt werden kann.

völkerung teilweise in die ummauerten Städte geflohen. In Württemberg lag noch 1652, vier Jahre nach Friedensschluss, ein Drittel des Nutzlandes brach.

Arbeitskräfte fehlten, und so wurden protestantische Neusiedler aus der Schweiz und Tirol angesiedelt, z. B. in Schützingen bei Maulbronn, wo nur ein einziger Einwohner überlebt hatte, und in den Seitentälern des Murgtals (Nordschwarzwald), wo angeblich die Tiroler die heute noch stehenden Heuhütten einführten. In Württemberg entschied sich der Landesherr erst 1699, die reformierten Waldenser aufzunehmen, die im Kraichgau (Tour 47) und im Nordschwarzwald, u. a. in Neu-Hengstett, angesiedelt wurden.

Wer den Krieg überlebt hatte, feierte Freudenfeste und Dankgottesdienste wie in Ulm, wo das „Ulmische Danklied für den Frieden" entstand: „... ergöze nun das teutsche Herz und nimm hinweg des Krieges Schmerz". Gelübde wurden erfüllt wie in Überlingen, wo alljährlich bei der Schwedenprozession dem Abbruch der Belagerung durch die Schweden im Jahr 1634 gedacht wird.

TOUR 45 RADTOUR
Auf dem Neckartal-Radweg zum Wasserschloss Glatt

Unerwartet prächtig und groß wirkt das von einem gefüllten Wassergraben umgebene Schloss im Dorf Glatt. Die Dimension des Schlosskomplexes erklärt sich durch den Status des Bauherrn: Reinhard von Neuneck war als Kaiserlicher Rat Karls V. (16. Jahrhundert) eine bedeutende Persönlichkeit seiner Zeit. Entsprechend repräsentativ sind sein Schloss wie auch seine Grabplatte in der kleinen Pfarrkirche.

Im Schloss informieren das Schlossmuseum und das Adelsmuseum über die Lebensformen des Adels und die Geschichte von Glatt; das Bauernmuseum in der einstigen Zehntscheuer gibt einen Einblick in den bäuerlichen Alltag.

Praktische Informationen Tour 45
Länge: 19 km **Fahrzeit:** 1,5 Std.
Tourcharakter: Einfache Streckentour auf dem gut markierten Neckartal-Radweg; weitgehend autofrei.
Anfahrt: A 81 Stuttgart–Singen, Ausfahrt 30 (Horb am Neckar); B 32 nach Horb; an der Neckarbrücke geradeaus; unmittelbar an der Brücke der Parkplatz Dammstraße.
Wegverlauf: Am Parkplatz Zugang zum Neckartal-Radweg; im Neckartal talaufwärts bis Höhe Neckarhausen, wo der Radweg in die Straße nach Glatt einmündet; kurz nach rechts und dann links abbiegen auf Radweg, der nach Glatt führt; gleicher Weg zurück nach Horb.
Karte: Radwanderkarte des LVA Baden-Württemberg, Blatt 53 (Neckar-Alb), 1:100 000

TOUR 46 SPAZIERGANG
Rundgang durch Freudenstadt und im Christophstal

Das Zentrum Freudenstadts ist ein riesiger quadratischer Platz, auf dem die Residenz Herzog Friedrichs I. von Württemberg stehen sollte. Heute dient der 219 auf 216 Meter große und von drei Häuserzeilen umgebene Platz als Marktplatz. Die innere Häuserzeile wurde nach italienischem Vorbild mit Arkaden versehen. An einer Ecke des Quadrats erhebt sich die Stadtkirche (1601–1608), ein ungewöhnlicher Winkelbau; an der Turmuhr sind die vier Bestandteile des Herzogswappens zu sehen. Stadtkirche und Häuserzeilen wurden nach der Zerstörung im Zweiten Weltkrieg nach den alten Plänen neu errichtet; im Zentrum des Platzes steht heute das Stadthaus mit Heimatmuseum.

Den Aufbau der Stadt sollten die Silbergruben im Christophstal finanzieren. Der oberste Bergbeamte des Herzogs, der verantwortlich war für die Prägung des „Christophtalers", lebte im Bärenschlössle, einem Renaissancebau. Das einstige Silberbergwerk, die Friedrichs-Fundgrube, kann besichtigt werden.

Praktische Informationen Tour 46
Länge: 2,5 km **Gehzeit:** 45 Min.–1 Std.
Tourcharakter: Einfacher Spaziergang auf asphaltierten Wegen und Straßen.
Anfahrt: In Freudenstadt das Parkhaus Marktplatz, Ausgang Stadthaus.

Mitten im Schwarzwald ließ Herzog Friedrich I. von Württemberg 1599 Freudenstadt mit seinen typischen Arkaden anlegen, wo u. a. auch aus Österreich vertriebene Protestanten Zuflucht finden sollten.

Wegverlauf: Von der Tourist-Information zum Unteren Marktplatz (blaue Raute in Richtung Christophstal), vorbei an den Wasserfontänen; Finkenbergstraße – Christophstaler Steige – bergab zur Talstraße in Christophstal – den Forbach überqueren – Christophsstraße nach rechts – Bärenschlössle (Café/Restaurant) am Talhang – zurück zur Talstraße – geradeaus über den Forbach – kurz darauf links auf dem Wölperwiesenweg ansteigen – Unterer Marktplatz. Wer die Friedrichs-Fundgrube besichtigen möchte, biegt nach ca. 400 m rechts ab zur Straßburger Straße.
Karte: Stadtplan „Freudenstadt zu Fuß erleben", erhältlich in der Touristinfo Freudenstadt, Marktplatz 64.

TOUR 47   WANDERUNG
Auf dem Waldenserweg nach Schönenberg

Die Waldenser, Anhänger des Petrus Valdes aus Lyon, der um 1173 eine Bewegung von Wanderpredigern gegründet hatte, erkannten nur die Bibel als höchste Autorität an. Sie wurden als Ketzer verfolgt, schlossen sich 1532 der Reformation an, und 1690 wurden rund 2700 von ihnen aus Frankreich und Italien ausgewiesen. Sie fanden Aufnahme u. a. in der protestantischen Markgrafschaft Baden-Durlach sowie im Herzogtum Württemberg. Zunächst wurden sie in den verlassenen Schanzwerken der Eppinger Linien (siehe S. 95) in der Nähe von Mühlacker untergebracht, ehe sie Siedlungen mit französischen Namen wie Pinache, Perouse und Kleinvillars gründeten. Pfarrer und Führer der Waldenser war Henri Arnaud, der 1702 in der Waldensersiedlung Schönenberg sein Haus errichtete, in dem heute ein Waldensermuseum untergebracht ist. Hier wurde erstmals in Württemberg die Kartoffel angebaut.

Praktische Informationen Tour 47
Länge: 14,5 km   **Gehzeit:** 4 Std.
Tourcharakter: Vom S-Bahn-Haltepunkt Knittlingen-Kleinvillars nach Kleinvillars, dort markierte Wanderwege nach Schönenberg; Straße und Waldweg (ohne Markierung) zum S-Bahn-Haltepunkt Ötisheim; Rückfahrt: S 9 in Richtung Bretten/Bruchsal alle 30 Min., am Wochenende weniger Fahrten.
Anfahrt: A 8 Karlsruhe–Stuttgart, Ausfahrt 45 (Pforzheim-Ost), B 10 nach Mühlacker, über Ötisheim und Ölbronn zum S-Bahn-Haltepunkt Kleinvillars.
Wegverlauf: Bahn-Haltestelle Kleinvillars – Fußweg nach Kleinvillars zum Beginn der Hauptstraße; Abstecher nach links auf der Hauptstraße zu interessanter Hausinschrift (Haus Nr. 10) und zur Hauptkreuzung; rechter Hand der Friedhof mit Grabsteinen, die das Waldenser-Symbol des Leuchters zeigen – zurück zum Beginn der Hauptstraße – nach links (Markierung: blau-weiß, Leuchter auf Bibel) – Lerchenmühle – Aalkistensee – Ölbronner Eichelberg – Schanzgraben – Erlenbachtal – nach links zur Straße Ötisheim-Maulbronn – Bahnunterführung – Anstieg zur Sternenschanze – durch Weinberge nach Schönenberg; Waldensermuseum – Straße nach rechts – bei der Kirche an Straßengabelung links in die Ötisheimer Straße – am Ortsende rechts zum Waldrand – links nach Ötisheim zu Bahn-Haltestelle.
Karte/Information: Wanderbeschreibung erhältlich bei Naturpark Stromberg-Heuchelberg in Sternenfels,
www.naturpark-stromberg-heuchelberg.de

PRACHT UND PRUNK

Barocke Schlösser, Kirchen und Klöster

Alle Montag, Mittwoch und Freitag sind Jour d'Appartement. Da versammeln sich alle Mannsleut vom Hof in des Königs Vorzimmer und alle Weiber um 6 in der königlichen Kammer. Danach geht man in den Salon … von da in ein großes Kabinett, allwo die Violinen sind für die, so tanzen wollen. Von da geht man in eine Kammer, wo des Königs Thron ist. Da find man allhand Musik, Konzerten und Stimmen. Von da geht man in einen Saal … worinnen mehr als zwanzig Tische stehen mit grünen samtenen Teppichen mit goldenen Fransen, um allerhand Spiele zu spielen … Dieses währet von 6 bis um 10, dann geht man zum Nachtessen.
(Auszug aus einem Brief der Liselotte von der Pfalz, 1682)

Elisabeth Charlotte, Tochter des pfälzischen Kurfürsten, war mit dem Bruder des französischen Sonnenkönigs Ludwig XIV. verheiratet und beschrieb recht nüchtern das Leben in den etwa zweitausend Zimmern, Salons und Sälen des Barockschlosses von Versailles, der königlichen Residenz. Dieses Schloss mit einer Gartenfront von 580 Metern Länge und einer symmetrischen Gartenanlage nahmen sich weltliche wie geistliche Herren in ganz Europa zum Vorbild. Für nachahmenswert hielten sie auch den luxuriösen Lebensstil und die Lustbarkeiten wie Feuerwerke und Maskenbälle, Theater-, Ballett- und Opernaufführungen oder den zeitweiligen Müßiggang, der eine Ausarbeitung detaillierter Regeln des Hofzeremoniells und der Etikette geradezu herausforderte. Und warum sollte nicht auch in Deutschland im Salon, auf Kutsch- und Schlittenfahrten oder höfischen Schaujagden französisch parliert werden?

Absolutistische Fürsten

Das Jahrzehnte andauernde Elend, das durch den Dreißigjährigen Krieg und die so genannten Franzosenkriege in der Kurpfalz, in Baden und Württemberg verursacht worden war (siehe S. 86 f., S. 94 f. und S. 127 f.), hatte zur Verrohung der hungernden Bevölkerung und zum Zerfall der öffentlichen Ordnung geführt. Die chaotischen Zustände brachten Staatsrechtler zu der Überzeugung, dass nur die starke Hand eines unumschränkt herrschenden Fürsten in der Lage war, die Ordnung wiederherzustellen. Legitimiert wurde die uneingeschränkte

Hell und weit wirken die Kuppelräume der Abteikirche Neresheim (Ostalb), die 1775 fertig gestellt wurde und zu den spätesten Barockkirchen Südwestdeutschlands zählt.

Machtstellung der Herrscher mit der Theorie des Gottesgnadentums: Ein Fürst herrscht auf Grund der besonderen Gnade Gottes, ist von Gott eingesetzt. Diese absolute (lat. absolvere, loslösen), von irdischem Recht losgelöste Herrschaftsgewalt, die ein Fürst nur vor Gott zu verantworten hatte, gab der Epoche den Namen: Absolutismus.

Auf künstlerischer Ebene entsprach dieser Epoche zwischen 1650 und 1790 der Barock, dessen üppige Formenvielfalt einem absolutistischen Fürsten die Möglichkeit eröffnete, sich in verschwenderischer Prachtentfaltung glanzvoll darzustellen.

Lebhafte Formen

Der zu Beginn des 17. Jahrhunderts in Italien entwickelte Barock – auch: das Barock – löste mit seinen geschwungenen Linien, plastischem Ornament- und Figurenschmuck aus Stuck – Modelliermasse aus Sand, Gips, Kalk und Wasser –, mit den durch Emporen und Skulpturen gegliederten Wänden und mit Deckenfresken in Kuppeln die geometrischen Formen der Renaissance ab. Diesen phantasievollen Formenreichtum betrachteten im 19. Jahrhundert die Vertreter des geradlinigen Klassizismus als architektonischen Irrweg und bezeichneten ihn abwertend mit dem portugiesischen Wort „barocco" (unregelmäßige, „schiefe" Perle) als „merkwürdig".

Die Grundfarbe des Barock war Weiß, das seit etwa 1700 ergänzt wurde durch farbig marmorierte Säulen wie in der Klosterkirche Zwiefalten, durch getönte Friese wie im Bibliothekssaal des Klosters Ulm-Wiblingen, durch Goldverzierungen sowie Laub- und Bandelwerk an Kapitellen oder Bögen wie in der Kuppel der Basilika in Weingarten. Seit etwa 1730 wurden in manchen Barockbauten die stärker ausgeprägten traditionellen Ornamente durch zierliche Muschelformen (frz. rocaille, muschelförmige Verzierung) ersetzt, weshalb dieser Dekorationsstil als Rokoko bezeichnet wird. Beispiele sind Kirchen wie St. Michael in Appenweier bei Offenburg oder St. Ulrich südlich von Freiburg, der Bibliothekssaal in den Klöstern Schussenried und St. Peter (Südschwarzwald) oder Schlösser wie Tettnang und Bürgeln bei Kandern (Südschwarzwald).

Barocke Schlösser

Seit 1697/98 ahmten die Markgrafen von Baden, die Kurfürsten von der Pfalz und die württembergischen Herzöge das Versailler Vorbild nach. Beim Marktflecken Rastatt errichtete der „Türkenlouis", Markgraf Ludwig Wilhelm von Baden-Baden, eine monumentale Schlossanlage, und nach dem Tod des Markgrafen ließ die Witwe das Schlösschen Favorite (Liebling) bauen, dessen Inneneinrichtung vollständig erhalten ist. Einen äußerst ehrgeizigen Plan verwirklichte der Markgraf von Baden-Durlach: In der Rheinebene ließ er inmitten eines ausgedehnten Waldgebiets Schloss Carols-Ruh erbauen, an dessen strahlenförmig vom Schloss ausgehenden Straßen sich die Stadt Karlsruhe entwickelte.

Nach der Zerstörung des Heidelberger Schlosses durch eine französische Armee ordnete der Kurfürst von der Pfalz den Bau einer Residenz in Mannheim und die völlige Neugestaltung der Stadt in Planquadraten an; die Sommerresidenz Schwetzingen folgte Mitte des 18. Jahrhunderts.

In Württemberg zog Herzog Eberhard Ludwig aus der Residenzstadt Stuttgart ins Grüne und errichtete Ludwigsburg, das größte Barockschloss Südwestdeutschlands, mitsamt einer gleichnamigen Barockstadt (Tour 51). In der Achsenverlängerung des neuen Residenzschlosses entstand Favorite, ein kleines „Maison de plaisance" (Lustschloss). Als Bauherr gleich mehrerer Schlösser tat sich seit etwa 1760 Herzog Carl Eugen hervor: Bei Ludwigsburg entstand das „Seeschlösschen" Monrepos (Meine Rast), bei Stuttgart das „Bergschloss" Solitude (Einsamkeit) und Schloss Hohenheim für eine Mätresse sowie in Stuttgart das Neue Schloss als letztes großes Barockschloss Deutschlands.

Der Niederadel und finanzschwache Hochadlige konnten sich nur kleine Schlossbauten leisten wie Bartenstein südlich von Bad Mergentheim (Tour 50). Dennoch wagten sich beispielsweise die Grafen von Montfort in

In Schwetzingen wird der französische, d. h. barockregelmäßige Garten am Schloss – hier im Bild – durch einen englischen, natürlich wirkenden Landschaftsgarten mit Baumgruppen und kleinen Staffage-Bauten ergänzt.

Die Ausschmückung am Portal des Schlosses Bruchsal lässt erahnen, dass die Residenz der Bischöfe von Speyer einem Vergleich mit den Residenzen weltlicher Herren durchaus standhält.

Tettnang an den Bau eines großen Schlosses, mussten sich verschulden und verloren ihre verpfändete Grafschaft, nachdem das fertig gestellte Schloss abgebrannt war und sie sich mit einem Nachfolgebau übernommen hatten.

Nur teilweise barock umgestaltet wurden u. a. Schloss Baldern der Familie Oettingen-Wallerstein und die Kapfenburg (beide auf der Nordostalb), Kisslegg östlich von Ravensburg, das Hohenzollernschloss in Sigmaringen, das Schloss derer von Fürstenberg in Donaueschingen und das Schloss in Neuenbürg bei Pforzheim.

Auch Kirchenfürsten waren luxuriösen Wohnsitzen nicht abgeneigt. So erwählte sich der Fürstbischof von Speyer das Städtchen Bruchsal als Standort eines Schlosses, denn der Plan, anstelle des zerstörten Palasts am Dom von Speyer einen größeren Neubau errichten zu lassen, stieß im städtischen Rat auf Widerstand. Bruchsal dagegen bot genügend Raum, so dass außer der Residenz auch ein Lustschlösschen entstand, das später als Belvedere (Schöne Aussicht) bezeichnet wurde. Etwas bescheidener fielen Schloss Mochental bei Munderkingen (Donau) aus, der Sommersitz der Äbte des Klosters Zwiefalten, und in Meersburg das Neue Schloss der Fürstbischöfe von Konstanz.

Kirchen und Klöster

Die ersten Barockbauten in Südwestdeutschland jedoch waren Sakralbauten – Kirchen und Klöster –, die bis auf wenige Ausnahmen wie Ludwigsburg auf katholische Gebiete beschränkt waren. Katholisch waren das habsburgische Vorderösterreich – Oberschwaben, Oberer Neckar, Südschwarzwald und Breisgau – sowie geistliche Territorien im Raum Neresheim/Ellwangen, Hohenlohe und das Madonnenländchen bei Walldürn. Zahlreiche Kirchen wurden barockisiert, d. h. im barocken Stil teilweise umgebaut oder wenigstens mit einem barocken Altar oder einer barocken Kanzel geschmückt.

Wallfahrten, insbesondere Marienwallfahrten zur Erfüllung eines Gelübdes, um Buße zu tun oder auch der Geselligkeit wegen hatten seit dem Ende des Dreißigjährigen Kriegs stark zugenommen, so dass an manch einem Wallfahrtsort eine Kapelle durch eine Kirche ersetzt oder eine bestehende Kirche vergrößert werden musste. Die Baumaßnahmen erfolgten im modischen und kostspieligen barocken Stil, sofern die notwendigen Mittel vorhanden waren.

Der erste große barocke Sakralbau Südwestdeutschlands entstand gegen Ende des 17. Jahrhunderts auf dem Schönenberg bei Ellwangen, wo eine Wallfahrtskapelle zu einer Kirche ausgebaut wurde. Weitere barocke Wallfahrtskirchen folgten, u. a. im kurmainzischen Walldürn, in Steinhausen bei Bad Schussenried (Tour 48), in Todtmoos – hier stehen auch Nachbauten von Wallfahrts-Verkaufständen – und Triberg (beide im Südschwarzwald) sowie Birnau (Tour 49) oberhalb des Schlosses Maurach am Uferhang des Bodensees. Beeindruckend dank ihrer Größe sind Abteien wie Schöntal an der Jagst (Hohenlohe) und Obermarchtal an der Donau, Sießen bei Bad Saulgau und Ochsenhausen bei Biberach, Salem am Bodensee und St. Trudpert im Münstertal (Südschwarzwald).

TOUR 48 RADTOUR
Bad Schussenried und Dorfkirche Steinhausen

Das Prämonstratenserkloster in Bad Schussenried ist eine weitläufige Barockanlage mit einem „Törle", der Kirche St. Magnus (Klostermuseum, barockes Chorgestühl) und dem Konventbau mit Bibliothekssaal, der als Kunstwerk von europäischem Rang gilt (regelmäßige Führungen). Baumeister war Dominikus Zimmermann wie bei der reich stuckierten Wallfahrtskirche Steinhausen, die um 1730 im Auftrag des Schussenrieder Abts erbaut wurde, da sie für die wachsende Zahl der Jakobspilger zu klein geworden war (Wallfahrtsmuseum in der ehemaligen Bauhütte bei der Kirche). Ebenfalls zum Kloster Schussenried gehörten die um 1750 errichtete Kirche St. Jakobus in Muttensweiler und die Kirche St. Oswald in Otterswang, die nach einem Brand

Die Einweihung der auf Grund steigender Pilgerzahlen erheblich vergrößerten Wallfahrtskirche in Steinhausen (Oberschwaben) fand 1733 statt.

Wegen eines Konflikts mit der Reichsstadt Überlingen ließ der Abt von Salem Mitte des 18. Jahrhunderts kurzerhand das Gnadenbild der Marienwallfahrtsstätte Alt-Birnau bei Überlingen in die neu errichtete Wallfahrtskirche (Neu-)Birnau überführen.

1776 im spätbarocken Stil von einheimischen Künstlern neu erbaut wurde. Ältere Kirchen, die nicht gänzlich neu gestaltet werden konnten, wurden barockisiert – sie erhielten eine barocke Ausstattung wie St. Pankratius in Winterstettendorf und St. Georg in Winterstettenstadt.

Praktische Informationen Tour 48
Länge: 33 km **Fahrzeit:** 2–2,5 Std.
Tourcharakter: Rundtour in sanft gewellter Landschaft, asphaltierte Rad- und Wirtschaftswege, ruhige Landstraßen; Radwegweiser.
Anfahrt: Von der B 30 Ulm–Friedrichshafen abbiegen und über Bad Waldsee nach Bad Schussenried. Parkplatz in Ortsmitte hinter dem Rathaus in der Nähe des Klosters.
Wegverlauf: In Bad Schussenried Hauptstraße kreuzen – Marktplatz – Schulstraße – Zeller-See-Weg zum Zeller See – nach links und Donau-Bodensee-Radweg nach Otterswang – nach links zum Schwaigfurter Weiher mit Insel, auf der die Schussenrieder Äbte ein Lusthäuschen besaßen – Hervetsweiler – Wattenweiler – Winterstettenstadt – Ingoldingen – Muttensweiler – Steinhausen – Aichbühl – Roppertsweiler – Bad Schussenried.
Karte/Information: Radwanderkarte des LVA Baden-Württemberg, Blatt 54 (Oberschwaben), 1:100 000; oder Rad- und Wanderkarte Bad Schussenried, 1:30 000, erhältlich in der Tourist-Information Bad Schussenried.

TOUR 49 WANDERUNG ODER RADTOUR
Auf dem Prälatenweg von Birnau zu Schloss Salem

Die Wallfahrtskirche St. Maria, die zum Kloster Salem gehörte und ursprünglich drei Kilometer nordwestlich bei Nussdorf stand, wurde 1746 nach (Neu-)Birnau an das Bodenseeufer verlegt; Baumeister war Peter Thumb. Von hier führt ein direkter Weg zum ehemaligen

Zisterzienserkloster Salem. Bereits 1697 war der Konventsbau in Salem nach einem Brand neu errichtet und prachtvoll ausgestattet worden, u. a. mit Kaisersaal und Bibliothek. Das Schloss ist seit 1802 im Besitz der Markgrafen von Baden; Besichtigung der Räume nur im Rahmen einer kunsthistorischen Führung.

Den Rückweg kann man so wählen, dass man am Feuchtmayer-Museum in Salem-Mimmenhausen vorbeikommt. Es ist eingerichtet in der ehemaligen Werkstatt von Joseph Anton Feuchtmayer, der zu den damals bekannten Bildhauern und Stukkateuren zählte und an der Gestaltung der Kirche Birnau beteiligt war.

Praktische Informationen Tour 49
Länge: 12 km (hin u. zurück)   **Gehzeit:** 3,5 Std.
Fahrzeit: 1 Std.
Tourcharakter: Tour verläuft in hügeliger Landschaft, asphaltierte und befestigte Wege; Markierung: blauer Balken.
Anfahrt: B 31 entlang des Bodensees nach Birnau, Parkplatz an der Kirche.
Wegverlauf: Von der Kirche landeinwärts, unter B 31 hindurch und am Hofgut Birnau vorbei – geradeaus durch Wald zum Hofgut Mendlishausen (mit Freigehege Affenberg) – links entlang der Umzäunung des Freigeheges; Räder schieben! – auf Sträßchen nach rechts, vorbei an einstigen Fischweihern des Klosters Salem – an einer Waldecke nach links, weiter am Waldrand – nach rechts auf ein Sträßchen – am Ende der Schlossmauer von Salem links zum Eingang; gleicher Weg zurück oder über Mimmenhausen (Länge dann 15 km).
Karte/Information: Wanderkarte der Stadt Überlingen: Wandern in der Region Bodensee-Linzgau, 1:30 000; Karte und Wegbeschreibung unter www.salem-baden.de

TOUR 50   RADTOUR
Zum Residenzstädtchen Bartenstein

Bartenstein gilt als einmaliges und daher unter Denkmalschutz gestelltes Beispiel einer 1720–1770 geplant angelegten barocken Kleinresidenz. Bauherren des Schlosses und der Kleinstadt waren die späteren Fürsten der Linie Hohenlohe-Waldenburg-Bartenstein, in deren Besitz sich das Schloss noch heute befindet. Von der hufeisenförmigen Schlossanlage führt ein schnurgerades Sträßchen zwischen einstigen Beamtenhäusern zu einem Stadttor, wobei am Schlossplatz die stattlichsten Wohngebäude für die höchsten Hofbeamten errichtet wurden. Zu besichtigen sind die barock ausgestattete Kirche mit Herrschafts- und Orgelempore, wechselnde Ausstellungen in der Kunstkammer und der Hofgarten mit Pavillon.

Praktische Informationen Tour 50
Länge: 25 km   **Fahrzeit:** 2–2,5 Std.
Anreise: A 6 Kreuz Weinsberg – Kreuz Feuchtwangen, Ausfahrt 46 (Crailsheim), B 290 nach Blaufelden, Landstraße nach Schrozberg, Parkplatz am Marktplatz.
Tourcharakter: Rundtour in hügeliger Landschaft; Wirtschaftswege und Sträßchen.
Wegverlauf: Von Schrozberg in Richtung Blaufelden – rechts ab in Richtung Sigisweiler und ansteigen zur Hochfläche – Markierung „Hohenloher Residenzenweg" bis Billingsbach – in Ortsmitte rechts und Markierung „Burgenweg" über Herrentierbach bis kurz vor Bartenstein – steil ansteigen – durch Bartenstein auf der Hauptstraße – zur B 290 und rechts nach Riedbach – links über Zell nach Schrozberg.
Karte/Information: Freizeitkarte des LVA Baden-Württemberg, Blatt 515 (Bad Mergentheim), 1:50 000; www.ort-bartenstein.de

In der zweiten Hälfte des 18. Jahrhunderts ließ Herzog Carl Eugen in der Nähe von Ludwigsburg das Seeschloss errichten, das wenige Jahrzehnte später von König Friedrich I. umgebaut und als Monrepos bezeichnet wurde.

TOUR 51 WANDERUNG
Residenzschloss, Jagdschloss und Seeschloss in Ludwigsburg

Das Schloss Ludwigsburg sollte, als Herzog Eberhard Ludwig im Jahr 1704 den Bau in Auftrag gab, ein kleines Jagd- und Lusthaus werden, doch innerhalb von dreißig Jahren wurde daraus das größte Barockschloss Süddeutschlands mit achtzehn Gebäuden, 452 Räumen, prachtvollen Sälen, Schlosskirche, Theater und Gartenanlage. In der Nähe entstand die im Rechteckmuster angelegte gleichnamige Stadt für den Hofstaat. Auf dem von barocken Wohnhäusern mit Laubengängen gesäumten Marktplatz stehen die evangelische Stadtkirche und die katholische Dreieinigkeitskirche.

In dem 1707 als Wildpark angelegten Favoritepark steht das Jagd- und Lustschloss Favorite mit sehenswerten Wandmalereien und Stuckdecken. Ebenfalls von Herzog Eberhard Ludwig erbaut wurde am Egolsheimer See ein Jagdpavillon, der später zum „Seeschloss" Monrepos ausgebaut wurde; Fußweg um den See ca. 20 Min.

Praktische Informationen Tour 51
Länge: 7,5 km **Gehzeit:** 2 Std.
Anreise: B 27 in die Stadtmitte von Ludwigsburg; P 1 Schloss/Marstall (gebührenpflichtig) oder P 11 Forum/Blühendes Barock (gebührenfrei).
Tourcharakter: Bequem auf Fußwegen durch Parkanlagen und auf autofreiem Sträßchen.
Wegverlauf: Marktplatz – Untere Marktstraße – über den Holzmarkt zur Charlottenstraße – nach rechts zum Residenzschloss (Führungen, Keramikmuseum, Barockgalerie, Modemuseum, Theatermuseum, Porzellan-Manufaktur) – entweder durch das Schloss und das Blühende Barock zum Ausgang Favoritepark oder vor dem Schloss nach links zur Marbacher Straße und in den Favoritepark – auf Allee geradeaus durch den Wildpark, vorbei am Jagd- und Lustschloss Favorite (Führungen) – Seeschlossallee nach Monrepos. Gleicher Weg zurück oder ab S-Bahn-Station Favorite (vor Favoritepark nach rechts) per S-Bahn zurück zum Bhf. Ludwigburg und durch die barocke Altstadt zum Parkplatz.
Karte/Information: Freizeitkarte des LVA Baden-Württemberg, Blatt 520 (Stuttgart), 1:50 000.

Lustgetränke und Porzellan

Tee aus Indien und China gelangte seit dem 15. Jahrhundert, Kaffee aus Arabien und Schokolade aus Mittelamerika kamen im 16. Jahrhundert nach Europa und waren so selten, dass sie als Arzneimittel in Apotheken verkauft wurden. Ein Jahrhundert später, als englische und holländische Segelschiffe vermehrt „Kolonialwaren" aus Übersee nach Europa brachten, interessierten sich vor allem die Fürstenhöfe für das fremdartige Luxusgetränk Kaffee, dessen bitterer Geschmack mit reichlich Zucker, einem ebenfalls importierten Luxusartikel, verfeinert wurde. Allerdings waren für die in kleinen Portionen heiß genossenen „Lustgetränke" die Schüsselchen aus herkömmlicher Irdenware zu grob, an Metallbechern verbrannte man sich die Finger, und Gläser hielten oft dem Temperaturwechsel nicht stand. Geeignet war nur das aus China und Japan importierte geschmacksneutrale und hitzebeständige Porzellan, das zu den teuersten, mit Gold aufgewogenen Luxusartikeln zählte. Als Abnehmer kamen wenige reiche Großhandelskaufleute, vor allem aber Fürstenhöfe in Frage, wo die verschwenderisch mit Porzellan gedeckten Tafeln sich hervorragend für die Selbstdarstellung der absolutistischen Fürsten eigneten. Kaffee und Schokolade in zierlichen, dünnwandigen Schüsselchen oder Bechern gehörten zur höfischen Extravaganz, Konversationszirkel mit Kaffee und der bei den Damen beliebten heißen Schokolade wurden fester Bestandteil des höfischen Alltags.

Der sächsische Kurfürst Friedrich August I. jedoch beseitigte die Exklusivität des Porzellans. Wie andere Standesgenossen litt er als Porzellansammler nach eigener Aussage an der Geld verschlingenden „maladie de porcelaine" (Porzellankrankheit), musste sich dringend Geldquellen erschließen und beauftragte infolgedessen einen Alchemisten und einen Gelehrten, in Meißen das „weiße Gold" herzustellen. Nach jahrelangen Versuchsreihen gelang es den beiden im Jahr 1708, die Materialbeschaffenheit und Farben asiatischen Porzellans mit heimischen Rohstoffen zu imitieren und die richtige Brenndauer sowie Brenntemperatur festzulegen.

Trotz strenger Vorkehrungen wie Reiseverbot und Bewachung der in der Porzellanherstellung beschäftigten Spezialisten blieb das Herstellungsverfahren nicht geheim, so dass innerhalb weniger Jahrzehnte in ganz Europa Porzellanmanufakturen entstanden, in denen hoch bezahlte Künstler eine erstaunliche Vielfalt an Formen und Dekors schufen. In Südwestdeutschland wurde Crailsheim schon im Jahr 1715 zum ersten Standort einer Porzellanmanufaktur, und 1723 folgte die „Porcellain und Tabac Pfeiffen fabrique" im badischen Durlach. In der Kurpfalz begann die Porzellanherstellung 1755 in Frankenthal bei Ludwigshafen und 1770 in Mosbach (Neckar), während in Württemberg die Porzellanmanufaktur Ludwigsburg im Jahr 1758 mit der Produktion begann.

Da im 19. Jahrhundert die Aufträge des Adels für kostbare Service für vierzig oder fünfzig Personen immer häufiger ausblieben, mussten die meisten Betriebe zunächst von den Landesherren subventioniert werden und schließlich die Arbeit einstellen. Mit Gewinn dagegen arbeiteten diejenigen Manufakturen, die sich auf die Herstellung preiswerterer Gebrauchskeramik konzentrierten wie die Manufaktur in Schrezheim (Ostalb), die zudem mit einzeln erhältlichen Sammeltassen für die bürgerliche Wohnzimmervitrine eine Marktlücke füllte. Massenhaft hergestellte Gebrauchskeramik deckte den Bedarf der wachsenden Zahl von Hotels, Restaurants und Kaffeehäusern, und gegen Ende des 19. Jahrhunderts besaß auch nahezu jeder Haushalt in den Städten und auf dem Land einige Fayenceteller und -tassen.

Als mit der Erfindung des billigen Zichorienkaffees auch das schwarze Getränk für jedermann verfügbar war, ging eine Jahrhunderte alte Sitte zu Ende: Kaffee oder Tee und im 20. Jahrhundert auch die heiße Schokolade zum Frühstück ersetzten die traditionelle Morgensuppe oder das Bier, den Most oder Wein.

EINE WIRTSCHAFTLICHE REVOLUTION

Die Industrialisierung

Die Dampfkraft gewährt den großen Vorteil, dass sie da, wo die Steinkohle im Überfluss und zu billigen Preisen zu haben ist, eine Konzentration von großen Fabrikanstalten und Kapitalien, von technischen Kräften und Geschicklichkeiten ermöglicht und hervorruft ... Hundert Fabrikanstalten teilen sich in die verschiedenen einzelnen Zweige der Fabrikation. Jede spinnt nur eine Sorte Garn, webt oder druckt nur eine Sorte Zeug. An einem und demselben Ort bilden sich ganze Heere von ansässigen Fabrikarbeitern jeglicher Art, und jedes Individuum legt sich nur auf eine Gattung von Handarbeit, erlangt also in seinem Fach den höchsten Grad von Geschicklichkeit.
(Friedrich List, Das nationale System der Politischen Ökonomie, 1841)

Die Vision des 1789 in Reutlingen geborenen Wirtschaftstheoretikers Friedrich List von Massen spezialisierter Arbeiter in Fabriken (lat. fabrica, Werkstätte) erforderte revolutionäre Veränderungen der Gesellschaft: Mit der Gründung des Deutschen Zollvereins im Jahr 1834 fielen die innerdeutschen Zollgrenzen, die den Warenfluss störten; die Grundherrschaft, die Bauern am Überwechseln zur Fabrikarbeit hinderte, wurde in Baden bis etwa 1830, in Württemberg bis um das Jahr 1850 beseitigt, und schließlich verschwanden bis etwa 1865 die letzten Zunftordnungen, die Handwerkern jede Betriebserweiterung untersagt hatten.

Weitaus bedeutendere Umwälzungen brachte die zunehmende Industrialisierung (lat. industria, Fleiß), denn die Technisierung mit Motorisierung, Elektrifizierung und neuen Kommunikationsmitteln beeinflusste sämtliche Lebensbereiche, und massenhaft industriell erzeugte Nahrungsmittel sowie Fortschritte in der Medizin führten zur Steigerung der durchschnittlichen Lebenserwartung von vierzig Jahren im 19. Jahrhundert auf heute etwa achtzig Jahre.

Hausgewerbe und Manufakturen

Bis ins 19. Jahrhundert benötigte die Landbevölkerung zur Existenzsicherung ein zusätzliches Hausgewerbe, da vor allem in Württemberg die Realteilung – Geschwister erbten zu gleichen Teilen – die zu den Hofstellen gehörigen Wirtschaftsflächen stetig verringerte, wie noch heute an den schmalen Flurstreifen in vielen Landschaften Baden-Württembergs zu sehen ist. Übliche Hausgewerbe waren das Bürstenbinden, die Verarbeitung von Holz zu Werkzeug und Küchengerät sowie das Spinnen und Weben, wobei in manchen Gebieten ein bestimmtes Hausgewerbe stark überwog. Am mittleren Neckar und auf der Schwäbischen Alb wurde vor allem Flachs zu Leinen verwoben, im Hotzenwald arbeiteten 9000 Baumwoll-Spinnerinnen in Heimarbeit, und auf etwa neunhundert Bauernhöfen im südlichen Schwarzwald wurden Uhren gefertigt.

Neben Gewerbebetrieben wie Getreide- und Papiermühlen oder Hammerschmieden, u. a. den als Museen erhaltenen in Satteldorf-Gröningen bei Crailsheim, in Blaubeuren auf der Schwäbischen Alb oder in Lahr-Reichenbach, gab es einige arbeitsteilig produzierende Manufakturen (lat. manus, Hand; facere, machen), die vor allem im 18. Jahrhundert mit Sondergenehmigungen der Landesherren errichtet worden waren. Beispiele sind die 1753 in Lörrach gegründete und im 19. Jahrhundert mit Filialen im Wiesental vertretene Cotton- und Indiennefabrik zur Herstellung bedruckten Leinens und die 1760 in Kirchheim unter Teck gegründete Baumwollmanufaktur Kolb und Schüle, Fayence-Manufakturen – Fayence ist poröse Tonware mit Zinnglasur – in Durlach und Mosbach sowie die 1758 eingerichtete Ludwigsburger Porzellanmanufaktur und die 1767 gegründete Schmuckuhrenfabrik in Pforzheim.

Die Bedeutung der Wasserkraft

Wasserkraft wurde per Wasserrad schon Jahrhunderte lang für Mahlwerke in Mühlen oder für schwere Hämmer in Hammerschmieden genutzt. Wasserdampf trieb über die 1765 in England erfundene Dampfmaschine während

Der „Altenhof" in der Werksiedlung Gmindersdorf, die Louis Gminder einschließlich Turnhalle, Kinderhort, Kaufladen und Gastwirtschaft 1903–15 für seine Textilarbeiter in Reutlingen-Betzingen errichten ließ.

Zwischen zwei Dampfmobilen wurden schwere, an Metallseilen befestigte Pflüge hin- und hergezogen. Zum Einsatz kamen diese Maschinen vor allem auf den riesigen Baumwollfeldern in Nordamerika und Ägypten. Alle paar Jahre findet in Kirchheim unter Teck eine Demonstration mit zwei Dampfmobilen und einem schweren Pflug statt.

der Industrialisierung neue Maschinen an und bewegte die seit etwa 1820 hergestellten Dampflokomotiven. Um 1850 standen in Südwestdeutschland nur etwa fünfundzwanzig Dampfmaschinen, denn sie waren teuer und benötigten für die Dampferzeugung riesige Mengen Steinkohle aus Norddeutschland. So kostete z.B. eine um 1850 von Gustav Werner (siehe S. 113) erworbene Dampfmaschine 20000 Gulden, während der Kaufpreis der Fabrik samt einer Papiermaschine bei 10000 Gulden lag. Mit dem Ausbau der Wasserstraßen Rhein und Neckar sowie dem Aufbau eines Eisenbahnnetzes seit 1840 in Baden und seit 1845 in Württemberg (siehe S. 148 ff.) verbilligte sich der Kohletransport, so dass um 1870 in Baden und Württemberg schon mehr als tausend Dampfmaschinen in Betrieb waren.

Wenige Jahrzehnte später nahm die Bedeutung der Dampfmaschine ab, denn eine von Werner von Siemens entwickelte Dynamomaschine ermöglichte den Bau preiswerter Elektromotoren. Neue Wasserkraftwerke erzeugten die notwendige Elektrizität und machten viele Kleinbetriebe gegen die mit Dampfmaschinen billig produzierenden Großbetriebe konkurrenzfähig.

Die Frühphase der Industrialisierung

Während zu Beginn des 19. Jahrhunderts die Industrialisierung in England mit Dampfmaschinen und mechanischen Spinn- und Webmaschinen schon in Gang gekommen war, fehlten im deutschen Südwesten die Kenntnisse zur Herstellung von Maschinen. Mit Industriespionage auf Ausstellungen in England versuchten einzelne Unternehmer, diesen Mangel auszugleichen, und eine aus England geschmuggelte Spinnmaschine bildete 1810 den Grundstock für Carl Bockshammers mechanische Baumwollspinnerei in Stuttgart-Berg. Nach Missernten und einer Hungerkatastrophe 1816/17, die zur Auswanderung von Württembergern vor allem nach Russland und von Badenern nach Nordamerika führten, verstärkten die Regierungen die Förderung der Gewerbe, damit neue Arbeitsplätze die Lebensbedingungen verbesserten.

In Baden wurden Unternehmer aus der Schweiz und dem Elsass angeworben wie Johann R. Geigy, einer der Väter der Chemie-Industrie am Hochrhein, und 1825 entstand in Karlsruhe das erste südwestdeutsche Polytechnikum, dessen Absolventen häufig als Unternehmer tätig wurden. Mit der wachsenden Zahl von Unternehmern reduzierte die badische Regierung die Wirtschaftsförderung gemäß dem liberalen Grundsatz, das „freie Spiel der Kräfte" nicht zu beeinflussen. Folglich wurden zur Kapitalbeschaffung Aktiengesellschaften gegründet wie 1836 die Badische Gesellschaft für Zuckerfabrikation, die in Ettlingen, dann in Waghäusel bei Bruchsal Zucker aus Zuckerrüben gewann. Kurz darauf entstand die Gesellschaft für Spinnerei und Weberei Ettlingen, und eine weitere Aktiengesellschaft ermöglichte Emil Kessler in Karlsruhe den Bau von Dampflokomotiven.

Württemberg hinkte Baden hinterher, denn die württembergische Regierung bot kapitalschwachen Unternehmern weniger finanzielle Hilfe. Stattdessen kaufte sie englische Maschinen, die sie verlieh oder auf der Basis günstiger Ratenzahlungen verkaufte, und unterstützte den Kauf englischer Maschinen wie bei der Württembergischen Cattun-Manufaktur in Heidenheim, die 1826 mit englischen Webstühlen die erste mechanische Baumwollweberei Südwestdeutschlands wurde. Zudem warb die Regierung englische Fachkräfte an, die Arbeiter in die Bedienung der Maschinen einwiesen, und veranstaltete seit 1824 in Stuttgart Industrieausstellungen, damit Interessierte sich über technische Entwicklungen informieren konnten.

Erst um 1830 verstärkte die Regierung ihre Wirtschaftsförderung, gründete in Stuttgart eine Polytechnische Schule, stellte Kapital und Grundstücke zur Verfügung wie 1841 in Urach für eine mechanische Flachsspinnerei oder in Esslingen, wo der aus Karlsruhe abgeworbene Emil Kessler die Maschinenfabrik Esslingen (ME) aufbaute, deren Lokomotiven für Gebirgsstrecken weltweiten Absatz fanden. Für weiteren Aufschwung sorgte die 1848 in Stuttgart eingerichtete „Centralstelle für Handel und Gewerbe", die den Export und die Beschickung von Industrieausstellungen organisierte, Werbung für württembergische Produkte betrieb und die gewerbliche Aus- und Fortbildung mit mehreren Webschulen erweiterte.

Vielfalt der Industrie

In der „Gründerzeit" zwischen 1870 und 1880 beschleunigte sich die Industrialisierung. Am Hochrhein wuchs die Chemie- und Textilindustrie, am Oberrhein entstanden u. a. Zigarrenfabriken und auf der Südwestalb in der Nachfolge des Onstmettinger Pfarrers Philipp Matthäus Hahn mehrere Fabriken für feinmechanische Geräte. In der Umgebung der Textil- und Maschinenbaubetriebe sowie der Eisen verarbeitenden Fabriken wie den Schwäbischen Metallwerken in Aalen oder der Wilhelmshütte in Schussenried hatten die Techniker in den auf Reparaturen spezialisierten Werkstätten mittlerweile einen Kenntnisstand erreicht, der die Entwicklung neuer Maschinen ermöglichte. Tüftler in solchen Kleinbetrieben begründeten die für Baden und Württemberg im 20. Jahrhundert typische Vielfalt im Maschinen-, Fahrzeug- und Werkzeugbau.

Herausragende Namen sind Heinrich Lanz in Mannheim mit Dampfmobilen und Schleppern wie dem „Bulldog", Wilhelm Maybach in Bissingen/Enz und Friedrichshafen, Gottlieb Daimler und Ferdinand Porsche in Stuttgart sowie Carl Benz in Mannheim und Ladenburg im Motoren- und Fahrzeugbau; Conrad D. Ma-

Typisch für die Industriearchitektur im 19. Jahrhundert sind der Rückgriff auf historische Baustile und Stilmischungen wie bei der Brauerei Franz in Rastatt mit romanischen Rundbögen, burgartigen Zinnen und Türmchen sowie einem Renaissance-Treppengiebel.

Soziales Elend und Abhilfe

Die Industrialisierung führte zu tiefgreifenden Veränderungen. Nach Aufhebung der Grundherrschaft zog ein Teil der Landbevölkerung in die Städte, insbesondere nach Mannheim, Karlsruhe und Stuttgart, wo das Überangebot von Arbeitskräften zu niedrigen Löhnen führte, zu Fünfzehn-Stunden-Arbeitstagen, Frauen- und Kinderarbeit, Wohnungsknappheit und Verelendung bei Arbeitslosigkeit oder Arbeitsunfähigkeit.

Um der Not zu begegnen, organisierten sich die Arbeiter seit Mitte des 19. Jahrhunderts in Arbeitervereinen und Arbeiterbildungsvereinen, schufen mit Konsumvereinen billige Einkaufsmöglichkeiten und gründeten Gewerkschaften. Mit dem im Jahr 1848 von Karl Marx und Friedrich Engels verfassten „Kommunistischen Manifest" rückte die soziale Frage in den Vordergrund, und nach der Gründung der Sozialistischen Arbeiterpartei Deutschlands setzte der Reichskanzler Otto von Bismarck aus Furcht vor einem Erstarken der Sozialisten seit 1883 eine vorbildliche gesetzliche Kranken-, Unfall- und Invaliditätsversicherung in Kraft. Schließlich wurden in Baden und Württemberg 1905/06 die Berufsschulpflicht und 1914 die Sonntagsruhe gesetzlich festgelegt.

girus entwickelte in Ulm fahrbare Feuerwehrleitern, am Bodensee konstruierte Ferdinand Graf von Zeppelin Luftschiffe und Claudius Dornier riesige Flugschiffe; Daniel Müller in Geislingen veredelte Metall in der Württembergischen Metallwarenfabrik (WMF), Friedrich W. Märklin in Göppingen stellte Spielzeug und Miniatur-Eisenbahnen her, Erhard Junghans in Schramberg (Tour 53), Johannes Bürk, Jakob Kienzle und Friedrich Mauthe in Schwenningen produzierten Uhren.

Unschätzbare Hilfe kam von kirchlicher Seite, beispielsweise mit Gesellenvereinen des katholischen Kolpingwerks oder durch evangelische Pfarrer wie Heinrich Hansjakob mit der Gründung einer Winzergenossenschaft in Hagnau am Bodensee. Vor allem in Württemberg entstanden aus der tätigen Nächstenliebe vieler Protestanten unzählige Hilfs- und Betreuungseinrichtungen, wobei Gustav Werner mit seinen Betriebsgründungen (siehe S. 113) Außergewöhnliches leistete.

„Raus ins Grüne!" – Schrebergärten, Waldheime und Naturfreundehäuser

Schreberverein hieß der 1864 von einem Pädagogen in Leipzig gegründete und nach dem Arzt Dr. Daniel G. M. Schreber benannte Verein, der kinderreiche Arbeiterfamilien aus ihren Elendsquartieren an die frische Luft holte. Der Verein pachtete vor der Stadt ein Wiesengrundstück, teilte es in Parzellen auf, die mit Gemüse und Obstbäumen bepflanzt wurden, und überließ diese „Schrebergärten" Arbeiterfamilien, die ihre Ernährung ergänzen und die Freizeit im Grünen verbringen konnten.

Seit 1890 erwarben vor allem im Einzugsbereich von Stuttgart manche Ortsvereine der Arbeiterpartei große Grundstücke im Grünen und errichteten „Waldheime". Hier konnten die Kinder spielen, die Erwachsenen zwanglos zusammensitzen und preisgünstig essen; noch heute sind „Waldheime" jedem Besucher offen stehende Gaststätten im Grünen. Da bürgerliche Vereine keine Arbeiter aufnahmen, dienten die Häuser den Arbeitergesang- und Arbeiterturnvereinen als Übungsstätten. Auch die Radsportler aus der Arbeiterschaft trafen sich hier, um Familien-Radsport zu treiben, bei dem Spaß und Geschicklichkeit im Vordergrund standen wie beim Langsam fahren: Sieger wurde derjenige, der für hundert Meter bei einer Fahrbahnbreite von nur einem Meter die meiste Zeit benötigte. Aus solchem Radspaß erwuchs das Kunstradfahren.

„Raus aus den engen, stickigen Wohnungen und Fabriken, hinein in die Natur" forderte im Jahr 1895 in Wien der sozialistische Lehrer Georg Schmiedl und lud zu Ausflügen ein, denen schon bald die Gründungsversammlung der „Naturfreunde" folgte. Da Arbeitern die Mitgliedschaft im bürgerlichen Alpenverein verwehrt blieb, errichteten die „Naturfreunde" 1907 ihre erste eigene Alpenhütte. Die zahlreichen ehrenamtlich betriebenen Häuser der im Jahr 1905 gegründeten deutschen Sektion der Naturfreunde stehen zumeist einzeln in besonders reizvollen Landschaften und sind bis heute beliebte Ausflugsziele geblieben.

Auch einzelne Unternehmer wie Carl Mez in Freiburg, Michael Fluerschein in Gaggenau oder Franz A. Buhl in Ettlingen, Louis Gminder in Reutlingen oder Arnold Straub in Kuchen bei Geislingen a. d. Steige (Tour 54) fühlten sich verantwortlich und erbauten Werksiedlungen mit Kantinen und Fabrikschulen für Arbeiterkinder oder richteten Werkskrankenkassen ein. Robert Bosch ging einen anderen Weg: Er zahlte höhere Löhne als üblich und legte im Jahr 1906 für seine Arbeiter den Acht-Stunden-Tag fest, hielt seit 1910 den Samstagnachmittag arbeitsfrei und gewährte bezahlten Urlaub.

TOUR 52 KURZWANDERUNG
„Im Tal der Hämmer" bei Baiersbronn

Seit 1550 wurde im Christophstal bei Freudenstadt Bergbau betrieben und Erz verarbeitet. Im Jahr 1761 wurde der Betrieb um das weiter talabwärts errichtete „Neue Werk" erweitert, das 1808 den Namen Friedrichstal zu Ehren des ersten württembergischen Königs erhielt. Hier wurde Stahl produziert für Sensen, Degen und Flinten, die in einem kleinen Museum ausgestellt sind. Der Lehrpfad führt zu zwölf Stationen, u. a. zu Fabrikationsgebäu-

Die Skulptur eines Sensenschmieds am „Hämmer-Lehrpfad" in Friedrichstal zeigt, wie Sensen in kraftraubender Handarbeit auf dem Amboss hergestellt wurden.

den, einer Werkstatt für Sensen-Schleifsteine und einer Erzgrube; regelmäßige Schmiedevorführungen.

Praktische Informationen Tour 52
Länge: 4 km **Gehzeit:** 1,5 Std.
Anreise: Von Freudenstadt B 462 in Richtung Baiersbronn; nach 4 km links abbiegen in die Ortschaft Friedrichstal; Parkplatz am Königshammer-Weiher.
Tourcharakter: Bequemer Asphaltweg auf der Talsohle und befestigter Weg am Waldrand; geringer Anstieg.
Wegverlauf: Vom Parkplatz talabwärts, bei den wenigen Häusern von Altaue über den Forbach, zum Waldrand ansteigen und nach links,

talaufwärts, am Waldrand zur Michaelskirche, zu einer Schleifsteinwerkstatt und weiter zur Grube „Sophia"; talabwärts zum SHW-Zentrum (Schwäbische Hüttenwerke) und zum Parkplatz.
Information: Faltblatt „Im Tal der Hämmer" mit Wegskizze; www.baiersbronn.de

TOUR 53 STADTRUNDGANG
Fabrikantenvilla und Werksiedlung in Schramberg

Am Rand des einstigen Junghans-Parks, heute Stadtpark, steht die Villa Junghans, während sich die einstige Uhrenfabrik am Stadtrand in Richtung Lauterbach/Hornberg befindet. In der Stadt entstanden die Werksiedlung „Junghans-Kolonie" mit mehrstöckigen Wohnblocks und ein zweiflügeliger „Beamtenbau" für leitende Angestellte. Ein beeindruckendes Beispiel für den im 19. Jahrhundert beliebten Rückgriff auf historische Baustile ist die etwas weiter in Richtung Villingen-Schwenningen stehende Fabrikantenvilla Gut Berneck, die einer trutzigen Burg nachempfunden ist.

Das Stadtmuseum im Schloss verfügt über eine ausgezeichnete Abteilung zur Industriegeschichte Schrambergs.

Praktische Informationen Tour 53
Länge: 1,5 km **Gehzeit:** 45 Min.
Anreise: Von Rottweil B 462 nach Schramberg; an Ampelkreuzung auf der Talsohle rechts abbiegen, gleich wieder links zu Parkplatz am Schloss (Stadtmuseum, Bibliothek).
Tourcharakter: Bequemer Rundgang, kurzer Anstieg im Stadtpark.
Wegverlauf: Schloss – Durchgangsstraße überqueren und von der Hauptstraße links ab in

Die Ende des 19. Jahrhunderts mit Stilelementen der Renaissance erbaute Villa des Uhrenfabrikanten Erhard Junghans steht am Rand des Schramberger Stadtparks, einem früher zur Villa gehörenden Landschaftspark.

die Straße An der Steige – Marktstraße nach rechts – geradeaus in der Hauptstraße – am Citycenter links und zur Mörikestraße – nach links zur „Junghans-Kolonie" – Durchgangsstraße (Schillerstraße) nach links und rechts ansteigen im Stadtpark zur Villa Junghans – geradeaus, an der schlösschenartigen Villa des Apothekers F. Kneiß vorbei – kurz darauf links hangabwärts – Durchgangsstraße kreuzen – zur Hauptstraße und zurück zum Schloss.

Karte/Information: Faltblatt mit Stadtplan-Skizze und Erläuterungen, erhältlich im Tourismusbüro Schramberg; www.schramberg.de

TOUR 54 SPAZIERGANG
Arbeitersiedlung in Geislingen-Kuchen

Kurz nach der Gründung einer Baumwollspinnerei und -weberei im Jahr 1857 errichtete der Besitzer Arnold Straub eine Werksiedlung, um seine Arbeiter mit diesem Angebot freundlicher Einzelhäuser und Wohnungen langfristig an sich zu binden. Die Siedlung mit Kinder- und Müttertagesstätte, Badehäusern, Leseräumen, einer Kinderschule, Gärten und einem Spiel- und Versammlungsplatz galt als vorbildlich und wurde 1867 auf der Weltausstellung in Paris preisgekrönt. Für sein soziales Engagement wurde Arnold Straub vom französischen Kaiser Napoleon III. zum Ritter der Ehrenlegion ernannt.

Die Siedlung ist frei zugänglich; da die Gebäude bewohnt sind, ist nur eine Außenbesichtigung möglich; Führungen auf Anfrage.

Praktische Informationen Tour 54
Länge: 0,6 km   **Gehzeit:** 15 Min.
Anreise: B 10 Stuttgart–Ulm; 3 km vor Geislingen a. d. Steige am Ortsbeginn Kuchen links abbiegen zur Arbeitersiedlung Kuchen; Parkmöglichkeit entlang der Straße und am ehemaligen Fabrikgebäude.
Tourcharakter: Bequemer Spaziergang auf ruhigen Wohnstraßen durch die kleine Siedlung, vorbei an Wohnhäusern unterschiedlichen Aussehens und vorbei an denjenigen Gebäuden, die einst allen Siedlungsbewohnern gemeinsam zur Verfügung standen wie Leseräume oder Kinderschule.
Information: Faltblatt zur Geschichte der Fabrik und Siedlung; erhältlich am Bürgermeisteramt, 73329 Kuchen, Postfach 1120; www.kuchen.de

MASCHINEN MACHEN MOBIL

Die Eisenbahn

Auf der schwäbsche Eisebahne,
gibt es viele Haltstatione,
Schtuegart, Ulm und Biberach,
Meckabeure, Durlesbach.

Auf der schwäbsche Eisebahne
Braicht ma keine Postillione.
Was uns sonst das Posthorn blies
Pfeifet jetzt die Lokomotiv.

Auf der schwäbsche Eisebahne
Dürfet Küh und Ochse fahre,
Büeble, Mädle, Weib und Ma,
kurzum alls, was zahla ka.

(vermutlich Tübinger Studentenlied, um 1850)

Anlässlich der Eröffnung der Strecke Ulm–Friedrichshafen der Königlich-Württembergischen Staats-Eisenbahnen, der „schwäbischen Eisenbahn", am 1. Juni 1850 komponierten wahrscheinlich Studenten dieses eingängige Lied über den Bauern, der seinen Geißbock im Glauben, dieser könne Schritt halten mit dem Tempo der Bahn, an den letzten Waggon anbindet. Als er an der nächsten Haltestation lediglich noch Kopf und Seil vorfindet, beschuldigt er den „Konduktör", zu schnell gefahren zu sein. Eine durchaus vorstellbare Reaktion eines Reisenden, der erstmals mit dem „Dampfross" unterwegs war, das mit einer Geschwindigkeit von rund dreißig Stundenkilometern eine Strecke, für welche die Postkutsche eine Stunde benötigte, in wenigen Minuten zurücklegte.

Die Möglichkeit, Personen und Güter schneller transportieren zu können, revolutionierte das Leben: Postillione und Kutscher wurden arbeitslos, aber zahlreiche neue Berufe und Arbeitsplätze entstanden, abgelegene Dörfer wurden zu wichtigen Haltestationen, Menschen wurden mobil, konnte doch jeder ein seinen finanziellen Verhältnissen angepasstes „Billettle" erwerben, dessen Preis selbst in der ersten Klasse weit unter dem Fahrpreis für die Postkutsche lag.

Beginn des Eisenbahnzeitalters

Wer bis Ende des 18. Jahrhunderts Waren befördern oder sich selbst auf den Weg machen wollte, musste zu Fuß gehen oder Tiere einspannen. Eine Maschine zu bauen, die diese Aufgabe übernimmt, war seit der Erfindung der Dampfmaschine das angestrebte Ziel, und so konnte im Jahr 1825 zwischen Stockton und Darlington in England die weltweit erste Bahnstrecke eröffnet werden: Eine dampfbetriebene Lokomotive (neulat. loco motivus, sich von der Stelle bewegend) zog 36 mit Kohle beladene Wagen auf Eisenschienen, die in einem Abstand von 1,435 Metern verlegt waren. Bei dieser Spurbreite, der heute in Europa gängigen Normalspur, musste sich der Konstrukteur der Lokomotive, George Stephenson, von Amts wegen an der Spurbreite der britischen Pferdekutschen orientieren. Stephenson baute auch den „Adler", die erste Lokomotive in Deutschland, die zehn Jahre später zwischen Nürnberg und Fürth zum Einsatz kam.

Es dauerte nochmals mehrere Jahre, bis sich auch in Baden und Württemberg die Erkenntnis vom Nutzen dieser Erfindung durchsetzte. Der aus Reutlingen stammende Friedrich List (siehe S. 140) hatte schon um 1820 die ersten Pläne für die stählernen Straßen entworfen, doch das Misstrauen gegenüber den sich selbst bewegenden „Automobilen"
war groß. Böse Zungen behaupteten, die Reisenden würden durch die hohe Geschwindigkeit wahnsinnig werden, andere fürchteten, der Rauch der Lokomotiven würde zur Kartoffelkrankheit führen, die erst wenige Jahre zuvor eine Hungersnot bewirkt hatte, und wieder andere betrachteten die Bahn als unnötigen Luxus.

Erst als in den Nachbarländern der Ausbau der Bahnnetze schon in vollem Gange war, begann auch in Baden und Württemberg das Eisenbahnzeitalter. Vorrangiges Ziel war der Bodensee, damals wichtiger Umschlagplatz des Handels mit Österreich, Italien und der Schweiz, weshalb Baden wie auch Württemberg und Bayern versuchten, den Bodensee so schnell wie möglich per Bahn zu erreichen. Die Landesregierungen ließen innerhalb der Landesgrenzen eigene Schienennetze verlegen, denn an einen grenzüberschreitenden Bahnverkehr dachte man noch nicht.

Nach dem Vorbild römischer Aquädukte errichtete der Eisenbahnbaumeister Karl Etzel 1851–53 in Bietigheim den Eisenbahnviadukt über die Enz. Die Brücke ermöglichte die Verbindung der württembergischen mit der badischen Bahn.

Dettingen unter Teck ist Station an der Teckbahn, der ersten Privatbahn in Württemberg. Der Abschnitt Unterboihingen–Kirchheim unter Teck wurde 1864 eröffnet, die Erweiterung bis Oberlenningen erfolgte 1899.

Badische Staatsbahn und Königlich-Württembergische Staats-Eisenbahn

Im Jahr 1838 bewilligte die badische Regierung einen Kredit von vier Millionen Gulden für den Ausbau der Hauptstrecke Mannheim–Basel. Anlass dafür war die Befürchtung der badischen Regierung, durch die von der französischen Regierung im Elsass geplante Bahnlinie Straßburg–Basel ins Hintertreffen zu geraten. Der Bau ging zügig voran, denn für die Verlegung von Gleisen war das breite, flache Rheintal ideal. Lediglich eine Engstelle am Isteiner Klotz nordwestlich von Lörrach erforderte besondere Maßnahmen; hier mussten die weltweit ersten Eisenbahn-Tunnels aus dem Fels gesprengt werden. Am 12. September 1840 rollte die erste, aus Manchester gelieferte Lokomotive von Mannheim nach Heidelberg, drei Jahre später war der Abschnitt bis Karlsruhe fertiggestellt, und 1845 fuhren die Züge bis Freiburg. Doch die badische Revolution von 1848/49 erschöpfte die Staatskasse und stoppte den weiteren Ausbau der Bahn bis Basel.

Während in Baden schon die Züge rollten, wurde im Königreich Württemberg noch über die Notwendigkeit von Eisenbahnen debattiert. Die vorherrschende Land- und Forstwirtschaft sowie die ungünstige Geographie mit engem Neckartal und steilem Albanstieg schienen gegen ein Eisenbahnnetz zu sprechen. Doch angesichts der stetig wachsenden Schienennetze in den Nachbarländern setzte sich König Wilhelm I. gegen den Landtag durch, woraufhin im April 1843 ein Gesetz verabschiedet wurde, das den Aufbau eines Eisenbahnnetzes ermöglichte.

Ausgangspunkt der Strecken war zunächst Cannstatt, da die Lage Stuttgarts in einem Talkessel als Endpunkt von Eisenbahnen ungeeignet zu sein schien. Cannstatt sollte durch die Hauptbahn, die so genannte Nordbahn, mit Heilbronn verbunden werden, durch die Westbahn mit Bietigheim und Mühlacker und durch die Südbahn mit Friedrichshafen am Bodensee. Am 22. Oktober 1845 wurde die „stählerne Straße" zwischen Cannstatt und Untertürkheim in Betrieb genommen. Wie in Nürnberg war auch hier eine aus England in

Einzelteilen importierte Lokomotive im Einsatz. Schwierigkeiten beim Ausbau der Südbahn-Strecke bereitete der Albübergang zwischen Geislingen und Ulm, da hier auf 5,5 Kilometer Länge 113 Höhenmeter zu überwinden waren. König Wilhelms Eisenbahnbaumeister Karl Etzel schaffte es mit 4000 Arbeitern, die Steilstrecke anzulegen, und am 29. Juni 1850 zog eine Lokomotive vorn und schob eine hinten den ersten Zug die Geislinger Steige hinauf (Tour 55). Mit der Südbahn erreichte Württemberg im Jahr 1850 Friedrichshafen am Bodensee. Drei Jahre später fuhr der erste Zug der bayrischen Bahn in Lindau ein, und 1863 war das Dorf Ludwigshafen am Bodensee an die Badische Staatsbahn angeschlossen.

Grenzüberschreitendes Schienennetz

„Nie und nimmer ein badischer Wagen auf der württembergischen Eisenbahn" – diese Meinung eines Mitglieds des badischen Landtags war überholt, nachdem sich Baden und Württemberg nach langen Verhandlungen um 1850 geeinigt hatten, ihre Schienenwege miteinander zu verbinden. Treffpunkt der badischen

Der Reichenbach-Viadukt bei Hornberg im Schwarzwald ist der einzige Viadukt an der von Robert Gerwig erbauten Schwarzwaldbahn, die einen Höhenunterschied von knapp 600 Metern auf 21 Kilometer Länge mittels mehrerer in Tunnels verlaufender Schleifen überwindet.

und der württembergischen Bahn wurde Bruchsal, das durch eine Verbindungsstrecke nach Bietigheim Anschluss an die württembergische Nordbahn hatte. Als Problem erwies sich die „Großspurigkeit" Badens, wo zu Beginn des Eisenbahnbaus eine Breitspur mit 1,6 Meter und nicht die Normalspur gewählt worden war. Da auch Badens Nachbarländer die Normalspur verwendeten, musste Baden die bereits gelegten Gleise ändern und die Fahrzeuge umrüsten. Bis Ende 1853 waren die württembergischen, badischen und bayrischen Bahnen miteinander verbunden.

Dennoch wurden neue Gleisstrecken nicht im „Ausland" verlegt, was manch ein Projekt verzögerte und verteuerte. So zog sich der Bau der Murgtalbahn im Nordschwarzwald nicht nur wegen der erforderlichen Tunnels und Brücken über sechzig Jahre lang hin (1868–1928), sondern vor allem, weil der untere Talabschnitt zu Baden, der obere zu Württemberg gehörte. So entstanden zunächst nur Stichbahnen vom badischen Rastatt talaufwärts und vom württembergischen Freudenstadt talabwärts; die fehlende kurze Verbindungsstrecke wurde nicht gebaut. Auch der Bau der badischen Schwarzwaldbahn (Tour 56) wurde kompliziert und teuer, weil eine billigere Variante, die so genannte Schiltach-Trasse, bei der die Bahn auf wenige Kilometer Länge in Württemberg verlaufen wäre, verworfen wurde. Erst 1873, nachdem Württemberg und Baden Mitglieder des Deutschen Reichs waren, wurde diese Gebirgsbahn fertiggestellt.

Der Deutsch-Französische Krieg 1870/71 und die Gründung des Deutschen Reichs 1871 sorgten dafür, dass der Bahnbau auch unter militärstrategischen Gesichtspunkten betrachtet wurde. Bereits im Krieg 1870/71 hatten sich die Vorteile des raschen Truppen- und Materialtransports mit der Eisenbahn gezeigt. Da die Reichsregierung in Berlin mit einem erneuten Krieg gegen Frankreich rechnete, forderte sie die großherzogliche Regierung in Karlsruhe auf, im Interesse der Landesverteidigung eine Ost-West-Bahnlinie in Richtung Elsass anzulegen. Eine dieser militärstrategischen Bahnen war die seit 1875/76 erbaute Wutachtalbahn, welche die Hochrheinstrecke sowohl mit der Schwarzwaldbahn als auch mit der Donautalbahn verband. Die Strecke erwies sich später als unrentabel, eine Teilstrecke ist als Museumsbahn ab Blumberg-Zollhaus in Betrieb (Tour 57).

Neben- und Privatbahnen

Fast jede Gemeinde wünschte sich ihr eigenes „Bähnle" und jeder große Industriebetrieb einen Anschluss an das Schienennetz, so dass zahlreiche Anfragen bei der badischen und württembergischen Regierung eingingen. Lehnten diese den Bau einer Strecke ab, beantragten die Gemeinden eine Konzession und erbauten die Bahn auf eigene Kosten. Allerdings durften Privatbahnen keine Verbindungen zwischen bereits bestehenden staatlichen Strecken herstellen; lediglich Zweigbahnen zur Erschließung des Hinterlandes oder eines Flusstals wurden genehmigt. Die erste Privatbahn in Baden, die Wiesentalbahn, wurde 1860–62 erbaut und führte vom Badischen Bahnhof in Basel nach Schopfheim im Wiesental, wo mehrere Spinnereien und Webereien arbeiteten. War für den Ausbau nicht genügend Geld vorhanden, wich man auf die preisgünstigere Schmalspur aus wie 1889 bei der Fortsetzung der Wiesentalbahn von Zell nach Todtnau oder auf der Schwäbischen Alb von Amstetten (Tour 53) nach Laichingen.

Als Folge des Baus von Neben- und Privatbahnen waren bis zur Jahrhundertwende in Baden und Württemberg 3000 Kilometer Bahnschienen verlegt, und in Baden hatte jede zweite Gemeinde einen eigenen Bahnanschluss. Im Durchschnitt lagen die Bahnhöfe nur knapp vier Kilometer voneinander entfernt, was sich für die zahlreichen Pendler als sehr günstig erwies, denn mit speziellen Arbeiterzügen war es möglich, auch in weiter entfernten Städten einer Beschäftigung nachzugehen.

Auswirkungen des Eisenbahnbaus

Die Bahn ermöglichte den Transport großer Warenmengen über große Entfernungen in bis dahin unvorstellbar kurzer Zeit. Die Wirtschaft blühte auf, und Industriebetriebe siedelten sich in Orten mit Bahnanschluss an, beispielsweise in Mosbach, wo Mitte des 19. Jahrhunderts Eisengießereien entstanden; in Geislingen an der Steige, wo sich aus einer Eisenbahn-Reparaturwerkstätte die Württembergische Metallwarenfabrik (WMF) entwickelte; in Singen, wohin der Schweizer Brühwürfelhersteller Julius Maggi seine Fabrik verlegte; in Ludwigsburg, das der Zichorienkaffee-Hersteller Franck zu seinem Firmensitz machte; in Radolfzell, wo der Schweizer Unternehmer Jacques Schiesser eine Unterwäschefabrik gründete; in Kornwestheim, wo der Schuhmacher Jakob Sigle 1885 mit der Produktion von Qualitätsschuhen der späteren Marke „Salamander" begann.

In der Industrie und im Gewerbe entstanden zahllose Arbeitsplätze ebenso wie bei der Bahn in den Eisenbahn-Reparaturwerkstätten und beim Gleisbau. Der Andrang nach einer Stelle als Lokomotivführer, Heizer oder Schaffner war groß, doch eingestellt wurden nur Männer mit gutem Leumund und guter Gesundheit. Benutzen konnte die Bahn, dieses Wunderwerk der Technik, jeder, der den Fahrschein bezahlen konnte und nicht nur Reiche und Militärs, wie zu Beginn des Eisenbahnbaus gemunkelt worden war. Arm und Reich benutzte dasselbe Transportmittel und kam gleichzeitig ans Ziel, was manchem Mitglied der herrschenden Elite in der hierarchisch gegliederten Gesellschaft suspekt war. Nicht verwunderlich, dass sich das Klassensystem wenigstens in der Sitzqualität zeigte: Plüschsitze in der ersten Klasse, Polstersitze in der zweiten, Holzbänke in der dritten und hochklappbare Längssitze in der vierten Klasse, in der auch Traglasten transportiert wurden und die ebenso wie die dritte Klasse nicht beheizbar war. Komfortables Reisen hatte aber auch seinen Preis: Um 1900 zahlten Passagiere für einen Kilometer in der ersten Klasse acht Reichspfennige, für einen in der vierten Klasse lediglich zwei Reichspfennige.

TOUR 55 WANDERUNG
An der Geislinger Steige

Die Steilstrecke Geislinger Steige, die nur mit zwei Dampfloks zu schaffen war, gilt als technische Meisterleistung. In Amstetten auf der Albhochfläche zweigten eine Schmalspurbahn nach Laichingen und eine Lokalbahn nach Gerstetten ab. Auf den Strecken Amstetten–Gerstetten und Amstetten–Oppingen sind heute Museumsbahnen unterwegs. Von Amstetten kann man, mit Blick auf die Geislinger Steige, entlang der Talkante nach Geislingen wandern, wo im Heimatmuseum Alter Bau ein Modell der Geislinger Steige zu sehen

Von Amstetten nach Laichingen wurde 1901 eine Schmalspurbahn gebaut, um Laichingen, ein Zentrum der Leinen- und Bettwäscheherstellung, an die Hauptbahn Stuttgart–Ulm anzuschließen. Heute verkehrt mehrmals im Jahr eine Museumsbahn zwischen Amstetten und Oppingen, wo die Bahnlinie heute endet.

ist und eine Ausstellung über die Entwicklung zur heutigen Industriestadt durch den Eisenbahnbau informiert.

Praktische Informationen Tour 55
Länge: 9 km **Gehzeit:** 2,5 Std.
Anreise: B 10 Stuttgart-Ulm nach Geislingen an der Steige und zum Parkhaus MAG; zu Fuß ca. 1 km zum Bahnhof, per Bahn in Richtung Ulm nach Amstetten.
Tourcharakter: Bequeme, markierte Streckentour auf Pfaden und Wegen am Albrand, nur wenige kurze, leichte Anstiege schöne Ausblicke.
Wegverlauf: Bhf. Amstetten – Gleise und B 10 kreuzen – auf Sträßchen nach links zur Ziegelhütte – B 10 kreuzen – kurzzeitig Straße in Richtung Türkheim – rechts ab, an der Talkante zum Wittinger Fels – in Richtung Schildwacht – Tiroler Felsen – Geiselstein; nahebei das Geiselsteinhaus mit Grillstelle – Ostlandkreuz – Abstieg (rote Gabel) – talabwärts, nach Kurve rechts ab, über Treppen zum Schildwachtweg – Karlstraße kreuzen, auf Treppenabgang weiter – durch Knollstraße, Steingrubestraße und Notzentalweg zum Bahnhof.
Karte/Information: Kurzbeschreibung in der Broschüre „Wanderrouten", erhältlich beim Touristikbüro Geislingen, www.geislingen.de; Freizeitkarte des LVA Baden-Württemberg, Blatt 521 (Göppingen), 1:50 000;
Fahrpläne zu Museumsbahnen Amstetten unter www.ulmer-eisenbahnfreunde.de

TOUR 56 WANDERUNG

Schwarzwaldbahn nach Triberg, zu Fuß nach Hornberg

Zwischen Hornberg und Triberg überwindet die Schwarzwaldbahn ca. 300 Höhenmeter mit Hilfe einer großen Kehre und mehreren Tunnels. Der 1863–73 erfolgte Bau dieser Gebirgsbahn mit 39 Tunnels durch den Ingenieur Robert Gerwig gilt als Pionierleistung des Gebirgsbahnbaus und wurde weltweit nachgeahmt.

Praktische Informationen Tour 56
Länge: 10 km   **Gehzeit:** 3 Std.
Anreise: A 81 Stuttgart–Singen, Ausfahrt 34 (Rottweil), B 462 nach Schramberg, Landstraße über den Fohrenbühl nach Hornberg, Parkplatz am Bahnhof.
Tourcharakter: Reizvolle Streckentour im engen Tal der Gutach; stets entlang der Bahnlinie bzw. des Flüsschens; überwiegend bergab.
Wegverlauf: Schwarzwaldbahn von Hornberg nach Triberg – vom Bhf. Triberg auf dem Franz-Göttler-Weg (blaue Raute und weißer Balken) bis auf Höhe des Orts Untertal – parallel zur Bahnlinie über Niederwasser nach Hornberg.
Karte/Information: Freizeitkarte des LVA Baden-Württemberg, Blatt 506 (Titisee-Neustadt), 1:50 000.

TOUR 57 WANDERUNG

Eisenbahn-Lehrpfad an der Sauschwänzlebahn

Die Wutachtalbahn Oberlauchringen (Hochrhein)–Immendingen (Donau) wurde zwischen 1875 und 1890 aus militärstrategischen Gründen als Verbindungsstrecke zwischen der Schwarzwald- und der Hochrheinbahn erbaut, in beiden Weltkriegen für Militärtransporte genutzt und 1976 wegen Unrentabilität stillgelegt. Der Abschnitt Zollhaus-Blumberg–Weizen, auf dem die Bahn einen Höhenunterschied von 230 Metern mittels fünf großer Viadukte, vier normaler Tunnels und zweier Kehrtunnels überwindet, wird heute mehrmals im Jahr von einer Museumsbahn befahren, der „Sauschwänzlebahn"; im Bhf. Zollhaus-Blumberg ist ein Eisenbahnmuseum eingerichtet. Vom Lehrpfad aus bieten sich schöne Ausblicke auf die Bahnlinie. Am besten startet man in Zollhaus und fährt mit dem Zug am Nachmittag zurück.

Die Eisenbahnsaison dauert vom 1. Mai bis Mitte Oktober.

Praktische Informationen Tour 57
Länge: 18 km   **Gehzeit:** 5 Std.
Anreise: A 81 Stuttgart–Singen, Ausfahrt 75 (Geisingen), Landstraße nach Blumberg zum Bahnhof Zollhaus-Blumberg mit Parkplatz.
Tourcharakter: Ausgeschilderter Weg, Info-Tafeln entlang der Museumsbahn. Unterteilbar in kürzere Abschnitte: Blumberg–Epfenhofen (5 km) und Fützen–Weizen (10 km) mit kurzen, steilen Steigungen; stabile Schuhe erforderlich; der Abschnitt Epfenhofen–Fützen (3 km) ist leicht, Asphalt- und Feldwege.
Wegverlauf: Bhf. Zollhaus-Blumberg – Biesenbach-Viadukt – Talübergang Epfenhofen – Bhf. Fützen – Wutachbrücke – Bhf. Lausheim-Blumegg – Bhf. Weizen; Rückkehr mit der Museumsbahn.
Karte/Information: Kurzbeschreibung, Karte und Fahrplan sowie Details zur Baustrecke unter www.sauschwaenzlebahn.de und bei Tourist-Info Blumberg, Tel. 0 77 02/51-203, www.stadt-blumberg.de

NACH DEM ZWEITEN WELTKRIEG

Der Neubeginn

Als die Vertriebenen mit Güterzügen in den westdeutschen Gemeinden ankamen, war die Lage nahezu unbeschreiblich … Immerhin erfuhr ich, dass am nächsten Morgen der erste Zug mit 1200 Personen in Karlsruhe am Güterbahnhof stehen würde. Diese Personen seien sofort unterzubringen und zu versorgen. Darüber hinaus sollte ich vormerken, dass in den nächsten 180 Tagen weitere 150 Züge mit je 1200 Personen ankommen würden. Also hieß es, sofort Lager einrichten … Nach einem achttägigen Aufenthalt in den Lagern mussten die Vertriebenen auf den vorhandenen Wohnraum verteilt werden, weil ja die Lager bereits wieder für die nächsten Ankömmlinge gebraucht wurden.
(Werner Middelmann, 1945/46 Landrat des Kreises Bruchsal, über die Ankunft der ersten Vertriebenen, November 1945)

Wenige Monate, nachdem am 9. Mai 1945 der Zweite Weltkrieg zu Ende gegangen war, trafen die ersten Flüchtlinge und Vertriebenen aus Schlesien, dem Sudetenland, aus Ungarn und anderen osteuropäischen Gebieten ein. Eine Volkszählung 1950 ergab, dass die Bevölkerung Südwestdeutschlands um rund eine Million auf etwa 6,5 Millionen angewachsen war, wodurch sich die katastrophale Nachkriegslage erheblich verschärfte. Betroffen war vor allem die amerikanische Zone, denn die französische Militärregierung verweigerte bis 1949 die Aufnahme von Flüchtlingen und Vertriebenen.

Aufräumarbeit und Wohnungsnot

Die Luftangriffe der Alliierten auf Industriegebiete und – zur Demoralisierung der Bevölkerung – auch auf Wohnbezirke hatten zahllose Opfer gefordert und mit Ausnahme von Heidelberg alle größeren Städte in ausgebrannte Trümmerlandschaften verwandelt, während Kleinstädte und Dörfer weitgehend verschont geblieben waren. Noch im April 1945 wurden Crailsheim bei der Eroberung durch amerikanische und Freudenstadt bei der Einnahme durch französische Truppen zerstört, da nationalsozialistische Funktionäre die Durchhalteparolen der Regierung befolgten. Am Kriegsende war der Wohnraum zu knapp zwanzig Prozent, in Städten bis zu achtzig Prozent zerstört; Bahnverkehr und Verwaltungen, Wasser-, Strom- und Gasversorgung waren zusammengebrochen und die schon während des Krieges über Lebensmittelkarten zugeteilten Rationen unter die als Existenzminimum geltenden Mengen gesunken.

Unmittelbar nach Kriegsende begann in den Städten die Beseitigung der Trümmer. Diese Schwerarbeit blieb Frauen und Jugendlichen überlassen, denn die Männer waren gefallen, wurden vermisst oder befanden sich in Gefangenschaft. Mit Trümmerschutt füllte man Senken oder häufte Trümmerberge auf wie in Stuttgart (Tour 58) und Pforzheim (Tour 59), während verwertbares Material der Instandsetzung beschädigter Häuser und Wohnungen diente. Dabei entstanden erstaunlich rasch die „BMW-Bauten": Bäcker, Metzger und Wirte konnten gegen die Zusage, sich nach Eröffnung des Betriebs mit Naturalien erkenntlich zu zeigen, recht schnell das nötige Baumaterial organisieren.

Die in Schlössern, Kasernen, einfachen Baracken oder ausrangierten Eisenbahnwaggons untergebrachten Flüchtlinge und Vertriebenen wurden 1946 zum größten Teil auf das Land verfrachtet und – zumeist gegen den Widerstand der Besitzer – in Häuser und Wohnungen einquartiert, was landesweit zu einer statistischen Belegungsquote von etwa 1,5 Personen pro Zimmer führte, während in weitgehend zerstörten Städten wie Bruchsal oder Pforzheim die Quote bei etwa 3,5 Personen pro Zimmer lag.

Die Besatzungszonen

Die amerikanische und die französische Militärregierung verfolgten in ihren Besatzungszonen – Nordbaden und Nordwürttemberg standen unter amerikanischer, Südbaden, Hohenzollern und Südwürttemberg unter französischer Kontrolle – unterschiedliche Ziele; die militärisch kontrollierte Grenze zwischen den beiden Zonen verlief einige Kilometer südlich der Autobahn Karlsruhe–Stuttgart–Ulm,

Aus den Trümmern der zerstörten Stuttgarter Innenstadt wurde der Birkenkopf aufgeschüttet. Kulturhistorisch interessante Architekturteile wurden zuvor aussortiert und sind im Lapidarium zu sehen.

der heutigen A 8. Für die Amerikaner war die Demokratisierung Deutschlands untrennbar mit einem raschen Wiederaufbau verbunden: Gleich nach dem Krieg wurde die Bahnstrecke Mannheim–Stuttgart–Ulm wiederhergestellt, kurz darauf die Linie Ludwigsburg–Stuttgart. Im Juli 1945 ging Radio Stuttgart auf Sendung; im September erschienen die Heidelberger Rhein-Neckar-Zeitung und die Stuttgarter Zeitung; seit Herbst erhielten alle Schüler eine zwar wenig schmackhafte, aber dringend notwendige Schulspeisung. Seit 1946 unterstützten amerikanische Finanzhilfen den Wiederaufbau, und zahllose CARE-Pakete (Cooperative for American Remittances to Europe) sorgten vor allem mit Grundnahrungsmitteln für Lichtblicke im trostlosen Alltag. Dennoch wurde die Hungersnot erst mit den seit 1947 verstärkt eintreffenden Getreidelieferungen aus den USA gelindert.

Das Verhältnis der Bevölkerung zu den französischen Besatzern blieb über Jahre gespannt, denn Soldaten hatten mit Duldung vieler Offiziere geplündert, Frauen und Mädchen vergewaltigt. Zahlreiche Häuser und Wohnungen wurden für die Familien der Besatzungstruppen konfisziert, und mit den als Reparationsleistung demontierten und nach Frankreich verbrachten Maschinen und Ausrüstungen aus noch intakten Industrie- und Gewerbebetrieben ging jede Hoffnung auf Arbeitsplätze verloren. Schwer getroffen wurden auch die Bauern, denn die berüchtigten „Franzosenhiebe" – als Reparationsleistung großflächig durchgeführte Abholzungen – nahmen den Waldbauern ihre Einnahmequelle, und von jeder Schlachtung und Ernte, von jedem Liter Wein waren fünfzehn Prozent abzuführen, weil sich das Militär aus der Besatzungszone ernährte.

Hamstern und Schwarzmarkt

Da die zugeteilten Lebensmittel nicht ausreichten, zogen Städter scharenweise aufs Land, um zu „hamstern". Für Butter, Speck oder Kartoffeln gaben sie den Bauern Schmuck, Pelze und Teppiche, so dass bald der Satz kursierte: „Die Schweine bekommen demnächst Ohrringe, weil die Perserteppiche ja schon im Stall liegen". Wer nichts zu tauschen hatte, suchte abgeerntete Felder nach liegen gebliebenen Ähren ab und las Fallobst oder die bei der Ernte übersehenen Kartoffeln auf, sammelte Bucheckern, um etwas Öl zu pressen, und suchte des Nachts auch Gärten heim, um Gemüse und Salat zu stehlen.

In den Städten bildete sich ein zwar verbotener, aber überlebensnotwendiger Schwarzmarkt mit Zigaretten als Währung, denn die Reichsmark war wertlos. Beherrscht wurde dieser Schwarzhandel von organisierten, oftmals mit korrupten Besatzungssoldaten zusammenarbeitenden Schieberbanden, die aus den Lagerbeständen und Büros der Alliierten so gut wie alles anbieten konnten – einschließlich ausländischer Pässe.

Der Umschwung

Am Sonntag, dem 20. Juni 1948, fand eine Währungsreform statt: Die Deutsche Mark löste die Reichsmark ab, wobei 60 RM gegen 60 DM getauscht wurden. Sparguthaben wurden mit einem Tauschwert von 10 RM zu 1 DM behandelt und konnten zu einem geringen Prozentsatz eingelöst werden; später wurden die eingefrorenen Sparguthaben für wertlos erklärt, so dass Sparer – die Mehrheit der Bevölkerung – den Großteil ihres Geldvermögens verloren.

Der im Jahr 1956 fertiggestellte Stuttgarter Fernsehturm (mit Aussichtskanzel) steht als Symbol für das „Wirtschaftswunder" der Nachkriegszeit.

Auf wundersame Weise tauchten innerhalb weniger Tage all jene Artikel auf, die zuvor nach Angaben der Geschäftsleute längst nicht mehr vorrätig waren – Apotheker verfügten über Medikamente und Elektromeister verkauften Glühbirnen. Da nach der Währungsreform alle Waren legal gekauft werden konnten, wurde der Schwarzmarkt bedeutungslos und von Tauschläden – „suche Kinderwagen, biete Taschenuhr" – ersetzt. Auch Lebensmittel blieben Mangelware, und die Bevölkerungsmehrheit blieb bis zur Aufhebung des Bezugsschein-Systems im Jahr 1950 auf die zugeteilten Rationen angewiesen; für diese hilfsbedürftige Mehrheit entstand damals die Bezeichnung „Otto Normalverbraucher".

Der Aufschwung

In den folgenden Jahren fand eine derart stürmische Entwicklung statt, dass man vom Wirtschaftswunder sprach. In der Industrie führte die Qualität von Erzeugnissen „Made in Germany" zu weltweiter Nachfrage. Zur Schlüsselindustrie entwickelte sich die Fahrzeugherstellung, u. a. bei Daimler-Benz, bei Porsche in Zuffenhausen und NSU in Neckarsulm, wo Motorräder und seit 1962 der legendäre „Prinz 4" hergestellt wurden. Die billigeren Motorroller jedoch schlugen alle Verkaufszahlen. So fertigte NSU in Lizenz die italienische Lambretta, in Oberkirch entstanden der Progress-Strolch, in Stuttgart der Heinkel-Roller und in Kornwestheim die Kreidler-Leichtkrafträder. Männer wie Reinhold Würth in Künzelsau mit Schrauben oder Artur Fischer in Tumlingen bei Freudenstadt mit Dübeln bauten weltweit bekannte Firmen auf, und Aenne Burdas Modemagazin wurde auf Grund der beigelegten Schnittmusterbogen zum Grundstein eines Magazin-Imperiums. Auch Vertriebene und Flüchtlinge wurden erfolgreiche Unternehmer. Beispielsweise fertigte Ludwig Breit in Schwäbisch Gmünd mit Facharbeitern aus der einstigen Glashütte im böhmischen Wiesenthal Glasperlen, Vasen und Schalen, in Heidelberg entstand eine Seidenstrumpffabrik, und im badischen Bühl wurde eine Sensenwetzsteinfabrik zum Schleifmittelwerk Zische ausgebaut.

Das Bundesland Baden-Württemberg

Nach dem Krieg befürworteten fast alle Politiker einen großen Südweststaat als Föderation weitgehend autonomer Landesteile. Diese Föderation sollte aus der französisch besetzten Zone Württemberg-Hohenzollern (hierzu zählte auch das südliche Württemberg/Oberschwaben) und Südbaden sowie der amerikanischen Zone Württemberg-Baden bestehen. Die ersten, regionalpatriotischen Pläne einer Schwäbisch-Alemannischen Demokratie, eines Alemannischen Alpenstaats oder einer Alpen-Donau-Föderation knüpften, unter Ausschluss Nordwürttembergs und Nordbadens, an das mittelalterliche Herzogtum Schwaben oder an das habsburgische Vorderösterreich des 18. Jahrhunderts an. Diese Vorstellungen wurden verworfen zugunsten einer aus Baden, Hohenzollern und Württemberg bestehenden Föderation, die 1951 in einer Volksabstimmung große Zustimmung fand, trotz einer ablehnenden Mehrheit in Südbaden. Die Verhandlungen zu einer Neugliederung des Südwestens hatte der amerikanische Gouverneur 1948 erzwungen mit seiner ultimativen Forderung an die Politiker, das Südweststaat-Problem rasch zu lösen. Auf das erste Treffen der führenden südwestdeutschen Politiker im August 1948 auf dem Hohenneuffen folgten noch zahllose Verhandlungen, ehe eine abstimmungsfähige Lösung gefunden wurde. Im Jahr 1952 stimmte auch der Landtag in Stuttgart für diesen Südweststaat und wählte aus zahlreichen, aus der Bevölkerung kommenden Namensvorschlägen wie dem nüchternen Kürzel Wübaho (Württemberg-Baden-Hohenzollern) oder Schwarzwaldschwaben, Hohenwürttembad und Vereinigte Staaten von Württemberg-Baden, Süddeutsche Union oder Südwestmark die Bezeichnung Baden-Württemberg für das neue Bundesland.

Erster Ministerpräsident war 1952 der Liberale Reinhold Maier, der aber schon 1953 von Gebhard Müller (CDU) abgelöst wurde. Im Jahr 1958 folgte Kurt Georg Kiesinger (CDU), nach dessen Wahl zum Bundeskanzler 1966 Hans Filbinger (CDU) das Amt des Ministerpräsidenten übernahm.

Der Städte- und Wohnungsbau

Beim Wiederaufbau der Innenstädte entschieden sich manche Stadträte für das alte Stadtbild wie beispielsweise in Freudenstadt, während andere die Moderne bevorzugten und auf Beton- und Glasbauten an breiten Straßen setzten. Zumeist aber galt ein Kompromiss: Altes Stadtbild, aber auch moderne Gebäude und verbreiterte Hauptstraßen. Wichtiger aber waren die mehr als eine Million Wohnungen, die zwischen 1950 und 1965 nach dem von Theodor Heuss geprägten Schlagwort „Schaffe, schaffe, Häusle baue" entstanden und die Wohnungsnot beendeten. Flüchtlinge und Vertriebene errichteten mit den durch den Lastenausgleich seit 1952/53 ausbezahlten Entschädigungen für verlorene Immobilien zahlreiche Siedlungen, u. a. Wimberg bei Calw, die Wildermuth-Siedlung in Reutlingen oder die Siedlung Sauerbrunnen bei Crailsheim. In den Städten wurden ganze Stadtteile mit mehrgeschossigen Mietshäusern hochgezogen und seit den sechziger Jahren auch Hochhäuser. Man baute Kindergärten, Schulen, Krankenhäuser, und im Auftrag der evangelischen Kirche errichtete der Architekt Otto Bartning die Auferstehungskirche in Pforzheim als erste einer ganzen Reihe so genannter „Notkirchen" in einfacher Fertigteilbauweise.

TOUR 58 SPAZIERGANG
Der Birkenkopf in Stuttgart

Am südwestlichen Rand des Stuttgarter Talkessels wurden am Birkenkopf seit 1945 etwa 15 Millionen Kubikmeter Trümmerschutt aus der Stuttgarter Innenstadt abgeladen, denn während des Kriegs hatten mehr als 50 Luftangriffe mit über einer Million abgeworfener Spreng- und Brandbomben massive Zerstörungen verursacht. Von 150 000 Wohnungen vor dem Krieg war etwa ein Drittel völlig zerstört, ein weiteres Drittel beschädigt; 13 von 15 Neckarbrücken waren unbenutzbar geworden, und auch das Neue Schloss war eine Ruine.

Acht Jahre dauerte die Beseitigung des Trümmerschutts aus der zerstörten Innenstadt. Der Abtransport erfolgte mit Lastwagen, umfunktionierten Straßenbahnen und eigens angelegten Trümmerbahnen; der letzte Lkw kippte seine Schuttladung am Birkenkopf im Jahr 1953 ab. Mit der Anhäufung von Millionen Kubikmeter Trümmerschutt wuchs der Birkenkopf um 40 m in die Höhe, und im Volksmund wurde die Erhebung zum „Monte Scherbelino" (511 m). Aus dem mittlerweile zugewachsenen Trümmerhügel ragen gelegentlich einzelne Steinblöcke heraus, und auf der Gipfelhochfläche mit einem Gedenkkreuz ließ man bewusst Steinquader offen liegen.

Praktische Informationen Tour 58
Länge: 1,4 km **Gehzeit:** 30 Minuten
Tourcharakter: Bequemer Anstieg auf autofreier Straße; Ausblick auf Talkessel.
Anfahrt: A 8 Stuttgart–Karlsruhe, am Kreuz Stuttgart abbiegen auf die A 831 in Richtung Vaihingen; A 831 geht in mehrspurige B 14 über; am Schattenring geradeaus, dann rechts in Richtung Stuttgart-West/Killesberg; nach 1,5 km an einer Straßengabelung ein Parkplatz am Fuß des Birkenkopfs.
Wegverlauf: Am Parkplatz die Straße überqueren – spiralförmig ansteigende Straße zum Aussichtsplateau des Birkenkopfs (511 m) – gleicher Weg zurück.
Karte/Information: Stadtplan Stuttgart; www.stuttgart-tourist.de

TOUR 59 SPAZIERGANG
Der Wallberg in Pforzheim

„Das Tollste ist Pforzheim, vom Erdboden verschwunden, rasiert, komplett kurz und klein geschlagen. Keine Menschenseele mehr vorhanden, Pforzheim kannst Du vom Atlas streichen". So beschrieb der Dichter Alfred Döblin die Lage in Pforzheim gegen Ende des Zweiten Weltkriegs. Am 23. Februar 1945, nur sechs Wochen vor der Einstellung der Kampfhandlungen in Südwestdeutschland, starben bei einem halbstündigen Bombenangriff auf Pforzheim etwa 18 000 Einwohner. Die Stadt wurde in ein riesiges Trümmerfeld verwandelt und war neben Heilbronn und Ulm die am stärksten zerstörte Stadt in Südwestdeutschland. In zwei Kilometern Entfernung vom Stadtzentrum wurde ein Großteil der Trümmer am Wallberg aufgehäuft. Heute ist der Wallberg, auf dem Metallstelen an den Schrecken vom Februar 1945 erinnern, ein beliebter Aussichtspunkt (418 m).

Praktische Informationen Tour 59
Länge: 1,6 km (hin u. zurück) **Gehzeit:** 30 Min.
Tourcharakter: Rad- und Fußweg hinauf zu einem Aussichtspunkt.
Anfahrt: A 8 Stuttgart–Karlsruhe, Ausfahrt 43 (Pforzheim-West); B 10 in Richtung Stadtzentrum, nach knapp 1,5 km rechts abbiegen in die Wallbergallee; nach wenigen Metern ein Parkplatz.
Wegverlauf: Parkplatz – Wallbergallee – nach 100 m links abbiegen in die Kappenheimstraße – Augusta-Viala-Straße kreuzen – kurz danach rechts abbiegen auf einen ansteigenden Fuß- und Radweg zu Aussichtspunkt auf dem Wallberg; gleicher Weg zurück.
Karte/Information: Stadtplan Pforzheim.

TOUR 60 STADTRUNDGANG
Die Altstadt von Ulm

Schwere Luftangriffe im Dezember 1944 zerstörten die Altstadt der einstigen Freien Reichsstadt zu knapp 80 Prozent; erhalten blieben u. a. das Fischer- und Gerberviertel sowie einige Gassen nördlich und östlich des Münsters. Nach der Beseitigung des Trümmerschutts stellte sich 1947/48 die Frage, ob der Wiederaufbau in historisch getreuer oder in moderner Form stattfinden sollte. Nach erbitterten Diskussionen wurden Kompromisse gefunden: Das alte Netz von Straßen und Gassen blieb erhalten, aber die Neue Straße mitten durch die Altstadt wurde nach dem Abriss auch alter Gebäude als breite, „autogerechte" Ost-West-Magistrale angelegt. Der anfängliche, dringend erforderliche Hausbau zur Behebung der Wohnungsnot und zur Ankurbelung des Geschäftslebens konnte im bescheiden-modernen Stil der Fünfziger- und Sechzigerjahre erfolgen, ansonsten aber sollten neue Gebäude mit den einst für Ulm typischen Spitzgiebeln errichtet werden. Auch im Krieg ausgebrannte kommunale Gebäude wie das gotische Rathaus, der gotische Büchsenstadel, das Kornhaus oder das Schwörhaus wurden nicht vollends abgerissen, sondern erhielten ein historisch getreu restauriertes Äußeres, wurden innen jedoch nach modernen Gesichtspunkten funktional gestaltet.

Praktische Informationen Tour 60
Länge: 5,5 km **Gehzeit:** 1,5–2 Std. (ohne Besichtigungen).
Tourcharakter: Bequemer Rundgang, geringfügige Steigung vom Donau-Ufer in die Altstadt.
Anfahrt: A 8 Stuttgart – München, Ausfahrt 62 (Ulm-West); B 10 nach Ulm, an großem Kreis-

In der Nähe des Alten Rathauses mit seinen Renaissance-Fassaden ragt der 161,5 m hohe Turm des gotischen Ulmer Münsters auf. Der 1377 begonnene Bau des Münsters stockte Jahrhunderte lang und wurde erst 1890 abgeschlossen.

verkehr Dreivierteldrehung, nach 500 m rechts ab (Neutorstraße), erneut rechts und am Bahnhof vorbei, dann links (Neue Straße) zu Parkhaus am Rathaus. Per Bahn mit der Linie Stuttgart – Ulm – München.

Wegverlauf: Parkhaus – über den Marktplatz; rechts gotisches Rathaus, links Stadtmuseum – (schiefer) Metzgerturm – durch Stadtmauer (diente einst auch als Hochwasserschutz) – nach rechts Fuß- und Radweg am so genannten Donauschwabenufer – nach 150 m rechts in malerisches Fischer- und Gerberviertel – Schwörhausgasse – Neue Straße kreuzen – geradeaus zum Münster – an Münsterfront mit Portal nach links, an Münster-Nordseite nach rechts – vierte links abzweigende Gasse zum Kornhaus und Einsteinhaus – geradeaus Herrenkellergasse – in quer verlaufender Pfalzgasse nach rechts am Büchsenstadel vorbei – links in Salzstadelgasse zum einstigen Salz-Lagerhaus (Deutsches Brotmuseum) – nach links Pfauengasse zum Münsterplatz – halb links, vorbei am modernen Stadthaus (Tourismusbüro) – Neue Straße – Parkhaus.

Karte/Information: Stadtplan Ulm; Broschüren zu Ulm bei Tourismus-Information; www.ulm.de

WEITERE EMPFEHLUNGEN FÜR TOUREN UND AUSFLÜGE

Jäger der Eiszeit

Blaubeuren: Urgeschichtliches Museum; Sept. Tag der Offenen Höhle; www.urmu.de

Engen: Städtisches Museum; Gagat-Figuren; Petersfelstage im Eiszeitpark; Sept. in „geraden" Jahren; www.touristik-engen.de

Bauern der Jungsteinzeit

Blaustein-Ehrenstein: Kulturhistorisch-ökologischer Lehrpfad; Ausstellung im Rathaus zu Steinzeitdorf; www.blaustein.de

Kelten

Kirchzarten: Tarodunum-Rundweg; Faltblatt; www.dreisamtal.de

Leinfelden-Echterdingen: Archäologischer Lehrpfad Federlesmahd mit Stelen; www.leinfelden-echterdingen.de

Römer

Aalen: Limes-Radweg; www.limesstrasse.de

Hechingen-Stein: Römisches Freilichtmuseum; Römerfest Aug./Sept. in „geraden Jahren"; www.villa-rustica.de

Hüfingen: Römerbadruine; Römerfest im Sept.; www.huefingen.de

Köngen: Römerpark, Museum auf Kastellgelände; Römertage im Juni in „ungeraden Jahren"; www.roemerpark-koengen.de

Mainhardt: Limes-Lehrpfad (15,5 km), Faltblatt; www.mainhardt.de; Führung durch Limes-Cicerones; www.limes-cicerone.de

Mengen-Ennetach: Römermuseum, im Museums-Café Römeressen für Gruppen; archäologischer Wanderweg am Donau-Limes; www.roemermuseum.mengen.de

Römerstraße Neckar-Alb: Römerstätten zwischen Schweiz und Köngen; www.roemerstrasse-neckar-alb.de

Schwäbisch Gmünd: Limes-Wanderweg; Prospekt; www.schwaebisch-gmuend.de

Walldürn: Limes-Lehrpfad (2 km); Stadtmuseum; www.wallduern.de

Welzheim: Archäologischer Park Ostkastell; Führungen der Limes-Cicerones; www.limes-cicerone.de; Städtisches Museum mit Römer-Abteilung, www.welzheim.de; Römertage alle 4 Jahre, www.roemertage.de

Alamannen und Franken

Freiburg: Museum für Ur- und Frühgeschichte, alamannischer Grabschmuck; www.freiburg.de

Burgen

Bissingen/Teck: Drei-Burgen-Wanderung, Broschüre; www.albtrauf.de

Pfalzgrafenweiler: Vier-Burgen-Weg, Faltblatt; www.pfalzgrafenweiler.de

Reutlingen: Burgenweg Reutlingen-Obermarchtal-Zwiefalten; mehrtägige Wanderung über die Schwäbische Alb; Wanderbuch des Schwäbischen Albvereins; www.schwaebischer-albverein.de/burgenweg und www.tourismus-bw.de

Zähringer, Staufer, Welfen

Göppingen-Hohenstaufen: Dokumentationsraum für staufische Geschichte; www.goeppingen.de

Neuenburg: Rundgang „Auf den Spuren der Zähringer", www.neuenburg.de

Schwäbisch Gmünd: Radtouren auf Staufer Spuren; Barbarossa-Weg; Straße der Staufer; www.stauferland.de

Die Stadt im Mittelalter

Bad Wimpfen: Reichsstädtisches Museum; Zunftmarkt im Aug.; www.badwimpfen.de

Crailsheim: Stadtmuseum im Spital, Badstube; www.crailsheim.de

Heidelsheim: Reichsstadtfest im Juli mit Handwerkermarkt, in „ungeraden" Jahren; www.heidelsheim.de

Nachtwächter-Rundgänge: In Bad Säckingen, Bad Wimpfen, Burkheim, Dilsberg, Engen, Gengenbach, Heidelsheim, Markdorf, Mühlheim an der Donau, Öhringen, Schiltach, Schwäbisch Hall, Weil der Stadt, Wolfach.

Türmerstuben: Bad Wimpfen „Blauer Turm", www.badwimpfen.org; Calw „Der Lange", www.calw.de; Gengenbach Kinzigtorturm; www.stadt-gengenbach.de; Öhringen Turmmuseum; www.oehringen.de

Wangen im Allgäu: Museum in der Badstube, www.wangen.de

Klöster

Baiersbronn-Klosterreichenbach: Erlebnispfad „Von Mönchen und Lehensbauern", Faltblatt; www.baiersbronn.de

Ochsenhausen: Museum zur Klostergeschichte; wasserbauhistorischer Wanderweg „Krummbach", Faltblatt; www.ochsenhausen.de

Salem: Erlebnis-Radweg Salemer Klosterweiher; www.erlebnisweg.de

St. Blasien: Klosterweg nach Waldshut (26 km), www.klosterweg.de

Weingarten: Wasserbauhistorischer Wanderweg „Stiller Bach"; www.muehlenstraße-oberschwaben.de

Haus Baden

Gaggenau-Michelbach: Historischer Grenzweg (15 km), Faltblatt; www.gaggenau.de

Salem: ehemaliges Kloster, heute Wohnsitz der Markgrafen von Baden; www.salem.de

Haus Württemberg

Altshausen: Schloss, Wohnsitz der herzoglichen Familie von Württemberg, Park und Schlosskirche zugänglich; www.altshausen.de

Bretten: Peter-und-Paul-Fest, Aufführung des Angriffs von Herzog Ulrich im Jahr 1504, www.bretten.de

Stuttgart: Stiftskirche mit Standbildern württembergischer Grafen, Grab von Johannes Brenz; www.stuttgart.de

Tübingen: Stiftskirche mit Grabmälern württembergischer Grafen und Herzöge;

Adel

Donaueschingen: Stadtführung „Auf den Spuren der Fürstenberger"; www.donaueschingen.de; Führungen im Schloss, www.fuerstenberg-kultur.de

Endingen: Vorderösterreich-Museum Üsenberger Hof, www.endingen.de

Hechingen: Hohenzollerisches Landesmuseum, Geschichte der hohenzollerischen Lande; Irma-West-Heimatfest, auf dem die „Hohenzollerische Hochzeit" nachgestellt wird; www.hechingen.de

Ostrach: Grenzsteinmuseum mit Freilichtmuseum, www.ostrach.de

Jüdische Bevölkerung

Göppingen-Jebenhausen: Jüdisches Museum, Ortsrundgang; www.goeppingen.de

Haigerloch: Jüdisches Stadtviertel, Friedhof, Synagoge mit Ausstellung; www.synagoge-haigerloch.de.

Laupheim: Museum im Schloss; Rundgang zu Gebäuden und Friedhof, Broschüre; www.laupheim.de

Münsingen-Buttenhausen: Ausstellung „Juden in Buttenhausen", Rundgang; www.buttenhausen.de

Reformation

Bretten: Melanchthonhaus, Gedenkstätte und Museum; www.melanchthon.com

Herrenberg: Museum im Fruchtkasten zum Theologen Johann V. Andreae; www.herrenberg.de

Konstanz: Hus-Haus zum böhmischen Reformator Jan Hus; www.konstanz.de

Bauernkrieg

Böblingen: Bauernkriegsmuseum; www.boeblingen.de

Jagsthausen: Aufführung von Goethes „Götz von Berlichingen"; www.jagsthausen.de

Renaissance

Heinrich Schickhardt Kulturstraße: www.heinrich-schickhardt-kulturstrasse.de

Heiligenberg: Schloss der Fürsten zu Fürstenberg; www.heiligenberg.de

Langenburg: Schloss, Innenhof und Schlossmuseum; www.langenburg.de

Leonberg: Pomeranzengarten, terrassierter Garten; www.leonberg.de

Überlingen: Schwedenprozession, So nach 16. Mai und 2. So im Juli; www.ueberlingen.de

Barock

Ettenheim: Barock-Rundgang; www.ettenheim.de

Bruchsal: Residenz der Fürstbischöfe von Speyer; www.schlosser-und-gaerten.de

Oberschwäbische Barockstraße: etwa 100 barocke Bauwerke; www.barockstrasse.org

Rastatt: Residenzschloss und Schloss Favorite, Sonderführungen zu höfischem Leben; www.schloesser-und-gaerten.de

Schwetzingen: Sommerresidenz der Kurfürsten von der Pfalz, Führungen; www.schloesser-und-gaerten.de

Ulm-Wiblingen: Kloster, Audioguide-Führung in Bibliothek; www.kloster-wiblingen.de

Industrialisierung

Blaubeuren: Historische Hammerschmiede; www.blaubeuren.de

Esslingen: Kanufahrt auf ehemaligen Gewerbekanälen; www.tourist-esslingen.de

Furtwangen: Deutsches Uhrenmuseum; www.deutsches-uhrenmuseum.de

Görwihl: Heimatmuseum, zu Hausgewerbe und Baumwollspinnerei; www.goerwihl.de

Mannheim: Landesmuseum für Technik und Arbeit; www.landesmuseum-mannheim.de

Murrhardt: Villa des Zichorienfabrikanten Franck, heute Kulturhaus mit Café; Park, Führungen; www.villa-franck.de

Pforzheim: Technisches Museum der Pforzheimer Uhren- und Schmuckindustrie; www.technisches-museum.de

Reutlingen: Heimatmuseum mit Industriemagazin; www.reutlingen.de

Satteldorf-Gröningen: Hammerschmiede mit Werkstatt-Wohngebäude; www.satteldorf.de

Schwäbisch Gmünd: Silberwaren- und Bijouteriemuseum in der Ott-Pauser'schen Fabrik; www.schwabisch-gmuend.de

Villingen-Schwenningen, Stadtteil Schwenningen: Uhren- und Heimatmuseum sowie Uhrenindustriemuseum; www.villingen-schwenningen.de

Zell im Wiesental: Wiesentäler Textilmuseum; www.wiesentaeler-textilmuseum.de

Eisenbahn

Calw-Althengstett: Eisenbahnmuseum; Stellwerk der Königlich-Württembergischen Staatsbahn; www.schwarzwaldbahn-calw.de

Gaildorf-West: Kochertal-Express, Schmalspurbahn; www.kochertalexpress.de

Heilbronn: Süddeutsches Eisenbahnmuseum in Lokschuppen der Württembergischen Staatsbahn; www.eisenbahnmuseum-heilbronn.de

Korntal: Museums-Dampfzug Feuriger Elias, Strecke Korntal-Weissach; www.ges-ev.de

Museumsbahnen in Baden-Württemberg: www.museum.bahnen-und-busse.de

Neresheim: Härtsfeldbahn, Dampfzug, Museum im Bahnhof; www.neresheim.de

Neuffen: Sofazügle Nürtingen–Neuffen, mehrmals im Jahr an Wochenenden; www.ges-ev.de

Ochsenhausen: Schmalspurbahn; www.oechsle-bahn.de

Nach dem Krieg – der Neubeginn

Engstingen: Automuseum; Automobile, Motorräder, Mobiliar der 50er Jahre; www.automuseum.de

Stuttgart: Lapidarium, aus Kriegs-Trümmerschutt sortierte Steine; www.lapidarium.de; Haus der Geschichte; www.hdgbw.de

Ulm: Donauschwäbisches Zentralmuseum; www.dzm-museum.de

ORTSREGISTER

A
Aalen 35, 143, 164
Adelberg 62, 77, 78
Allerheiligen 84
Alpirsbach 75, 76, 112
Altensteig 50
Altshausen 96, 165
Amlishagen 51
Ammerbuch-Entringen 26
Amstetten 152, 153, 154
Angelbachtal-Eichtersheim 50
Appenweier 132

B
Backnang 43, 44, 85, 95
Bad Buchau 19, 20, 22, 78
Bad Cannstatt 11, 44, 96, 150
Bad Ditzenbach 93
Baden-Baden 36, 43, 44, 84, 85, 86, 87, 88, 102, 113
Badenweiler 36, 38, 51, 60
Badin 51, 60
Bad Herrenalb 77
Bad Krozingen 45
Bad Mergentheim 105
Bad Rappenau 50
Bad Säckingen 45, 78, 102, 106, 165
Bad Saulgau 74, 135
Bad Schönborn 108
Bad Schussenried 132, 135, 136
Bad Urach 43, 46, 93, 97, 98, 111, 112, 143
Bad Wimpfen 35, 60, 63, 127, 165
Baiersbronn 145, 165
Baindt 126
Baldern 51, 134
Balingen 101
Baltringen 118, 122
Bartenstein 102, 133, 137
Bebenhausen 77, 78, 79, 80, 95, 112
Benningen 36
Berneck (Schwarzwald) 51, 102
Berneck (Schwäb. Alb) 54, 55
Beuron 51, 53, 54, 78
Beutelsbach 91, 92
Biberach 69, 118, 135
Bietigheim-Bissingen 112, 125, 150, 152
Birnau 135, 136, 137
Bissingen/Teck 164
Blaubeuren 12, 15, 77, 78, 112, 141, 164, 167
Blaustein-Ehrenstein 19, 164
Blumberg-Zollhaus 152, 155
Bocksteinhöhlen 11
Böbingen 35
Böblingen 94, 119, 166
Bodman 43
Bonndorf 53
Bopfingen 21, 25, 51, 60, 110
Bötzingen-Oberschaffhausen 126
Bräunlingen 60
Breisach 25, 61, 85, 127
Bretten 81, 109, 165, 166
Brillenhöhle 15
Bronnbach 76, 105
Bronnen 51
Bruchsal 50, 134, 152, 157, 166
Buchenbach 50
Bühl (Baden) 160
Bürgeln 132
Burgstall 28, 30
Burleswagen 50
Buttenhausen 107, 166

C
Calw 76, 95, 127, 165, 167
Comburg 102
Crailsheim 50, 139, 156, 161, 165
Creglingen 81, 102, 107

D
Dalkingen 39
Denkendorf 112

Deufringen 112
Donaueschingen 101, 134, 166
Durlach 85, 86, 139, 141

E

Eberstein 102
Ellwangen 26, 45, 74, 75, 78, 95, 102, 134, 135
Emmendingen 55, 85, 86
Emmingen (bei Tuttlingen) 126
Endingen 86, 166
Engen 12, 16, 164, 165
Engstingen 167
Eppingen 85, 95, 102
Esslingen am Neckar 60, 65, 66, 67, 69, 70, 79, 125, 143, 167
Ettenheim 166
Ettenheimmünster 73
Ettlingen 85, 143, 145
Eutingen (Pforzheim) 86

F

Federsee 19, 22, 78
Finsterlohr 28, 30
Frankenthal 139
Frauental 79, 81, 82
Freiburg i. Br. 43, 60, 61, 62, 64, 71, 72, 85, 86, 87, 101, 145, 150, 164
Freudenstadt 50, 51, 76, 125, 129, 145, 152, 156, 161
Freudental 108
Friedrichshafen 143, 148, 150, 151
Furtwangen 167

G

Gaggenau 145, 165
Gaildorf 167
Gailingen 108
Geislingen a. d. Steige 51, 58, 144, 147, 151, 153
Geißenklösterle 15
Gengenbach 45, 73, 74, 165
Gerlachsheim 119
Gernsbach 102
Geroldseck 51
Giengen 60
Glatt 125, 128, 129
Görwihl 167
Goldberg 21, 22
Goldburghausen 17, 22
Göppingen 51, 52, 144, 165, 166
Grabenstetten 28, 31, 32
Große Grotte 15
Güntertal 84
Gundelfingen 54, 55
Guttenberg 60, 63

H

Habichtsburg 101
Hagnau am Bodensee 144
Haigerloch 101, 106, 166
Hauenstein 64, 106
Hechingen 101, 106, 108, 166
Hechingen-Stein 37, 164
Heggbach 118, 122
Heidelberg 10, 28, 43, 44, 47, 50, 86, 87, 101, 123, 125, 133, 150, 156, 160
Heidelsheim 165
Heidengraben 28, 31, 32
Heidenheim 143
Heilbronn 11, 40, 50, 53, 95, 107, 110, 125, 150, 162, 167
Heiligenberg (Bodensee) 101, 125, 127, 166
Heiligenberg (Heidelberg) 28, 43, 47, 101
Heiligkreuztal 79
Heitersheim 37, 38, 39
Helfenstein 51
Helmstadt 102
Herrenberg 66, 95, 127, 166
Heuneburg 24, 25, 29, 30
Hiltenburg 93
Hirsau 76, 95
Hochburg 55, 85
Hochdorf (bei Ludwigsburg) 20, 28, 29
Hohenasperg 25, 28, 93
Hohenbaden 84, 88
Hohenbeilstein 51

Hohenkrähen 56
Hohenneuffen 31, 93, 160
Hohenrechberg 50, 59, 60
Hohenstaufen 51, 59, 60, 165
Hohentwiel 56, 60, 93, 127
Hohenurach 93
Hohenzollern 105, 106
Hohmichele 25, 30
Hornberg (Neckar) 52, 102
Hornberg (Schwarzwald) 155
Hornstaad 19
Hundersingen 30
Hüfingen 164
Hüttlingen 33

I
Inzigkofen 78
Ipf 25
Isny 65, 110

J
Jagsthausen 102, 166

K
Kaiserstuhl 17, 43
Kapfenburg 134
Karlsruhe 86, 87, 90, 133, 143, 144, 150, 156
Kastelburg 55
Katzenstein 51
Kenzingen 55, 109
Kirchheim unter Teck 28, 35, 53, 66, 67, 93, 141
Kirchzarten 28, 164
Kisslegg 134
Kleinaspergle 25, 28, 29
Kleindeinbach 33
Kleinheppach 11
Kleinkems 21
Klosterreichenbach 76, 165
Köngen 35, 39, 93, 164
Konstanz 23, 45, 99, 166
Korntal 114, 115, 167
Kornwestheim 153, 160

Kuchen 9, 145, 147
Künzelsau 50, 51, 160
Küssaburg 54

L
Ladenburg 143
Lahr-Reichenbach 141
Laichingen 152, 153
Langenburg 51, 102, 125, 166
Laufenburg 64, 106
Lauffen am Neckar 43
Laupheim 74, 108, 166
Leinfelden-Echterdingen 26, 164
Leonberg 96, 166
Leutkirch 101
Lichtenberg 51
Lichtenstein 49, 96
Lichtental 79, 85, 88
Limburg 58, 60, 85
Lindau 78
Lonetal 10, 12, 14
Lorch 33, 40, 59, 62, 76, 78, 94
Lörrach 53, 85, 141, 150
Ludwigsburg 43, 44, 98, 104, 108, 112, 133, 134, 138, 139, 141, 153, 158
Ludwigshafen (Bodensee) 151

M
Mägdeberg 56
Magdalenenberg 25
Mainhardt 164
Mannheim 44, 87, 101, 108, 133, 143, 144, 150, 158, 167
Markgröningen 66
Mauer 10
Maulbronn 9, 80, 81, 112
Meersburg 23, 43, 50, 134
Memmingen 119
Mengen-Ennetach 34, 164
Menzingen 50, 102
Metzingen 74
Mochental 134
Mosbach 52, 67, 139, 141, 153
Mühlacker 130, 150

Mühlheim an der Donau 66
Münsingen 93, 166
Murrhardt 167

N

Neckarbischofsheim 102
Neckarsulm 160
Neipperg 53
Neresheim 51, 134, 167
Neuenburg 61, 165
Neuenbürg 134
Neuenstadt am Kocher 96
Neuenstein 100, 102, 124
Neuffen 167
Neu-Hengstett 128

O

Oberensingen 37
Obergermanisch-rätischer Limes 33, 35, 40
Oberkirch 53, 60, 86, 160
Obermarchtal 78, 135
Oberriexingen 37
Ochsenhausen 76, 118, 135, 165, 167
Öhringen 33, 40, 107, 125, 165
Offenburg 34, 61, 85
Onstmettingen 114
Osterburken 35
Ostrach 166

P

Pfalzgrafenweiler 165
Petersfels 12, 15, 16, 164
Pforzheim 85, 126, 141, 157, 161, 162, 167
Pfullendorf 74

R

Radolfzell 153
Rainau-Buch 33, 35, 39
Rastatt 9, 43, 44, 85, 86, 89, 133, 152, 166
Ravensburg 60, 70, 71, 96, 121
Reichenau 45, 48, 73, 74, 75, 78
Reußenstein 51
Reute 19

Reutlingen 53, 93, 110, 113, 140, 145, 149, 161, 165, 167
Rheinfelden 106
Riegel 36
Roggenburger Schlösser 53
Rosenfeld 66
Rosenstein 12
Rotenberg 91, 96
Rötteln 53, 85
Rottenburg am Neckar 37
Rottweil 36, 37, 45
Runder Berg 43, 46

S

Salem 74, 87, 118, 135, 136, 137, 165
Sasbach (Kaiserstuhl) 43
Satteldorf-Gröningen 141, 167
Sausenburg 85
Schauenburg 53, 60
Schelklingen 12
Schiltach 67
Schönenberg (Ellwangen) 135
Schönenberg (Kraichgau) 130
Schöntal (Jagst) 76, 135
Schopfheim 152
Schorndorf 63, 77, 93
Schramberg 144, 146
Schrezheim 139
Schuttern 45, 73
Schützingen 128
Schwarzach 45, 77
Schwäbisch Gmünd 50, 57, 60, 68, 160, 164, 165, 167
Schwäbisch Hall 60, 110, 111, 114, 165
Schwenningen 127, 144, 146, 167
Schwetzingen 101, 133, 166
Sießen 135
Sigmaringen 74, 101, 106, 134
Sindelfingen 59
Singen 56, 153
Sinsheim 50, 51
Staufen 51, 67, 126, 128
Staufeneck 52

St. Blasien 73, 76, 84, 86, 165
Steinhausen 135, 136
Steinheim an der Murr 10
Steinsberg 51
Stetten (bei Künzelsau) 51
St. Gallen 45, 73, 75
St. Georgen 84
Stöffeln 53
St. Peter 45, 61, 76, 84, 132
St. Trudpert 45, 73, 135
Stühlingen 119
St. Ulrich 132
Stuttgart 14, 40, 60, 64, 85, 92, 95, 96, 98, 108, 110, 113, 114, 124, 128, 133, 142, 143, 144, 145, 150, 157, 158, 160, 161, 165, 167
Sulmingen 122

T
Tauberbischofsheim 77, 105
Teck 35, 92, 94
Tennenbach 77, 84, 86
Tettnang 132, 134
Todtmoos 135
Todtnau 152
Triberg 135, 155
Tübingen 14, 92, 96, 110, 113, 125, 166
Tumlingen 160
Tuniberg 17, 19

U
Überlingen 65, 125, 128, 166
Ulm 14, 43, 60, 64, 66, 76, 108, 110, 119, 125, 128, 132, 144, 148, 151, 158, 162, 163, 167
Untergrombach 86
Untertürkheim 91, 150
Unteruhldingen 19, 23
Utzmemmingen 37

V
Vaihingen an der Enz 95
Vellberg 65

Veringendorf 126
Villingen 25, 58, 60, 65, 85, 127, 146, 167
Vogelherdhöhle 14, 15

W
Waghäusel 143
Waiblingen 95, 127
Waldburg 101, 121, 122
Waldkirch 55
Waldshut-Tiengen 54, 101, 106, 127, 165
Walheim 36
Walldürn 33, 134, 135, 164
Wangen im Allgäu 165
Wäscherschloss 62
Weibertreu 60, 94, 120
Weikersheim 102, 104, 105, 124, 125, 128
Weil der Stadt 65, 165
Weiler an der Zaber 112
Weilheim an der Teck 51, 58, 60, 84
Weingarten 60, 76, 121, 126, 132, 165
Weinsberg 60, 94, 119, 120
Welzheim 35, 40, 164
Wertheim am Main 50, 65, 76, 105
Wiblingen 76, 132, 167
Wielandstein 53
Wildenstein 54
Wilhelmsdorf 114, 116
Wimberg 161
Wimpfen im Tal 45
Wittsteig 54, 55
Wolfegg 101, 121
Worms 109

Z
Zähringen (Schwarzwald) 61, 62
Zähringer Burgberg 43, 60
Zavelstein 64
Zeil 101
Zell im Wiesental 152, 167
Zollhaus-Blumberg 155
Zuffenhausen 160
Zwiefalten 74, 132, 134

Eine Kulturgeschichte Deutschlands in 101 Orten

Von Bernd Imgrund
2. Auflage 2012.
218 Seiten mit rund
150 farb. Abb. und 1 Karte.
ISBN 978-3-8062-2467-2

Die großen Sehenswürdigkeiten, die jeder kennt, die weniger schönen und die weniger bekannten – sie alle machen Deutschland aus. Ob beeindruckende Architektur oder Landschaft, geschichtliche Ereignisse oder typisch deutsche Populärkultur diese Orte einzigartig machen, der Autor füllt sie mit Leben. Anekdotenreich, atmosphärisch und informativ beschreibt Bernd Imgrund die 101 kulturgeschichtlich relevanten Sehenswürdigkeiten, die er alle besucht hat. Ein ungewöhnliches und sehr persönliches Kompendium!

THEISS

Der Klassiker

Von Otto Borst
3. Auflage 2011. 440 Seiten
ISBN 978-3-8062-2574-7

In seiner unnachahmlichen Art schildert Otto Borst die Geschichte Baden-Württembergs – emotional und persönlich, zugleich aber höchst informativ. Der regionalen Vielfalt verpflichtet, bringt er zugleich seine eigene Perspektive in die Darstellung ein. Nicht dürre Zahlen und Fakten, sondern geistige Strömungen, Ideen und Menschen stehen dabei im Vordergrund.

Baden-Württemberg: eine Erfolgsgeschichte

Von Andreas Braun und Gabriele Renz
245 Seiten mit 60 farbigen Abbildungen.
ISBN 978-3-8062-2565-5

In kurzweiligen Essays erzählen Andreas Braun und Gabriele Renz die Geschichte des drittgrößten Bundeslandes vom Beginn in den 1950er Jahren bis zu den Wutbürgern heute.
Die Kapitel führen von den klassischen Klischees der Bausparer und Häuslebauer, den Tugenden der Schwaben über die bleierne Zeit des deutschen Herbstes, als ganz Deutschland auf Stammheim blickte, bis zur feinen Küche der Sterneköche. Die Autoren werfen einen ganz eigenen, oft auch ironischen Blick auf Baden-Württemberg.